浙江调查年鉴 2024

Zhejiang Survey Yearbook

国家统计局浙江调查总队 编

中国统计出版社
China Statistics Press

图书在版编目（CIP）数据
浙江调查年鉴. 2024 = Zhejiang Survey Yearbook 2024 / 国家统计局浙江调查总队编. -- 北京 : 中国统计出版社, 2024. 7. -- ISBN 978-7-5230-0450-0
Ⅰ. C832.55-54
中国国家版本馆 CIP 数据核字第 2024KW5619 号

浙江调查年鉴 2024

作　　者/ 国家统计局浙江调查总队
责任编辑/ 高媛媛
装帧设计/ 商永居
出版发行/ 中国统计出版社有限公司
地　　址/ 北京市丰台区西三环南路甲 6 号
邮政编码/ 100073
电　　话/ 邮购（010）63376909　书店（010）68783171
网　　址/ http://www.zgtjcbs.com
印　　刷/ 杭州真彩图文制作有限公司
经　　销/ 新华书店
开　　本/ 890mm×1240mm　1/16
字　　数/ 450 千字
印　　张/ 16.0
版　　别/ 2024 年 7 月第 1 版
版　　次/ 2024 年 7 月第 1 次印刷
定　　价/ 260.00 元　Price:260.00 yuan(RMB)

本书附同版本 CD-ROM 一张，光盘内容以书面文字为准。
如有印装差错，由本社发行部调换。

《浙江调查年鉴 2024》编辑委员会和编辑人员

编者说明

一、《浙江调查年鉴 2024》是一部以马克思列宁主义、毛泽东思想、邓小平理论、“三个代表”重要思想、科学发展观、习近平新时代中国特色社会主义思想为指导，坚持辩证唯物主义和历史唯物主义的立场、观点和方法，反映浙江城乡居民生活质量、价格变动、粮食生产和农民工监测等内容的资料性年鉴。本年鉴收录了国家统计局浙江调查总队 2023 年度主要调查专业形成的系列调查分析报告，改革开放以来的主要调查数据和 2023 年的详细调查数据；同时包括部分浙江经济发展的综合统计数据和全国分地区主要调查数据。

二、本年鉴共分为六个部分。第一部分：2023 年度主要调查专业形成的系列调查分析报告；第二部分：居民收支；第三部分：价格指数；第四部分：农业调查；第五部分：市县数据；第六部分：综合数据。同时附录各专业调查简介和主要统计指标解释。

三、本年鉴部分统计表下作了简要注解。凡带续表的资料，如有注解均注在最后一张续表的下方。

四、本年鉴使用的度量衡单位均采用国家统计标准计量单位。

五、本年鉴中符号使用说明：“…”表示该项数据不足本表最小单位数；“#”表示其中的主要项；“空格”表示该项统计指标数据不详或无该项数据。

六、本年鉴中部分数据来源于浙江省统计局或历年《浙江统计年鉴》。全国及各省（市）调查数据来源于国家统计局向各省的反馈数据。全国性统计数据，均未包括香港、澳门特别行政区和台湾省的数据。

本年鉴出版得到了国家统计局和浙江省统计局的大力支持和帮助，时值出版之际，特致感谢！

受时间和编辑水平限制，书中难免有不足之处，恳请读者批评指正。

目　录

第一部分　年度调查分析报告

第二部分　居民收支

第三部分　价格指数

第四部分　农业调查

第五部分　市县数据

第六部分　综合数据

附录　各专业调查简介及主要统计指标解释

一　年度调查分析报告

经济运行稳中有进　向好态势持续巩固

——2023年浙江经济社会调查情况分析

2023年，浙江坚持稳中求进总基调，深化实施“八八战略”，统筹推进三个“一号工程”，精准高效推动“8+4”政策兑现，经济运行稳进向好，民生保障有力有效。据国家统计局浙江调查总队调查数据显示，2023年全省居民收入和消费支出稳定增长，就业形势保持稳定；居民消费价格温和上涨，工业生产者价格持续下行；农业生产平稳增长，制造业PMI震荡回稳，非制造业商务活动指数持续扩张。

一、从民生指标看经济社会发展

（一）居民人均可支配收入稳中有升。

2023年，随着经济持续回升向好和稳就业促发展政策持续出台，居民增收积极因素不断增多，全省收入水平稳中有升。**一是**居民收入与GDP增长基本同步。全省全体居民人均可支配收入63830元，比上年增长5.9%，其中城镇增长5.2%，农村增长7.3%，全体居民收入与GDP（6.0%）增幅基本同步。**二是**居民收入水平不断提高。城镇居民人均可支配收入74997元，比上年增加3729元，增长5.2%，增速较上年提高1.1个百分点；农村居民人均可支配收入40311元，首次突破四万元大关，比上年增加2746元，增长7.3%，增速较上年提高0.7个百分点。**三是**四大项收入全面上涨。全省全体居民人均工资性收入、人均经营净收入、人均财产净收入、人均转移净收入分别较上年增长4.7%、7.9%、5.2%、8.7%。**四是**收入倍差持续缩小。城乡居民收入分配格局不断优化，城乡居民收入比1.86，比上年缩小0.04，已连续11年呈缩小态势；山区26县居民人均可支配收入与全省平均之比为74.5%，比上年提高0.6个百分点。

（二）居民消费水平稳步回升。

全省全体居民人均消费支出42194元，比上年增长8.3%，增速比上年提高2.0个百分点。分结构看，八大类消费支出呈“七增一减”态势。疫情防控政策优化调整后，教育文化娱乐支出回升最快，人均支出4458元，较上年增长25.6%；其他用品及服务、医疗保健、交通通信支出快速增长，人均支出分别为1371元、2939元、6484元，增长17.7%、16.0%、11.3%；食品烟酒、衣着、生活用品及服务支出平稳增长，人均支出分别为11757元、2254元、2472元，增长7.6%、7.4%、6.9%；居住支出10458元，下降0.9%。

（三）调查失业率略有回落。

2023年全省城镇调查失业率为4.6%，比上年低0.1个百分点。**一是**经济恢复企稳，带动就业形势好转。一季度受春节置换工作求职人员增多影响，调查失业率为4.8%；二季度经济恢复企稳，降至4.5%；三季度毕业季叠加暑期影响，升至4.7%；四季度生产和消费旺季、就业形势稳中向好，回落至4.5%。**二是**灵活就业群体的就业容量在提高。2023年城镇就业人员中从事非农个体经营、自由职业等灵活就业的占比较上年提高1.0个百分点。

二、从价格走势看经济社会发展

（一）居民消费价格温和上涨。

2023年全省居民消费价格比上年上涨0.3%，涨幅较上年回落1.9个百分点。**一是**食品价格涨幅回落。猪肉价格同比自5月份起连续下降，全年下降10.4%；蔬菜市场供应充足，鲜菜价格由上年上涨 2.8%转为下降 1.2%。**二是**能源价格由涨转跌。受美联储加息、全球经济增速放缓等因素影响，能源价格由上年上涨 11.9%转为下降 2.9%。**三是**耐用消费品价格低位运行。居民消费更加注重性价比，耐用消费市场竞争加剧，燃油小汽车、新能源小汽车、电话机分别下降 3.4%、2.8%和 2.7%。**四是**服务消费持续恢复支撑全年 CPI 回稳。各类服务消费场景逐步恢复，居民旅游出行需求得到较好释放，飞机票、旅游、宾馆住宿和交通工具租赁费价格分别上涨 21.7%、10.9%、9.5%和 5.4%。

（二）工业生产者价格持续下行。

受经济增速放缓、市场有效需求不足、大宗商品价格震荡走低等因素影响，2023 年全省工业生产者价格持续下行，出厂价格（PPI）、购进价格（IPI）比上年分别下降 2.7%、5.2%，2022 年分别为上涨 4.0%、6.1%。购销价格持续“低进高出”。2023 年全省 IPI 低于 PPI2.5 个百分点，自 2022 年 9 月以来，购销价格已连续 16 个月呈“低进高出”态势，原材料及产品出厂价格持续处于下降区间，表明工业品市场需求不足，需要重点关注。

（三）房地产市场低位运行。

2023 年房地产市场低位运行，下半年在各项政策扶持下企稳修复，但市场信心尚未完全恢复，整体观望情绪较重。从全省 11 个设区市分月同比看，全省新建商品住宅销售价格上涨城市由 1 月的 6 个逐步减少，7-12 月上涨城市均为 2 个，全省二手住宅销售价格全年均处于下降区间；从分月环比看，经济回稳向好、3 月“小阳春”效应推动房地产市场短暂回暖，2-3 月全省新建商品住宅销售价格上涨城市分别为 8 个和 10 个，二手住宅销售价格上涨城市分别为 9 个和 10 个，其余月份均以降为主。

三、从三大产业看经济社会发展

（一）农业生产平稳增长。

2023 年，全省粮食生产实现“三增长”。播种面积 1537.0 万亩，比 2022 年增加 6.3 万亩，增长 0.4%；单位面积产量 415.6 公斤/亩，比 2022 年增加 9.9 公斤/亩，增长 2.4%；总产量 638.8 万吨，比 2022 年增加 17.8 万吨，增长 2.9%。2019-2023 年，在全国粮食播种面积有波动的情况下，浙江省粮食播种面积保持了稳定，四年平均增速居全国 31 个省（市、自治区）第 8 位。

主要畜禽生产形势总体平稳。2023 年，全省猪牛羊禽肉类总产量为 119.43 万吨，比上年增长 10.5%；年末生猪存栏 608.88 万头，下降 5.5%，其中能繁母猪存栏 65.13 万头，下降 8.4%；全年生猪出栏 953.23 万头，增长 12.1%；年末家禽存栏 8519.01 万只，增长 0.2%；全年家禽出栏 22406.75 万只，增长 4.2%；年末牛存栏 15.06 万头，下降 3.1%；牛出栏 9.54 万头，增长 2.5%；年末羊存栏 146.22 万只，下降 8.6%；羊出栏 134.98 万只，下降 3.4%。

（二）制造业 PMI 震荡回稳。

2023 年，全省制造业 PMI 均值略低于荣枯线。从运行特点看，**一是**新订单指数仍处于收缩区间。2023 年全省制造业的市场需求情况总体较上年有所好转，但仍处在收缩区间，略显低迷。特别是出口承压明显，除 2 月份出现恢复性扩张外，其余 11 个月均处于收缩区间，表明国外市场需求持续疲弱。**二是**制造业生产经营回稳向好。制造业生产指数 1 月低开，2 月大幅上升至强扩张区间，3 月继续平稳扩张，4-12 月围绕荣枯线上下波动最终回到扩张区间。**三是**库存指数持续低位运行。原材料库存指数除 3 月出现恢复性扩张外，其它 11 个月均运行于荣枯线以下。

（三）非制造业商务活动指数持续扩张。

2023 年，全省非制造业商务活动指数均值高于荣枯线，除 10 月短暂进入收缩区间外，其余月份指数均位于扩张区间，呈现平稳向好态势。从运行特点看，**一是**市场需求不足。2023 年全省非制造业新订单指数除 2、3 月恢复性扩张外，其余 10 个月均运行于荣枯线以下，景气度略显不足。**二是**服务业七大行业呈“五扩二缩”格局，房地产业收缩较为明显。

政策引领多元驱动 浙江居民稳定增收

——2023年浙江居民收入形势分析

2023年，浙江全面贯彻落实中共中央、国务院决策部署，大力推动“八八战略”走深走实，深入实施三个“一号工程”和“十项重大工程”，精准高效推动“8+4”政策兑现、直达快享，经济持续稳进向好，高质量发展取得积极进展，基本民生得到有力保障，居民收入保持稳定增长。

一、2023年浙江居民收入主要情况及特点

（一）居民收入水平不断提高。

2023年浙江全体居民人均可支配收入63830元，比上年增加3528元，增长5.9%。其中：城镇居民人均可支配收入74997元，比上年增加3729元，增长5.2%；农村居民人均可支配收入40311元，首次突破四万元大关，比上年增加2746元，增长7.3%。

（二）居民收入增速稳步回升。

2023年浙江全体居民收入增速为5.9%，较上年提高1.1个百分点。其中，城镇和农村居民收入增速分别较上年提高1.1和0.7个百分点。分季度看，2023年一季度、上半年、前三季度及全年全体居民收入增速分别为4.1%、5.8%、5.9%和5.9%，整体呈现逐季稳步回升态势。

（三）城乡居民相对收入差距进一步缩小。

2023年浙江城镇居民收入增速为5.2%，农村居民收入增速为7.3%，农村快于城镇2.1个百分点，增长势头更足。城乡居民收入分配格局不断优化，相对收入差距进一步缩小。2023年浙江城乡居民收入比为1.86，比上年缩小0.04，已连续11年呈缩小态势。

（四）城乡居民收入水平蝉联全国各省区首位。

2023年浙江全体居民人均可支配收入比全国平均水平高24612元，居全国31个省（区、市）第3位、省（区）第1位，仅次于上海和北京。城镇居民人均可支配收入比全国平均水平高23176元，居全国31个省（区、市）第3位，仅次于上海和北京；农村居民人均可支配收入比全国平均水平高18620元，居全国31个省（区、市）第2位，仅次于上海。浙江城乡居民收入水平已经连续第23和第39年荣膺全国各省区首位。

二、居民增收有利因素分析

（一）就业形势总体稳定，工资性收入稳步增长。

2023年浙江全体居民人均工资性收入增长4.7%，占人均可支配收入的比重为56.0%，对可支配收入增长的贡献率为45.1%，是支撑收入增长的主要因素。其中，城镇、农村居民人均工资性收入分别增长4.3%和5.0%。2023年浙江深入实施就业优先政策，全面落实助企纾困、稳就业等系列政策措施，就业形势总体稳定，为居民工资性收入增长提供有力保障。一是落实就业补贴，出台多项就业补贴政策，包括岗位补贴、见习补贴、社保补贴等，促进就业形势稳定发展。二是针对重点群体优化就业服务，针对高校毕业生、农民工、退役军人等重点群体提供政策咨询、职业指导、创业扶持等服务，帮助重点群体更好实现就业。三是通过技能培训提升就业质量，不断加大职业技能培训投入力度，通过线上线下等多种方式满足不同人群需求，不断增强劳动者就业竞争力，提升就业质量。

（二）经营状况向好，经营净收入较快增长。

2023 年浙江全体居民人均经营净收入增长 7.9%，其中城镇、农村分别增长 5.9%和 12.7%，农村居民经营净收入增长相对较快。一产方面，化肥、饲料等农资价格上涨提高农业生产经营成本，对农民增收产生一定影响，但随着新时代“千万工程”深入推进，农业规模化、产业化、品牌化发展促进农业产业链延伸、价值提升，农村居民一产经营净收入稳定增长。二产方面，浙江充分打好减负惠企组合拳，提前完成“全年为市场主体减负 2500 亿元以上”目标任务，切实减轻企业负担，同时，“千项万亿”重点工程落地实施，重大项目开工建设带动制造业、建筑业经营向好，夯实二产经营净收入增长基础，2023 年浙江全体居民二产经营净收入增长 8.1%。三产方面，各类服务消费场景恢复，居民积压的消费需求得以释放，接触型聚集型服务业快速回暖，住宿餐饮业、批发零售业、交通运输业等行业收入较快增长。2023 年浙江全体居民三产经营净收入增长 11.3%。

（三）强村富民效应显现，财产净收入持续增长。

2023 年浙江全体居民人均财产净收入增长 5.2%，其中城镇、农村分别增长 4.6%和 7.0%，增长较为稳健。近年来，居民投资理财认知逐渐深化，除传统储蓄方式之外积极寻找多元化投资渠道，居民红利收入较快增长。同时，浙江深入推进村级集体经济巩固提升三年行动计划，依托“强村公司”“飞地”抱团项目等提高村集体经济分红金额和比例，有效增加农村居民集体分红福利。此外，随着重大项目开工布局和人员正常流动，农村地区租房市场平稳发展，农村居民出租房屋收入稳定增长。

（四）民生兜底政策发力，转移净收入领衔增长。

2023 年浙江全体居民人均转移净收入增长 8.7%，为四大项收入中增长最快的一项。其中城镇、农村分别增长 8.5%和 8.1%。一是养老金和离退休金标准稳步提高。按照定额调整、挂钩调整和倾斜调整三结合的方案为退休人员上调养老金，并将增加部分发放到位。2023 年浙江居民养老金或离退休金增长 6.3%，为居民转移净收入增长提供了支撑。二是社会保障持续加强。不断加大重点群体和困难群体帮扶力度，逐步提高城乡低保、特困供养、抚恤补助等标准，针对老年群体出台高龄津贴，各项津贴补贴及时发放到位。

表　2023 年浙江居民收入增长情况

指标名称		2023 年（元）	2022 年（元）	增速（%）
全体居民	**人均可支配收入**	**63830**	**60302**	**5.9**
	工资性收入	35769	34177	4.7
	经营净收入	10664	9880	7.9
	财产净收入	7783	7397	5.2
	转移净收入	9615	8848	8.7
城镇居民	**人均可支配收入**	**74997**	**71268**	**5.2**
	工资性收入	41439	39718	4.3
	经营净收入	10833	10233	5.9
	财产净收入	10880	10397	4.6
	转移净收入	11844	10919	8.5
农村居民	**人均可支配收入**	**40311**	**37565**	**7.3**
	工资性收入	23825	22687	5.0
	经营净收入	10307	9149	12.7
	财产净收入	1259	1177	7.0
	转移净收入	4920	4552	8.1

三、居民增收面临的压力

（一）经济稳进向好基础仍需巩固。

宏观经济的持续稳定增长对居民增收具有关键性作用。2023 年浙江顶住外部压力、克服各项困难，经济持续稳进向好，高质量发展扎实推进。但外部环境复杂性、严峻性、不确定性上升，外需疲软、内需不足、社会预期偏弱等问题仍然存在，经济增长基础仍待夯实，居民生产经营、就业等方面仍面临不确定性。

（二）就业结构性问题仍然存在。

2023 年全省居民就业形势总体稳定，但部分行业、部分群体的就业结构性矛盾，可能影响相关群体工资性收入增长。据采购经理调查数据，浙江制造业从业人员指数已连续九个月运行在收缩区间，企业用工需求有所减弱，但一线工人等熟练岗位仍存在用工缺口。此外，高校毕业生、大龄农村劳动力群体等重点人群就业难问题仍然存在。

（三）农业生产利润空间压缩。

2023 年化肥、饲料等农资价格处于高位，加上人工和机械成本、运输成本等普遍上涨，农业生产成本上涨明显，农业经营利润空间受到挤压。同时，2023 年生猪价格持续低迷，后期生猪养殖信心下降，生猪养殖亏损态势仍未扭转，部分养殖户经营较为困难，影响农业经营收入增长。

居民消费加速恢复 扩大消费仍需加力

——2023年浙江居民消费支出情况分析

2023 年，浙江深入贯彻落实中共中央、国务院关于实施扩大内需战略的决策部署，出台一揽子政策举措大力恢复和扩大消费，紧抓亚运机遇激发消费活力，居民消费加速恢复，但进一步扩大仍需加力。

一、居民消费加速恢复

（一）消费增速较上年回升。

2023 年浙江全体居民人均消费支出较上年增长 8.3%，增速较上年提高 2.0 个百分点。分城乡看，城镇居民人均消费支出增长 7.3%，较上年提高 1.8 个百分点；农村居民人均消费支出增长 10.9%，较上年提高 2.8 个百分点。

（二）消费水平居全国第三。

2023 年浙江全体居民人均消费支出 42194 元，比全国平均水平高 15398 元，居全国 31 个省（区、市）第 3 位，仅次于上海、北京。分城乡看，浙江城镇居民人均消费支出 47762 元，比全国平均水平高 14768 元，居全国 31 个省（区、市）第 3 位，仅次于上海和北京；农村居民人均消费支出 30468 元，比全国平均水平高 12293 元，居全国 31 个省（区、市）第 2 位，仅次于上海。

（三）八大类消费“七增一减”。

从构成居民消费的八大类来看，除居住支出较上年减少 0.9%外，其他七项消费支出均不同程度增长。具体看，教育文化娱乐支出增长最快，人均支出 4458 元，较上年增长 25.6%；其他用品及服务、医疗保健、交通通信支出快速增长，人均支出分别为 1371 元、2939 元、6484 元，增长 17.7%、16.0%、11.3%；食品烟酒、衣着、生活用品及服务支出平稳增长，人均支出分别为 11757 元、2254 元、2472 元，增长 7.6%、7.4%、6.9%。2023 年，浙江全体居民人均食品烟酒消费支出占人均消费支出的比重（恩格尔系数）为 27.9%，较上年下降 0.2 个百分点。

（四）服务性消费快速回暖。

2023 年浙江全体居民服务性消费较上年增长 17.1%，增速较上年提高 15.9 个百分点，占人均消费支出的比重为 47.1%，较上年提高 3.5 个百分点。随着疫情防控平稳转段，线下消费场景全面开放，在外餐饮、文教娱乐等接触型聚集型消费回归居民日常生活，推动服务性消费快速回暖。

二、居民消费亮点纷呈

（一）健康消费理念蔚然成风。

居民消费崇尚健康科学，对日常膳食品质更讲究，对运动健身活动更热衷。日常膳食结构更合理，人均肉蛋鱼奶和新鲜蔬果消费量分别增长 1.6%和 0.8%，人均谷薯油糖消费量较上年下降 9.0%。亚运盛会进一步激发体育消费热情，2023 年浙江居民在户外用品、健身活动等体育消费方面的支出增长 19.0%。

（二）绿色智能消费潜力释放。

以新能源汽车、智能家电为代表的绿色智能消费保持稳定增长。新能源汽车市场占有率进一步提高，2023 年浙江居民每百户新能源汽车拥有量为 4.1 辆，是上年的 2.9 倍，居民交通出行更低碳环保。智能家电加速步入百姓家庭，2023 年浙江居民每百户洗碗机、空气净化器（含新风系统）、地面清洁电器拥有量分别较上年增加 2.7 台、3.2 台和 5.3 台，科技赋能生活品质再提高。

（三）文娱休闲消费更趋多元。

无论是“宅家”休闲，还是“逛吃”娱乐，浙江居民更注重差异化的个人体验，文娱休闲消费选择更趋多元。家庭影音设备、个人电脑等电子文娱产品类消费支出增长 8.1%，包括游戏用品、园艺花卉、家庭宠物在内的居家休闲类消费支出增长 30.7%，团体旅游、景点门票、电影演出、旅馆住宿等在外文旅消费增长超过 100%，而传统的有线电视消费支出则下降 24.9%。

三、进一步扩大居民消费的建议

（一）加强传统大宗消费支持。

居住、汽车等传统大宗消费金额相对较大，对居民消费的拉动作用显著。2023 年，浙江居民在居住、购置汽车方面的支出较上年分别下降 0.9%、3.0%，仍存在一定提升空间。建议加强城镇老旧小区更新、城乡充换电基础设施建设、市政公用设施升级等政策支持，促进传统大宗消费的消费回补和潜力释放。

（二）加强文旅消费爆款打造。

相比淄博烧烤、哈尔滨冰雪游等爆红出圈的文旅热点，浙江在运用互联网手段打造文旅爆款产品、接续放大亚运“网红”效应上仍需后招。建议进一步加强诗路文化带建设和杭州良渚文化、温州朔门古港等文化遗产 IP 的开发利用，围绕“诗画江南、活力浙江”打造更有辨识度的浙江省域及省内文旅产品。

（三）加强老龄康养市场培育。

浙江城镇地区老年人收入水平较高，对医养结合、社区服务、上门护理等老龄康养项目的消费能力较强，相关产业市场前景广阔。2023 年，浙江城镇地区老人户家庭在食品、家庭服务、医疗保健方面的人均消费支出为 20998 元，占老人户家庭消费支出的 40.3%。建议进一步开放老龄康养产业进入门槛，加强产业政策导向和行业发展导引，因地制宜打造高水平的康养社区、康旅小镇等新业态，以满足日益增长的养老消费需求。

就业结构较为稳定　权益保障不断完善

——2023年浙江农民工监测调查情况分析

据国家统计局浙江调查总队农民工监测调查显示，2023年浙江农民工总量同比略降，外出就业比重增加，高学历占比略有提升，省内就业偏好明显，就业结构较为稳定，合法权益保障不断完善。需重点关注农民工就业竞争力不强、就业时间缩短和收入下降等问题。

一、基本特征

（一）总量同比略降，外出就业比重增加。

据推算，2023年浙江农民工总量为1360.3万人，比上年减少7.9万人，同比下降0.6%。从就业地看，外出就业农民工500.4万人，比上年增加27.3万人，同比增长5.8%；本地就业农民工859.9万人，比上年减少35.2万人，同比下降3.9%。外出农民工占36.8%，同比提高2.2个百分点（详见表1）。

表1　2023年浙江农民工总量构成情况

指标名称	2023年		2022年		增长（%）	占比增减（百分点）
	数量（万人）	占比（%）	数量（万人）	占比（%）		
农民工总量	1360.3	100	1368.2	100	-0.6	--
（一）外出农民工	500.4	36.8	473.1	34.6	5.8	2.2
1.住户中外出农民工	281.6	20.7	279.3	20.4	0.8	0.3
外出务工	243.4	17.9	248.1	18.1	-1.9	-0.2
外出自营	38.2	2.8	31.2	2.3	22.4	0.5
2.举家外出农民工	218.8	16.1	193.8	14.2	12.9	1.9
（二）本地农民工	859.9	63.2	895.1	65.4	-3.9	-2.2
本地非农务工	677.0	49.8	708	51.7	-4.4	-1.9
本地非农自营	182.9	13.4	187.1	13.7	-2.2	-0.3

（二）年龄普遍偏大，高龄农民工比例有所提高。

2023年浙江农民工平均年龄为46.7岁，与上年基本持平。分年龄段看，16-29岁、30-40岁分别占11.8%、21.3%，同比分别提高0.3、0.4个百分点；41-50岁、51-60岁分别占23.4%、29.9%，同比分别下降0.3、2.6个百分点，41-60岁农民工占比达到一半以上；61岁及以上占13.6%，同比提高2.2个百分点，高龄农民工比例有所提高（详见图1）。分性别看，男性占57.8%，同比提高1.1个百分点；女性占42.2%。

图 1　2023、2022 年农民工年龄段分布情况图（%）

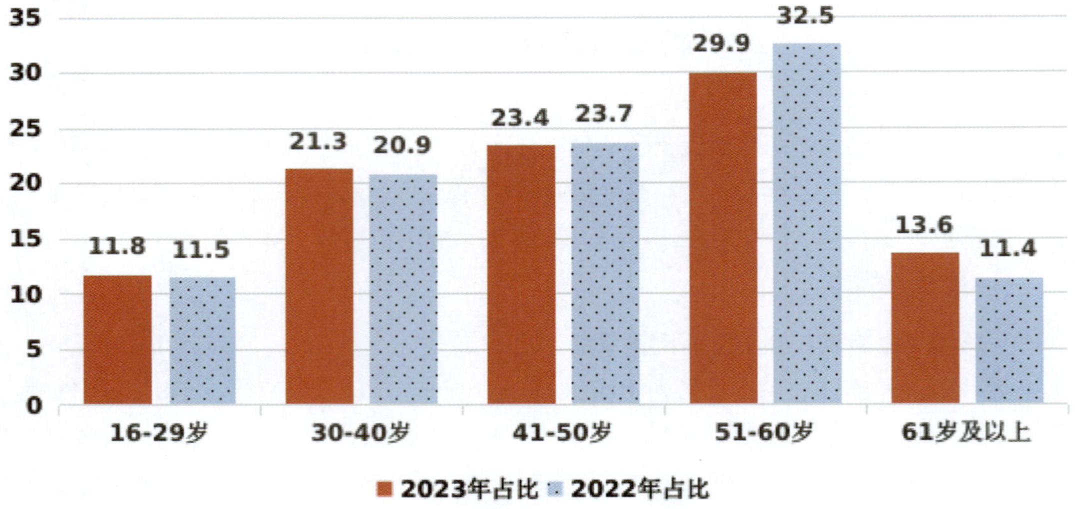

（三）高学历占比略有提高，但整体水平仍然较低。

2023 年浙江农民工初中及以下学历占 61.5%，整体处于较低水平。大学专科及以上学历占 20.3%，同比提高 0.1 个百分点；其中大学专科占 13.6%，同比下降 0.1 个百分点；大学本科占 6.5%，同比提高 0.3 个百分点（详见表 2）。

表 2　2023 年浙江农民工受教育程度情况

受教育程度	2023 年 占比（%）	2022 年 占比（%）	占比增减 （百分点）
未上过学	1.4	1.1	0.3
小学	18.9	16.8	2.1
初中	41.2	43.4	-2.2
高中	18.2	18.5	-0.3
大学专科	13.6	13.7	-0.1
大学本科	6.5	6.2	0.3
研究生	0.2	0.3	-0.1

（四）社保缴纳比例较高，外出就业合同签订率近七成。

从参加医疗保险情况看，2023 年末，浙江农民工医疗保险参保率在 99%以上。其中参加城镇职工基本医疗保险的比例为 49.9%，参加城乡居民基本医疗保险的比例为 48.8%，同时或者单独参加商业医疗保险的比例为 1.0%，没有参加任何医疗保险的比例为 0.7%。

从参加养老保险情况看，2023 年末，农民工 91.3%参加养老保险。其中，参加城镇职工基本养老保险的比例为 61.6%，参加城乡居民基本养老保险的比例为 28.2%，同时或者单独参加商业养老保险的比例为 2.4%，缴纳企业年金（职业年金）的比例为 0.1%，没有参加任何养老保险的比例为 8.7%。

从劳动合同签订情况看，2023 年 68.0%的外出农民工与单位或雇主签有劳动合同，同比提高 6.4 个百分点。其中，签订无固定期限劳动合同占 11.8%，与上年持平；签有一年及以上劳动合同占 52.9%，同比提高 6.4 个百分点；签订一年以下劳动合同占 3.3%，同比提高 0.1 个百分点。未与单位或雇主签订劳动合同的占 32%，同比下降 6.4 个百分点。

（五）省内就业偏好明显，县市城区工作是首选。

2023 年浙江外出农民工选择在省内工作占 89.5%，同比下降 3.9 个百分点。其中选择乡外县内就业占 57.8%，县外省内占 31.7%，表明省内就业偏好明显，但占比略有下降。外出到省外的农民工占 10.5%，同比提高 3.9 个百分点，出省务工趋势向好。其中东部地区占 6.1%，同比提高 1.6 个百分点；中西部地区占 4.0%，同比提高 2.1 个百分点；其他地区占 0.4%。

从外出农民工从业地区看，选择到县市城区工作的占 45.3%，同比下降 2.1 个百分点。选择到直辖市、省会城市及地级市就业的占 29.3%，同比下降 1.7 个百分点。选择到建制镇就业的占 19.2%，同比提高 0.8 个百分点；到村委会就业的占 4.4%，同比提高 4.4 个百分点；到其他地区就业的占 1.8%，同比提高 0.5 个百分点（详见图 2）。

图 2　外出从业地区类型分布图（%）

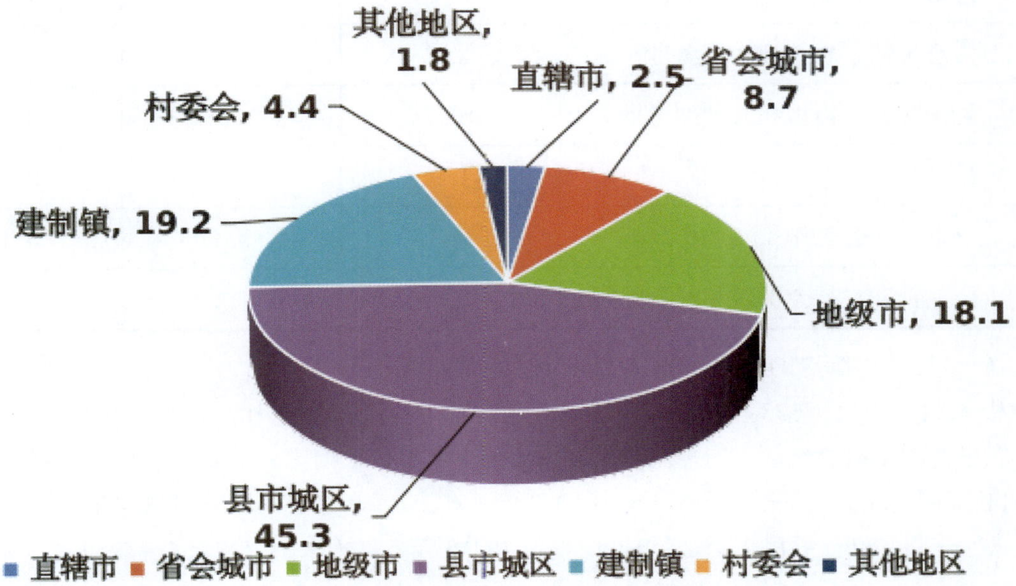

（六）就业结构较为稳定，半数以上从事第二从业。

2023 年浙江农民工以从事二、三产为主，其中二产从业人员占比为 52.1%，比重较上年下降 0.3 个百分点；三产从业人员占比为 47.3%，比重与上年持平。二产从业人员主要从事制造业和建筑业，分别占 76.2%和 20.5%，二者合计占 96.7%。三产从业人员主要聚焦在四大行业，分别为批发和零售业占 25.8%，居民服务、修理和其他服务业占 22.6%，住宿和餐饮业占 10.8%，交通运输、仓储和邮政业占 10.4%，四大行业合计占 69.6%，其他行业占比均在 6%以下。

从事职业主要集中在三大领域，分别为生产制造及有关人员占 31.4%，较上年下降 2.5 个百分点；社会生产服务和生活服务人员占 24.9%，较上年提高 0.5 个百分点；办事人员和有关人员占 24.2%，较上年提高 0.8 个百分点（详见表 3）。

表 3　2023 年农民工就业情况

本年度从事的主要行业	2023 年占比(%)	2022 年占比(%)	占比增减（百分点）
第一产业	0.6	0.3	0.3
第二产业	52.1	52.4	-0.3
制造业	39.7	40.6	-0.9
建筑业	10.7	10.4	0.3
第三产业	47.3	47.3	0
批发和零售业	12.2	12.9	-0.7
交通运输、仓储和邮政业	4.9	4.7	0.2
住宿和餐饮业	5.1	4.1	1.0
信息传输、软件技术服务业	2.2	2.1	0.1
居民服务、修理和其他服务业	10.7	10.8	-0.1
教育	1.9	1.7	0.2
卫生、社会工作	2.5	2.4	0.1
公共管理、社会保障和社会组织	2.8	4.5	-1.7

（七）工作时间有所缩短，收入高于全国平均水平。

从就业时间看，2023 年浙江农民工平均从业时间为 10 个月，比上年减少 0.7 个月。其中本地非农自营和本地非农务工的平均劳动时间均为 9.9 个月，同比分别减少 0.9 个月和 0.8 个月；外出自营和外出务工的平均劳动时间为 10.2 个月和 10.3 个月，同比分别减少 0.5 和 0.3 个月。从收入水平看，浙江农民工 2023 年人均收入 76212 元，高于全国平均水平 18852 元。从收入结构看，浙江农民工本地非农务工月均收入为 4540 元，外出务工月均收入为 5840 元，外出自营月均收入为 16375 元。

（八）收入与文化程度正相关，男女收入差距缩小。

从文化程度看，农民工受教育程度越高收入越高。2023 年浙江不同学历农民工月均非农收入分别为：未上过学 3530 元、小学 4904 元、初中 4904 元、高中 7147 元、大专 8764 元、本科 6675 元和研究生 12740 元。（见图 3）

图 3　2021-2023 年浙江农民工分学历月均收入情况（元）

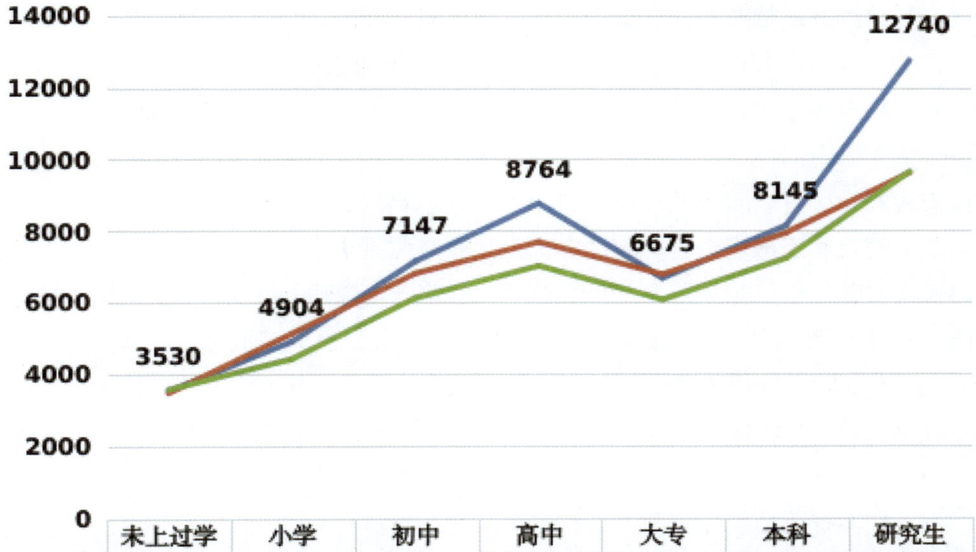

	未上过学	小学	初中	高中	大专	本科	研究生
2023年	3530	4904	7147	8764	6675	8145	12740
2022年	3475	5129	6811	7685	6780	7943	9622
2021年	3576	4421	6121	7018	6075	7235	9648

分性别看，男性农民工的平均收入高于女性。男性农民工月均非农收入为 8271 元，女性为 5198 元，两者相差 3073 元，与 2022 年的 3244 元相比差距有所缩小。男性农民工主要集中在建筑业、制造业、快递物流等行业，工资相对较高；女性农民工主要集聚在住宿餐饮等行业工作，工资相对较低。

二、需关注的问题

（一）就业时间缩短，收入水平下降。

2023 年浙江农民工全年平均从业时间为 10.0 个月，比上年减少 0.7 个月；平均每月工作 25.2 天，同比减少 1.5 天；农民工年均收入 76212 元，同比下降 3.7%；本地非农务工和外出务工月均收入同比分别下降 7.9%和 9.7%。一方面，部分制造业企业受外需不振、订单转移、行业竞争等多重因素影响，存在同质化竞争激烈、经营利润缩水等困难。另一方面，国内房地产市场不景气，建筑行业市场规模整体收缩。上述因素直接影响相关领域农民工就业时间和收入水平。

（二）文化程度普遍偏低，就业竞争力不强。

当前来看，浙江农民工初中及以下学历仍占 61.5%，拥有职业技能证书者仅占 6.8%。农民工的学历和职业技能水平普遍较低，导致就业选择空间较小，大多从事入行门槛不高、劳动力密集型行业工作，在高质量发展的市场环境中，就业竞争能力普遍较弱。据衢州籍工人钱师傅反映，因为只有小学文化水平，专业技能缺乏，目前在建筑工地从事普通小工，工作辛苦且没有竞争力。

（三）外出务工社保覆盖面偏低，参保意识不够强烈。

2023 年，单位或雇主为浙江外出就业农民工缴纳“五险一金”的比例分别为：养老保险 44.8%、工伤保险 47.4%、医疗保险 42.3%、失业保险 43.4%、生育保险 39.1%和住房公积金 23.3%。总的来看，单位或雇主为外出就业农民工缴纳“五险一金”的覆盖面不到五成。一方面部分青壮年农民工认为职工养老医疗保险缴费基数高、时间长，参与积极性不高；另一方面部分企业或雇主考虑用工成本问题，存在不愿意为员工主动缴纳的情况。

三、有关建议

（一）持续开展就业技能培训，提高农民工就业能力。

建议有关部门在农村转移劳动力密集的地方结合当地经济和产业发展需求，围绕生产制造、建筑、乡村旅游等领域开展就业技能培训，促使当地农村转移劳动力就业、返乡农民工再就业。在农民工输入为主的地方结合劳动力市场需求和用工企业要求，大力开展建筑、维修、家政、餐饮、保安、物流等有效实用的技能培训，帮助其稳定就业，更好融入城市。

（二）规范零工市场建设，满足农民工就业择业需求。

建议有关部门进一步规范零工市场布局，构建分布合理、数量适宜、规模适度、便利可及的灵活就业服务网络。扩大零工服务供给，强化零工岗位信息归集服务，多渠道归集各类非全日制用工、临时性和阶段性用工需求信息，规范零工及时快招服务，优化零工快速对接手续。畅通线上零工服务渠道，为服务对象提供在线交流、应聘报名、结果确认等在线服务，促进人岗匹配对接。

（三）切实扩大社会保障面，维护农民工合法权益。

建议有关部门在社保政策制定上进一步兼顾农民工工资收入偏低的实际情况，实行低标准进入、渐进式过渡，保险关系和待遇能够方便转移接续。监督用人单位必须依照《工伤保险条例》及时为农民工办理参加工伤保险手续，并按时足额缴纳工伤保险费。积极为农民工提供免费的法律援助，维护农民工合法权益。

消费价格总体平稳　有效需求或将提振

——2023 年浙江居民消费价格运行情况分析

2023 年，浙江忠实践行“八八战略”，以三个“一号工程”为总牵引，深入实施“十项重大工程”，有力推动经济稳进向好，有效挖掘消费潜力，消费领域价格总体平稳。

一、居民消费价格总体运行情况

（一）消费领域价格总体平稳。

2023 年，浙江居民消费价格总水平上涨 0.3%，涨幅较上年（2.2%）回落 1.9 个百分点。其中，城市和农村均上涨 0.3%，工业品价格下降 0.8%，消费品价格下降 0.1%，服务价格上涨 0.9%。核心 CPI（扣除食品和能源）上涨 0.6%，总体较为温和。

（二）月度同比阶段性下降，环比季节性波动。

从月度同比看，1-3 月受国际大宗商品回落影响，CPI 同比分别上涨 2.4%、1.0%和 0.9%，涨幅逐月回落；4 月持平，5 月上涨 0.2%；6-9 月受上年同期对比基数走高影响，CPI 同比连续 4 个月下降，分别下降 0.1%、0.5%、0.1%和 0.1%，10 月转为持平；11-12 月受食品价格高基数和能源价格下行影响，CPI 同比分别下降 0.1%和 0.3%。

从月度环比看，季节性波动明显。1 月受春节及寒潮天气等因素影响，CPI 环比上涨 1.2%；2-6 月主要食品供给恢复稳定、猪价重心下移，叠加工业制成品价格低迷制约核心 CPI 修复回升，CPI 环比分别下降 0.6%、0.2%、0.1%、0.4%和 0.2%；7-9 月居民出行服务需求扩大，带动 CPI 环比分别上涨 0.2%、0.1%和 0.3%；10-11 月，猪肉、鲜菜等食品市场供应充足，旅游等服务需求高位回落、能源价格下行，CPI 环比分别下降 0.1%和 0.5%；12 月受寒潮天气及节前消费需求增加等因素影响，CPI 环比转为持平。

图 1　浙江居民消费价格涨跌幅

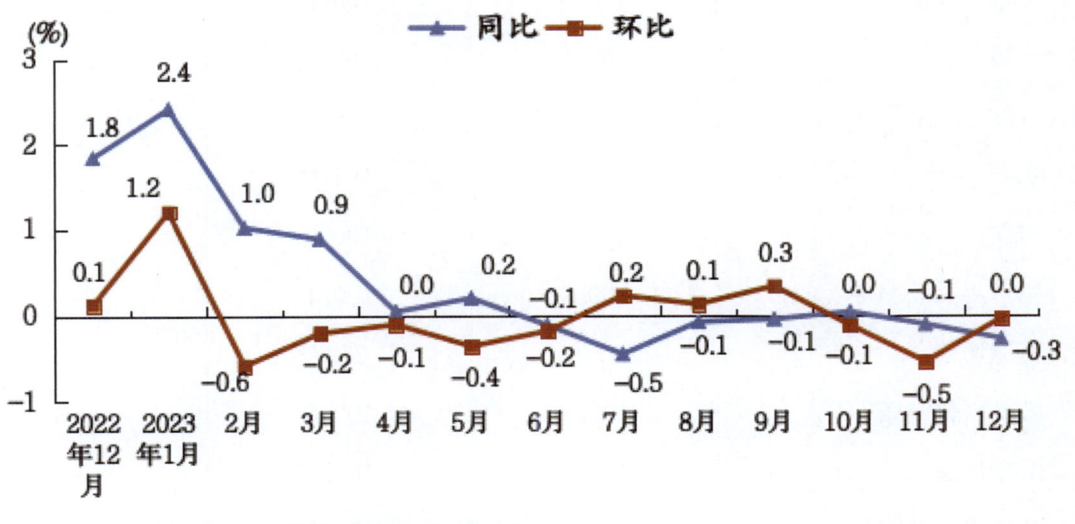

（三）八大类商品及服务价格“六涨二跌”。

2023 年所调查的八大类商品和服务价格“六涨二跌”。其他用品及服务价格上涨 3.6%，教育文化娱乐价格上涨 2.8%，衣着价格上涨 1.0%，医疗保健价格上涨 1.0%，食品烟酒价格上涨 0.6%，生活用品及服务价格上涨 0.4%。居住价格下降 0.4%，交通通信价格下降 2.1%。

图 2　2023 年浙江省居民消费价格分类涨跌幅（%）

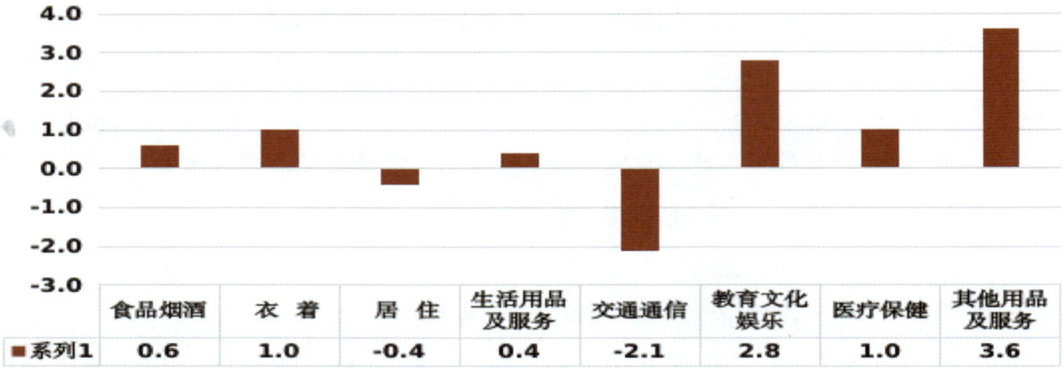

（四）浙江 CPI 略高于全国平均水平。

2023 年，浙江 CPI 上涨 0.3%，高于全国 0.1 个百分点。从各省（区、市）涨幅比较看，浙江与海南、云南等并列全国 31 个省（区、市）第 11 位；在华东六省一市中，浙江与上海、江西持平，低于江苏 0.1 个百分点，分别高于安徽、山东、福建 0.1、0.2 和 0.3 个百分点。

表 1　2023 年浙江 CPI 与全国比较

项目名称	浙江省（%）	全国（%）	相差（百分点）
居民消费价格指数	100.3	100.2	0.1
一、食品烟酒	100.6	100.3	0.3
粮　食	101.2	101.0	0.2
鲜　菜	98.8	97.4	1.4
畜　肉	93.8	92.7	1.1
水 产 品	100.5	100.0	0.5
蛋	102.0	100.3	1.7
鲜　果	103.6	104.9	-1.3
二、衣着	101.0	101.0	0.0
三、居住	99.6	100.0	-0.4
四、生活用品及服务	100.4	100.1	0.3
五、交通通信	97.9	97.7	0.2
六、教育文化娱乐	102.8	102.0	0.8
七、医疗保健	101.0	101.1	-0.1
八、其他用品及服务	103.6	103.2	0.4

分类别看，除居住类外，其他七大类商品及服务价格走势与全国一致。食品烟酒价格高于全国 0.3 个百分点，其中，蛋类价格高于全国 1.7 个百分点，鲜菜、畜肉价格降幅分别小于全国 1.4 和 1.1 个百分点；随着服务性消费持续恢复，教育文化娱乐、其他用品及服务、生活用品及

服务价格涨幅分别高于全国 0.8、0.4 和 0.3 个百分点；衣着价格涨幅与全国持平，医疗保健价格涨幅低于全国 0.1 个百分点；交通通信价格降幅小于全国 0.2 个百分点。

二、主要商品（服务）价格运行特点

（一）市场供应充足，食品烟酒价格平稳上涨。

2023 年，浙江食品烟酒价格上涨 0.6%，涨幅较上年回落 2.0 个百分点，影响 CPI 上涨约 0.17 个百分点。其中，食品价格上涨 0.3%，在外餐饮、茶及饮料、烟酒价格分别上涨 1.5%、1.5%和 0.5%。

1. 鲜菜价格小幅下降。受整体气温偏高影响，鲜菜价格下降 1.2%，影响 CPI 下降约 0.03 个百分点。

2. 畜肉价格持续低位运行。2023 年生猪市场供应相对充裕，在二次育肥和压栏惜售等因素作用下，畜肉类价格下降 6.2%，降幅比上年扩大 2.2 个百分点，影响 CPI 下降约 0.17 个百分点。其中，猪肉价格下降 10.4%，影响 CPI 下降约 0.15 个百分点。牛、羊肉价格分别下降 1.7%和 1.2%。

3. 禽肉类价格普遍上涨。禽肉市场供应量处于低位，加之餐饮消费恢复需求回升，2023 年禽肉类价格上涨 4.9%，其中鸭、其他禽肉及制品、鸡价格分别上涨 10.0%、4.5%和 2.0%。

4. 水产品价格涨跌互现。水产品价格全年上涨 0.5%，波动较小但分类差异较大。其中，旅游、餐饮消费向好推高部分海水产品价格，海水鱼价格上涨 5.1%，其他水产品及制品价格上涨 5.7%；由于市场供应充足，加之养殖成本降低，淡水鱼价格下降 4.7%。

（二）能源价格由涨转跌，工业品价格下降。

2023 年，浙江工业品价格下降 0.8%，影响 CPI 下降约 0.25 个百分点。其中，扣除能源的工业品价格下降 0.1%。

1. 工业消费品价格下降。2023 年，汽车市场进入存量竞争阶段，“价格战”贯穿全年，带动交通工具价格下降 2.9%。其中，燃油小汽车、新能源小汽车价格分别下降 3.4%和 2.8%。其他耐用消费品需求较弱，商场、超市竞争激烈，促销较为频繁，电话机、电视机、笔记本电脑价格分别下降 2.7%、1.7%和 1.6%，大型家用器具价格下降 0.3%。

2. 能源价格由涨转跌。受国际油气价格震荡运行影响，能源价格先降后涨再转降，全年下降 2.9%。其中，汽、柴油价格分别下降 5.6%和 6.0%；液化石油气价格下降 0.6%。从月度环比看，1-6 月，随着各国央行大幅加息，全球经济衰退与能源需求下降的预期升温，国际原油价格震荡下跌，带动国内成品油和石油制品价格下降；7-10 月，OPEC+频频扩大减产规模及延长减产时限，推动国际原油价格波动上行，国内成品油价格随之连续上调；11、12 月，受需求预期趋弱等因素影响，国内成品油价格下调 6 次，能源价格分别下降 1.4%和 2.4%。

（三）文旅消费需求持续恢复，服务价格小幅上涨。

2023 年，浙江服务价格上涨 0.9%，涨幅较上年回落 0.1 个百分点，影响 CPI 上涨约 0.37 个百分点。

1. 文化娱乐服务价格较快上涨。随着疫情防控政策优化调整，居民文化娱乐消费需求快速持续释放，推动服务价格上涨。旅游出行相关类别中，飞机票、其他旅游、旅行社收费、在外住宿价格分别上涨 21.7%、12.3%、10.8%和 10.4%；文娱休闲服务相关类别中，电影及演出票、网络文娱服务、宠物服务价格分别上涨 6.1%、1.6%和 1.6%。

2. 教育医疗服务价格温和上涨。2023 年，教育服务价格上涨 1.8%。其中，小学初中教育、高中中职教育、学前教育、幼儿早期教育价格分别上涨 5.2%、2.5%、1.7%和 1.2%；课外教育、专业技能培训价格分别上涨 1.8%和 0.7%。浙江持续调整完善医疗服务价格项目，带动医疗服务价格上涨 1.0%，其中，综合医疗类、康复类、诊断类价格分别上涨 2.8%、1.4%和 1.0%。

3. 家庭服务与生活服务价格保持上涨趋势。2023 年，家庭服务价格上涨 0.8%。其中，其他家庭服务、家庭维修服务、母婴护理服务、家政服务价格分别上涨 2.2%、0.9%、0.6%和 0.5%。其他生活类服务中，美发、洗浴、养老服务价格分别上涨 2.1%、1.7%和 0.4%。

三、2024 年价格走势展望

（一）稳健的货币政策为物价稳定提供保障。

2023 年中央经济工作会议提出，要坚持稳中求进、以进促稳、先立后破，稳健的货币政策要灵活适度、精准有效，保持流动性合理充裕，社会融资规模、货币供应量同经济增长和价格水平预期目标相匹配，这将为 2024 年居民消费价格总体平稳运行提供坚实的基础保障。

（二）居民消费有效需求不足问题或将逐步缓解。

随着经济回升向好，居民收入平稳增长，市场需求持续改善，商品和服务价格有望回升。从近期情况看，居民消费信心和潜能边际恢复，2023 年全国社会消费品零售总额比上年增长 7.2%，12 月份消费者信心指数比上月回升 0.6 点。同时，汽车、家居等大宗消费有待提振，据中国汽车流通协会统计，汽车经销商库存指数较高，经销商经营压力较大，短期内价格战或仍将是车市主旋律。此外，房地产市场景气度持续下降，影响居民家电换新需求短期难以有效提升。因此，未来一段时期，要持续落实落细一系列扩大内需政策，推动消费从疫后恢复转向持续扩大。

（三）食品价格预计回升上行。

2023 年生猪产能持续有序回调，从短期看，猪肉价格仍将底部震荡；从长期看，随着产能去化速度加快，2024 年下半年猪肉价格或将逐步回升。同时，厄尔尼诺现象导致极端天气频发，将影响农副产品生产、采摘和运输，影响食品价格阶段性上行。

综合上述因素，预计 2024 年 CPI 将保持温和上涨态势。

市场有效需求不足 工业生产者价格低位运行

——2023 年浙江工业生产者价格调查情况分析

受全球经济增速放缓、市场有效需求不足、大宗商品价格震荡走低等因素影响，2023 年以来浙江工业生产者价格持续处于下行区间。工业生产者出厂价格（PPI）下降 2.7%，原材料购进价格（IPI）下降 5.2%。

一、浙江工业生产者价格运行情况

（一）同比呈 V 型走势。

1-6 月浙江 PPI 降幅逐月扩大，分别下降 0.9%、1.4%、2.3%、3.0%、3.8%和 4.4%；7-9 月 PPI 降幅有所收窄，分别下降 3.5%、2.7%和 2.2%；10-12 月 PPI 降幅再度扩大，分别下降 2.3%、2.8%和 2.9%。1-12 月 IPI 降幅先扩大后缩小，各月降幅分别为 1.7%、2.1%、3.4%、5.8%、7.1%、8.5%、8.4%、6.5%、4.9%、4.7%、4.7%和 4.6%。

图 1　2023 年浙江工业生产者价格同比涨跌幅（%）

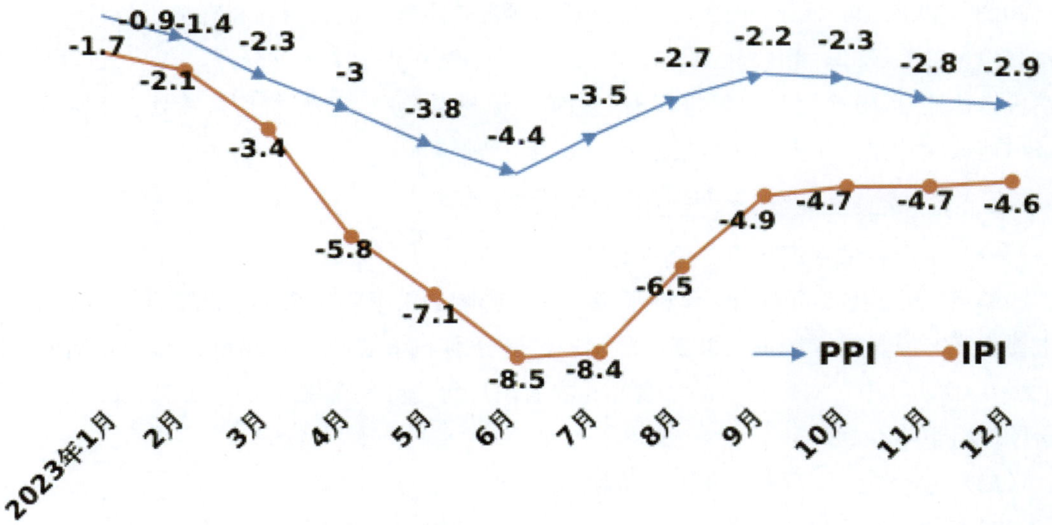

（二）环比呈波浪式震荡。

1-7 月浙江 PPI 环比连续下降，各月分别下降 0.6%、0.2%、0.1%、0.1%、0.6%、0.6%和 0.4%；8 月由降转升，上涨 0.1%，9 月继续上涨 0.5%，10 月持平；11-12 月分别下降 0.5%和 0.3%，呈波浪形震荡走势。IPI 环比除 3 月、9 月和 10 月分别上涨 0.3%、0.8%和 0.4%，8 月持平外，其余各月均呈下降态势：1-2 月分别下降 0.7%、0.5%，4-7 月分别下降 0.4%、1.0%、1.3%和 1.5%，11-12 月分别下降 0.1%和 0.5%。

图 2　2023 年浙江工业生产者价格环比涨跌幅（%）

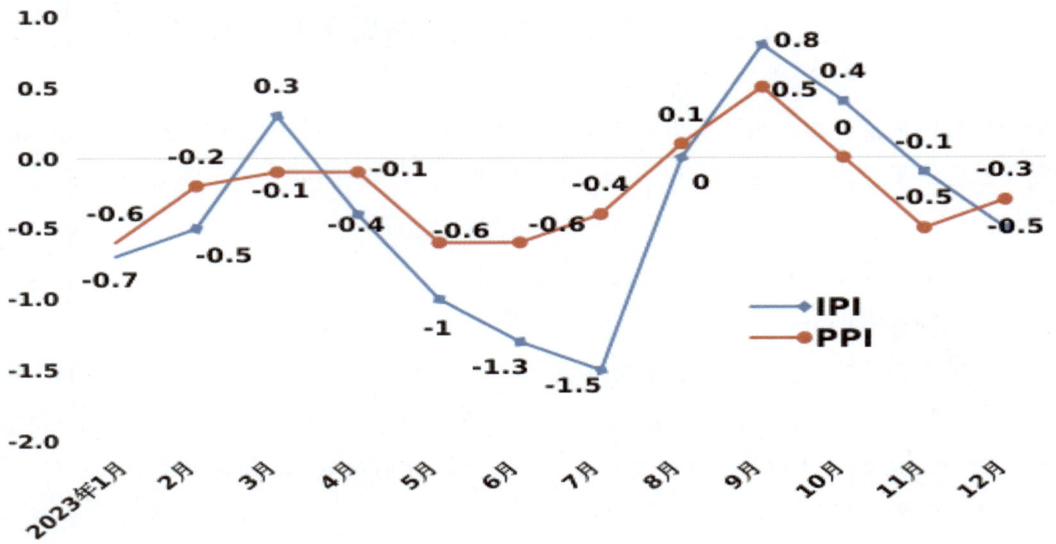

（三）购销价格持续“低进高出”。

2023 年浙江 IPI 低于 PPI2.5 个百分点，两者差距呈先扩大后缩小态势，各月分别为 0.8、0.7、1.1、2.8、3.3、4.1、4.9、3.8、2.7、2.4、1.9 和 1.7 个百分点。自 2022 年 9 月以来，购销价格已连续 16 个月呈“低进高出”态势，原材料及产品出厂价格持续处于下降区间，表明经济增速放缓背景下工业品市场需求不足。

二、浙江工业生产者价格运行特点

（一）生产、生活资料出厂价格走势分化。

2023 年，浙江生产资料出厂价格下降 3.6%，影响 PPI 下降约 2.8 个百分点，是拉动 PPI 下降的主要因素。原材料、加工、采掘产品出厂价格分别下降 4.4%、3.2%和 3.1%。生活资料出厂价格上涨 0.3%，其中，耐用消费品、食品、衣着出厂价格分别上涨 1.9%、0.5%、0.3%，一般日用品出厂价格下降 0.9%。

（二）逾七成大类行业产品出厂价格下降。

2023 年，调查的 34 个大类行业有 24 个行业产品出厂价格下降，下降面为 70.6%。其中，化学原料和化学制品制造业、黑色金属冶炼和压延加工业、非金属矿物制品业产品出厂价格分别下降 11.5%、8.8%和 8.7%，共影响总指数下降约 1.5 个百分点。

十大重点工业行业产品出厂价格“1 升 9 降”。价格上升的行业是电力、热力生产和供应业，上涨 1.9%。价格降幅较大两大行业是化学原料和化学制品制造业、非金属矿物制品业，分别下降 11.5%和 8.7%，共影响 PPI 下降约 1.3 个百分点。

表 1　2023 年浙江十大重点工业行业产品价格涨跌幅及对 PPI 影响

工业行业分类	涨跌幅度（%）	对 PPI 影响（百分点）
电气机械和器材制造业	-2.3	-0.23
化学原料和化学制品制造业	-11.5	-0.96
电力、热力生产和供应业	1.9	0.16
汽车制造业	-0.7	-0.05
通用设备制造业	-1.4	-0.10
计算机、通信和其他电子设备制造业	-1.3	-0.08
纺织业	-1.6	-0.09
非金属矿物制品业	-8.7	-0.35
金属制品业	-1.3	-0.05
橡胶和塑料制品业	-3.9	-0.14

（三）九大类原材料购进价格全面下降。

2023 年，浙江九大类原材料购进价格全面下降。降幅居前三的是化工原料类、建筑材料及非金属类、黑色金属材料类，分别下降 10.3%、9.3%和 8.7%，共影响购进价格下降约 2.8 个百分点。

图 3　2023 年浙江九大类原材料购进价格涨跌幅（%）

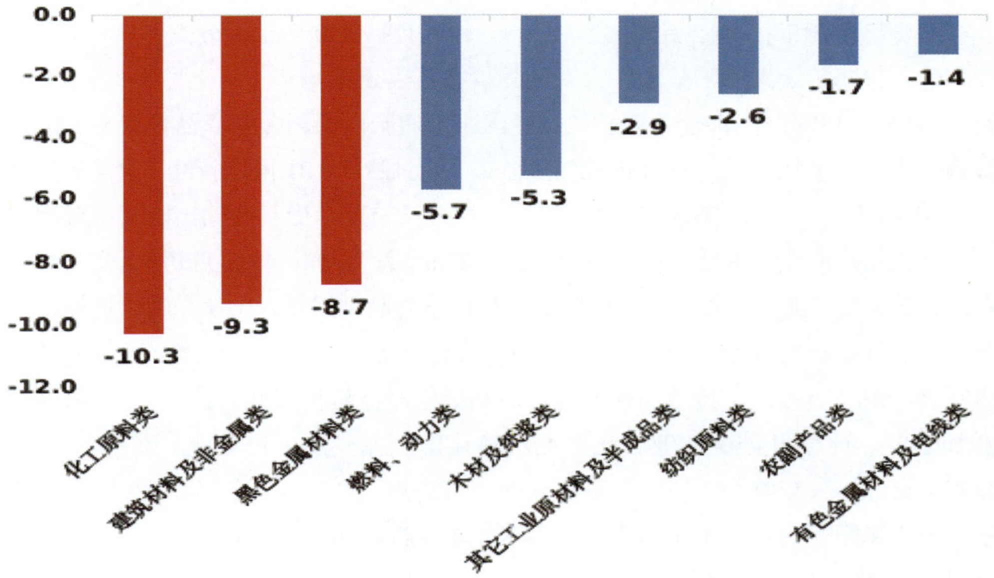

（四）浙江 PPI 高于全国，居华东第三。

2023 年，浙江 PPI 高于全国（97.0）0.3 个百分点，居 31 个省（区、市）第 13 位；在华东六省一市居第 3 位，低于上海和福建 2.4 和 0.9 个百分点，高于山东、安徽、江西、江苏 0.8、0.7、0.7 和 0.6 个百分点；低于广东 1.2 个百分点。

图 4　2023 年浙江 PPI 同比与全国、华东各省市、广东比较

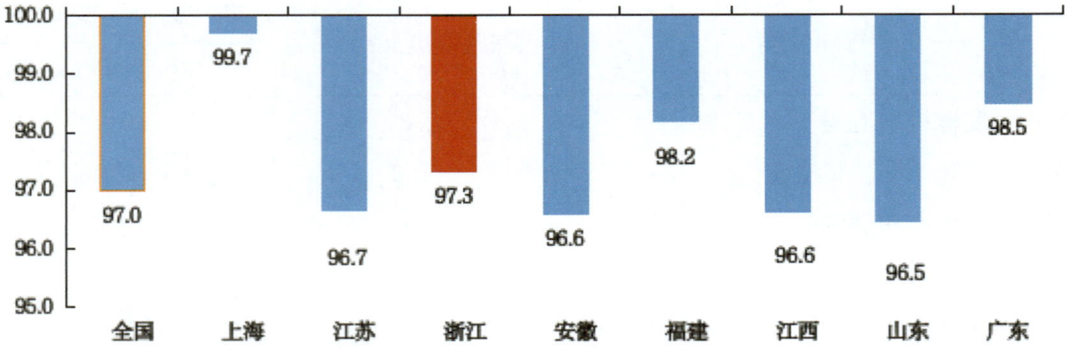

三、工业生产者价格变动原因分析

2023 年浙江 PPI 各月同比持续低位运行，上半年降幅持续扩大，三季度逐步收窄，四季度再度扩大，主要影响因素有：

（一）全球经济增长疲弱，市场有效需求不足。

受世界经济复苏乏力、地缘政治影响外溢、贸易保护限制增多等不利因素影响，贸易需求遭到直接冲击，工业品价格缺乏支撑。国内房地产行业深度调整，下游需求恢复不及预期，水泥、钢材等建材价格不振。1-6 月浙江 PPI 同比持续下降，6 月降幅扩大至 4.4%，为年内最低点。下半年，中国外贸顶住压力，进出口总体平稳运行，带动工业经济恢复向好，工业产品价格企稳。7-9 月浙江 PPI 同比降幅连续收窄，9 月降幅（-2.2%）较 6 月收窄 2.2 个百分点。四季度以来，巴以纷争、红海航运危机影响国际航运、全球供应链安全，物流成本提高，国际贸易受到一定冲击，工业产品价格承压下行，12 月降幅（-2.9%）较 9 月扩大 0.7 个百分点。

（二）输入性降价因素影响较大，大宗商品价格震荡走低。

2023 年以来，伴随欧美银行业危机、发达国家高通胀，国际大宗商品价格重心波动下移。作为资源输入大省，浙江对输入性降价较为敏感，1-6 月浙江 IPI 同比持续下降，6 月降幅扩大至 8.5%，为年内低点，从成本端影响 PPI 持续下行。三季度，受石油输出国减产等因素影响，原油价格持续上涨。9 月底布伦特原油期货价格突破 95 美元/桶，较 8 月初上涨 11.9%，影响 9 月浙江石油、煤炭及其他燃料加工业、化学原料和化学制品制造业、化学纤维制造业产品出厂价格环比分别上涨 5.5%、1.8%和 1.3%，共拉动 PPI 环比上涨约 0.3 个百分点。进入四季度，国际原油价格回落，发改委多次下调成品油价格，原油衍生产品价格跟跌。12 月浙江石油、煤炭及其他燃料加工业、化学纤维制造业、化学原料和化学制品制造业产品出厂价格环比分别下降 5.2%、0.9%、0.7%，共影响 PPI 环比下降约 0.2 个百分点。

（三）负翘尾因素对 PPI 下拉作用明显，下半年大幅减弱。

翘尾因素对 2023 年 PPI 同比运行产生明显影响。总体来看，1-12 月翘尾平均值为-0.8 个百分点，对全年 PPI 降幅（-2.7%）的贡献率为 29.6%。分月来看，1-11 月翘尾因素对 PPI 影响分别为-0.3、-0.5、-1.4、-2.0、-2.2、-2.2、-0.9、-0.2、-0.1、-0.2、-0.2 个百分点，12 月份归零。其中，7-12 月翘尾平均值为-0.3 个百分点，较 1-6 月（-1.4 个百分点）收窄 1.1 个百分点，对 PPI 同比下拉作用明显减弱。

四、应关注的问题

（一）出口订单减少，短单小单趋势明显。

近期浙江调查总队开展的“浙江外贸企业圣诞订单情况”调研显示，72.2%受访企业认为“海

外需求持续放缓，境外客户购买力下降”是当前企业面临的最主要困难，超七成受访企业在手订单为 3 个月以内的短单。如温州某玩具有限公司反映，今年同型号的订单货量由上万个减少到几千个，部分小单甚至只有几百个。

（二）同行竞争激烈，价格战影响利润。

需求不足情况下，同类型产品的竞争加剧，部分企业不得不降价留住客户，影响企业效益。如台州某塑业股份有限公司反映，出口产品 6 厘米圣诞球价格同比下降约 9%，保订单难度越来越大。汽车降价潮影响下，嘉兴某新能源汽车股份有限公司 2003 年 5 月份哪吒 V 起售价从 7.99 万元下降至 7.39 万元，8 月份哪吒 S 降价最高达 4.9 万元，虽短期内销量增长，但企业利润亏损。

（三）创新能力不足，科研人员缺乏。

目前中小企业招不到高端人才、留不住技术人才的现象较为突出。如浙江某汽车电器有限公司反映企业缺少新能源旋转变压相关高级人才。浙江衢州、丽水等城市汽配企业反映由于地理位置偏远、经济发展层次不高，现有企业规模较小、对人才吸引力有限，制约企业创新研发和长远发展。

五、走势预测

从国际形势看，日益加剧的地缘政治紧张局势给世界经济带来新的风险，全球经济复苏缓慢。1 月 9 日，世界银行《全球经济展望》报告预计 2024 年全球经济增速将连续第 3 年放缓，降至 2.4%。影响 2024 年出口的风险和不确定性因素较多，贸易承压较大。在复杂多变的政治经济形势影响下，大宗商品价格短期内仍震荡波动。

从国内形势看，各项经济指标出现好转，供给需求稳步改善，转型升级积极推进，就业物价总体稳定，民生保障有力有效，高质量发展扎实推进。2024 年随着经济回升向好态势不断增强，有望支撑工业品价格企稳。

从翘尾因素来看，2024 年一季度翘尾平均值为-2.1 个百分点，对 PPI 同比下拉作用较大。

综上，预计 2024 年一季度浙江 PPI 继续处于下降区间的概率较大。

政策保障有力 粮食生产“三增”

——2023 年浙江粮食生产调查情况分析

2023 年，浙江各级党委政府强化粮食安全责任落实，加大政策扶持力度，加强技术指导服务，多措并举抓好粮食生产工作，全省粮食生产实现三增。

一、生产形势

2023 年，全省粮食播种面积、单产和总产实现“三增长”。全省粮食播种面积 1537.0 万亩，比 2022 年增加 6.3 万亩，增长 0.4%；单位面积产量 415.6 公斤/亩，比 2022 年增加 9.9 公斤/亩，增长 2.4%；总产量 638.8 万吨，比 2022 年增加 17.8 万吨，增长 2.9%。

（一）夏粮喜获丰收。

2023 年浙江夏粮实现播种面积、单产和总产三增长。全省夏粮播种面积 303.7 万亩，创 2002 年以来新高，较上年增加 28.3 万亩，增长 10.3%；单产 275.3 公斤/亩，增加 9.9 公斤/亩，增长 3.7%；总产 83.6 万吨，增加 10.5 万吨，增长 14.4%。其中：冬小麦播种面积 228.9 万亩，增加 33.0 万亩，增长 16.8%；单产 290.2 公斤/亩，增加 8.2 公斤/亩，增长 2.9%；总产 66.4 万吨，增加 11.2 万吨，增长 20.2%。

（二）早稻实现三增。

2023 年浙江早稻面积、单产和总产继续稳步增长。全省早稻种植面积 183.2 万亩，较上年增加 13.6 万亩，增长 8.0%；单产 419.8 公斤/亩，增加 6.0 公斤/亩，增长 1.5%；总产 76.9 万吨，增加 6.7 万吨，增长 9.6%。

（三）秋粮总产微增。

2023 年全省秋收粮食作物总播种面积 1050.1 万亩，较上年减少 35.6 万亩，下降 3.3%；单产 455.5 公斤/亩，增加 15.5 公斤/亩，增长 3.5%；总产 478.3 万吨，增加 0.6 万吨，增长 0.1%。

分品种看，单季晚稻种植面积 633.8 万亩，较上年增加 9.6 万亩，增长 1.5%；单产 534.9 公斤/亩，增加 11.5 公斤/亩，增长 2.2%；总产 339.0 万吨，增加 12.3 万吨，增长 3.8%。双季晚稻种植面积 156.4 万亩，较上年增加 6.4 万亩，增长 4.3%；单产 443.3 公斤/亩，增加 3.0 公斤/亩，增长 0.7%；总产 69.4 万吨，增加 3.3 万吨，增长 5.0%。旱杂粮种植面积 334.6 万亩，较上年减少 56.3 万亩，下降 14.4%；单产 260.3 公斤/亩，减少 2.7 公斤/亩，下降 1.0%；总产 87.1 万吨，减少 15.7 万吨，下降 15.3%。

表 1　2023 年全省粮食播种面积、总产量及单位面积产量情况

	播种面积	总产量	单位面积产量
	（万亩）	（万吨）	（公斤/亩）
全年粮食	1537.0	638.8	415.6
1、夏粮	303.7	83.6	275.3
2、早稻	183.2	76.9	419.8
3、秋粮	1050.1	478.3	455.5

二、原因分析

（一）政策保障激励促进粮食面积增加。

一是粮食种植政策靠前发力、补贴力度加大，政策足补贴高机械化程度高，有效提升种粮大户扩种积极性。如杭州萧山、余杭、临平三地的小麦补贴高达 350 元 / 亩，以激励农户种植小麦。从小麦空分测量情况看，萧山、余杭、临平均增加 1 万亩以上。

二是强化责任考核。各地通过填塘种粮、退苗还粮等“非粮化”整治腾退耕地及开荒种粮、复稻还粮等增加种粮面积、提升粮食产量。

三是单改双政策落地，有效提升早稻和双季晚稻面积。由于种植补贴政策优化，鼓励单季稻改双季稻。如 2023 年绍兴市规模种粮补贴从每亩 140 元提升至 160 元，同时新增每亩 100 元的连作晚稻种植补贴，绍兴各县（市、区）不同程度提升了补贴力度。柯桥区早稻补贴达 470 元/亩，诸暨市在执行市级政策的基础上，对连作晚稻种植再给予250元/亩的补贴，有力提升规模户种植早稻与连晚的积极性。

（二）气象条件总体较好保障粮食增产。

2023 年，良好的气候条件利于小麦生长成熟和各类农事活动开展，白粉病、赤霉病发病较上年轻，小麦单产同比有所增加。早稻播种以来，晴雨相间、温光适宜，总体长势良好，生育期较上年提前 2-3 天，且浙江受台风影响较小，未对早稻生产造成较大影响，病虫害等虽有局部发生但整体可控，全省早稻单产实现小幅增长。夏季全省日照时数较常年偏少，平均气温较常年同期略低。尽管 7 月中下旬以来浙江沿海地区受多轮台风环流外延影响，出现多次连续性降水，短时降水强度较大，农户反映局部地区存在稻谷秧苗倒伏、水淹等情况，但没有出现洪涝灾害，同时降雨有利缓解气象干旱和江河、水库补充水量，给农业生产带来有利影响，晚稻单产出现恢复性增长。

（三）多种原因导致杂粮种植面积减少。

浙江杂粮主要以农户自产自销为主，受主粮补贴政策持续稳定、种植经济作物（如蔬菜）效益较好、村集体鼓励种植主粮等因素影响，2023 年农户改种主粮、经济作物或休耕恢复地力。另外随着各地“非粮化”和“百千万”耕地连片整治工作的推进，原来种植杂粮的碎片化耕地减少，杂粮面积相应下降。

三、存在的问题及建议

（一）种粮成本高企，需进一步深化惠农政策。

一方面地租、肥药、人工等种植成本持续增长，而粮食市场价格受到国家政策调控，种粮的利润空间不断受到挤压。据 2023 年有关调研显示，65.1%农户反映粮食生产成本居高不下。如：绍兴反映当地尿素、三元复合肥、氯化钾的市场价格分别为 2410 元、3540 元和 4130 元每吨，较 2020 年同期增长 26.9%、36.2%和 65.2%；台州反映农业雇工工资相比去年上涨了 20 元/人；临海反映当地种粮平均地租 850 元/亩/年，同比上涨 50 元。另一方面，一些地方逐年增加的涉粮补贴给当地财政造成较大压力。余杭区对区内实际收获面积 50 亩(含)-200 亩的稻、麦大户分别补助 280 元/亩、200 元/亩；200 亩(含)以上的稻、麦大户分别补助 550 元/亩、350 元/亩。每年财政用于种粮大户直补、统防统治等种粮补助约 1.1 亿元，补助总额及标准均位居全省前列。建议各级政府持续完善农业生产资料补贴机制、强化农资市场和价格监管、提高农业保险精准化参保补助，多管齐下，切实保障农民、农业经营主体的正常收益。

（二）部分农田基础设施薄弱，需进一步提升设施管护水平。

农田基础设施在抗灾减灾、增产增收方面起到有效促进作用，据有关调研显示，普通农田的受灾率为38.1%，有少量水利设施的农田受灾率为29.5%，高标准农田的受灾率仅20%。42.8%的受访农户反映农田水利等基础设施薄弱影响农业生产。如宁波某农业公司反映由于建设时间较长，园区进排水闸门腐蚀严重，导致水闸经常漏水；进排水渠水泥护坡塌陷严重，导致上水困难。建议各级政府加大农田水利设施和高标准农田建设，提高农田水利灌溉能力，强化建后管护，实施路、田、水、沟、林综合改造，增强抗御自然灾害能力。

（三）劳动力结构性矛盾突出，应加强培育新型农业经营人才。

有关调研显示，38.6%的受访农户反映存在“劳动力结构性矛盾突出，缺乏青壮劳动力”的问题。一是缺少青壮年，雇工难的问题越来越突出。衢州江山市某农户反映，目前田间雇工人员年龄基本在60岁以上，农忙时节劳动力短缺问题尤为明显，很多种粮大户需到外地招工。二是缺少技术员，随着农业自动化水平提高，无人机等新型农业机械大规模应用于全省，但是相应的技术人员仍存在缺口，余姚某种粮大户反映，其农忙时间需要雇佣无人机飞手进行播种、喷洒农药，但往往招不到人。建议各地出台财政补贴、信贷支持等政策，积极培育新型经营主体，助力发展新型农业经营主体和社会化服务组织；同时强化人才培养和储备，制定人才培养计划，加强高校合作，培育一批高素质职业农民。

保供政策有力推进　畜禽生产总体平稳

——2023 年浙江畜牧业生产调查情况分析

2023 年，浙江畜牧业克服成本上涨、价格大幅波动等不利因素影响，积极推动稳产保供政策落实落地，实现主要畜禽生产总体平稳运行。据国家统计局浙江调查总队监测调查显示，2023 年浙江猪牛羊禽肉类总产量为 119.43 万吨，比上年增长 10.5%；禽蛋产量 36.29 万吨，增长 14.4%；牛奶产量 20.88 万吨，增长 6.5%。

一、生猪生产总体情况

（一）生猪生产总体平稳。

2023 年，全省生猪年末存栏 608.88 万头，比上年下降 5.5%，其中能繁母猪 65.13 万头，下降 8.4%;全年累计出栏 953.23 万头，增长 12.1%;猪肉产量 80.78 万吨，增长 13.1%。主要呈现以下特点：一是存栏总体平稳。全年四个季度存栏在 600 万头上下波动，其中大型生猪养殖企业生产总体稳定，四个季度存栏占比在 75%左右波动;二是后期产能储备充足。除了三季度末能繁母猪存栏低于 65 万头外，其余三个季度季末能繁母猪存栏量都高于正常保有量 65 万头，产能储备充足；三是出栏增幅较大。一至四季度同比增长率分别为 8.6%、11.8%、9.6%和 18.1%，特别是四季度，大型养殖企业出栏增多，加上前期部分养殖户压栏惜售的肥猪在元旦、春节集中出栏，导致全省出栏量增长较快。

（二）生猪价格持续低迷。

从生猪价格走势看，在年初春节期间生猪市场呈现“旺季不旺”现象，尽管 3 月份中旬出现一波短暂反弹，但是从 3 月下旬开始一直到 7 月底，受供给压力持续释放和消费复苏不及预期的影响，猪价一直在 15 元/公斤左右徘徊，养殖端持续亏损;8 月震荡上涨，最高涨至 18.77 元/公斤左右，9 月中旬又逐步回落，跌至 16 元/公斤左右，年末出栏价格为 15.82 元/公斤。另据最近全省 11 个市 146 家生猪养殖户走访调研显示，78.8%受访的养殖户出现亏损，平均亏损 271 元/头；4.1%不赚不亏；仅有 17.1%实现盈利，平均盈利 184 元/头。由于生猪价格持续在盈亏平衡线下方运行，导致生猪养殖信心下降，后期稳产成为主流。调研显示， 70.6%受访的养殖户表示下一步保持现有规模；17.1%表示将减少规模，甚至退出养殖行业；5.5%表示说不清，不好决定；仅 6.8%表示将扩大规模。

图 1　2023 年以来活猪平均价格走势（省畜牧农机发展中心资料）

单位：元/公斤

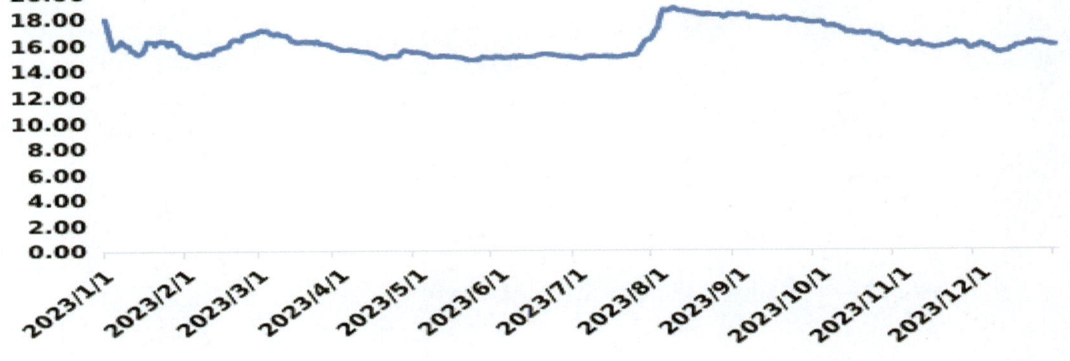

二、家禽生产实现增长

2023 年，全省家禽年末存栏 8519.01 万只，比上年增长 0.2%，其中活鸡存栏 6976.72 万只，增长 1.8%；全年累计出栏 22406.75 万只，增长 4.2%，其中活鸡出栏 20314.08 万只，增长 2.3%；禽肉产量 34.66 万吨，增长 6.0%，其中鸡肉产量 25.97 万吨，增长 3.2%；禽蛋产量 36.29 万吨，增长 14.4%，其中鸡蛋产量 24.02 万吨，增长 18.8%。

三、牛生产总体稳定，羊生产下降

2023 年，全省牛年末存栏 15.06 万头，比上年下降 3.1%，其中奶牛存栏 4.50 万头，增长 1.6%；全年累计出栏 9.54 万头，增长 2.5%；牛肉产量为 1.52 万吨，与去年持平；生牛奶产量为 20.88 万吨，增长 6.5%。

2023 年，全省羊年末存栏 146.22 万只，比上年下降 8.6%；其中绵羊存栏 115.52 万只，下降 9.3%；累计出栏 134.98 万只，下降 3.4%；其中绵羊出栏 93.16 万只，下降 1.3%；羊肉产量 2.47 万吨，增长 1.6%。

农产品价格涨跌互现　生猪价格持续疲软

——2023 年浙江农产品生产者价格运行情况分析

据国家统计局浙江调查总队调查数据显示，2023 年浙江主要农产品生产者价格总水平比上年上涨 1.2%，从四大行业看，呈现“两涨两跌”走势，农业、渔业产品价格分别上涨 0.8%、7.0%；林业、畜牧业产品价格分别下跌 2.9%、9.8%。

一、农业产品生产者价格上涨 0.8%

分季度看，一、二、四季度农业产品价格同比分别上涨 2.8%、5.1%和 0.4%，三季度价格下跌 3.7%，价格波动比较明显。分种类看，稻谷、蔬菜和中草药材价格上涨，水果、茶叶价格下跌。

1. 稻谷价格上涨 0.6%。2023 年最低收购价略有提高，全年稻谷价格平稳，其中早籼稻和粳稻价格分别上涨 1.5%、0.7%，晚籼稻价格下跌 0.8%；今年气候条件适宜，灌溉投入减少，晚稻丰产，种粮收益较上年提高。

2. 蔬菜价格上涨 2.1%。分季看，一、二、四季度，蔬菜价格分别上涨 4.8%、4.2%、3.3%，三季度受上年数据翘尾因素影响，价格下跌 0.7%。

3. 水果价格下跌 2.2%。分品种看，涨跌互现，其中西瓜、桃、枇杷价格分别上涨 1.8%、19.7%、29.5%；梨、杨梅、猕猴桃、葡萄、草莓、柑橘价格分别下跌 20.4%、15.7%、15.0%、7.5%、3.1%、2.2%。

4. 茶叶价格微跌 0.3%。分季看，二季度是茶叶的主要产出季，价格上涨 7.4%；一、三、四季度，茶叶价格分别下跌 1.5%、4.1%、2.7%。

5. 中草药材价格上涨 6.5%。受需求增加以及部分地区气候条件导致减产等因素影响，中草药价格上涨明显，其中贝母、白术、元胡、铁皮石斛价格分别上涨 40.4%、17.2%、9.2%、3.2%，菊花价格下跌 5.8%。

二、林业产品生产者价格下跌 2.9%

分季看，一至四季度价格同比分别下跌 0.5%、3.3%、3.4%、2.6%；分类看，苗木类、林产品、木材价格分别下跌 4.3%、1.4%、1.2%。价格下跌的主要因素有：一是受全国绿化工程减少，房地产行情不景气等因素影响，市场需求萎缩；二是本地林产品生产、种植成本高，受外地低价产品冲击，本地产品不得不降价销售。三是受退林还耕政策影响，市场供大于求导致价格走低。

三、畜牧业产品生产者价格下跌 9.8%

分季看，畜牧业产品价格逐季走低，一、二季度价格分别上涨 4.4%、0.4%，而后大幅走低，三、四季度价格分别下跌 15.1%、20.7%，猪价持续疲软是导致畜牧业产品价格低迷的主要原因。

1. 猪价格下跌 18.1%。一季度活猪价格上涨 6.2%，二至四季度分别下跌 3.1%、27.7%和 34.1%。目前生猪市场供应充足，猪价以低位调整为主，而生猪养殖成本居高不下，饲料、防疫成本高位运行，人工价格不断攀升，养殖户处于亏损状态，流动资金缺口较大。

2. 羊价格下跌 4.0%。或受猪肉价格低迷影响，绵羊价格下跌 8.4%，山羊下跌 1.4%。

3. 家禽价格上涨 1.2%，禽蛋价格下跌 0.2%。鸡价格上涨 0.7%，鸭价格上涨 5.8%；鸡蛋价格下跌 1.2%，鸭蛋价格上涨 1.9%。

四、渔业产品生产者价格上涨 7.0%

分季看，前三季度，渔业产品价格分别上涨 7.2%、10.5%、5.6%，四季度转为下跌 0.3%。

1. 海水养殖产品价格上涨 8.0%。海水养殖鱼类价格上涨 0.7%，海水养殖虾类价格上涨 1.8%，海水养殖贝类价格上涨 13.5%，海水养殖蟹类价格下跌 0.4%。

2. 海水捕捞产品价格上涨 10.0%。海水捕捞鲜鱼价格上涨 8.3%，海水捕捞虾类价格上涨 2.5%，海水捕捞蟹类价格上涨 6.5%。

3. 淡水养殖产品价格下跌 1.3%。淡水养殖鱼类价格下跌 4.3%，淡水养殖虾价格下跌 8.8%，淡水养殖蟹类价格上涨 1.6%，淡水养殖鳖价格上涨 1.9%。

小微企业经营向好 四方面问题仍需关注

——2023年浙江新设立小微企业跟踪调查分析

根据2014年3-7月浙江新设立的4029家小微企业和个体经营户样本(以下简称新设立小微企业)跟踪调查显示，截至2023年底，目前全省仍在正常营业的新设立小微企业780家，总体经营情况有所好转，惠企政策得以落实，同时企业反映仍面临市场竞争激烈、需求不足、创新意愿减弱、招工意愿较低等问题，需引起有关部门关注。

一、经营状况有所好转

（一）存活率降幅收窄。

浙江4029家新设立小微企业中，在调查时反映2023年正常营业的有780家，占19.4%，比上年下降1.0个百分点，存活率降幅同比收窄0.7个百分点，明显低于跟踪调查以来各年的降幅。

（二）生产经营情况较好和一般的比例提高。

调查显示，2023年正常营业的780家新设立小微企业，户均营业收入较上年增加5.6万元。74.6%的受访企业表示本企业生产经营情况较好和一般，较上年提高5.9个百分点。

（三）资产规模不断壮大。

调查显示，正常营业的780家新设立小微企业，拥有资产72.4亿元，户均资产较上年增加80.9万元。

二、政策措施落实有力

（一）优惠政策惠及面连续九个季度超七成。

2023年以来，浙江省继续实施减税降费政策，切实减轻小微企业负担。调查显示，2021年4季度以来，正常营业的780家新设立小微企业享受减税降费、政府资金支持、贷款优惠等政策的比例已经连续九个季度超过七成。

（二）银行贷款利率进一步降低。

调查显示，2023年有贷款需求的新设立小微企业中，各季度从银行贷款的比例，平均值为96.1%，较上年平均值提高2.1个百分点，银行贷款主渠道作用进一步发挥。企业银行贷款年利息平均值为5.0%，是跟踪调查以来各年最低平均值，小微企业经营成本进一步降低。

（三）生产经营预期稳中向好。

调查显示，正常营业的780家新设立小微企业中，有663家预计2024年一季度生产经营比2023年四季度加快或持平，占85.0%，较上年同期上升1.1个百分点。

三、存在的问题和困难

（一）市场竞争激烈。

调查显示，正常营业的780家新设立小微企业中，有365家认为市场竞争激烈是当前面临的突出问题，占46.8%，较上年提高4.7个百分点，位列企业面临突出问题的首位。浙江某锯业有限公司反映，由于行业门槛不高，一些没有自主研发能力的小企业，模仿制造锯床，拉低产品价格，叠加当地锯床企业分布集中，人才、信息转移扩散快，同质化竞争愈演愈烈，企业生产经营日益艰难，2023年营业收入同比下降20.3%。

（二）市场需求不足。

调查显示，正常营业的 780 家新设立小微企业中，有 349 家认为市场需求不足是当前面临的突出问题，占 44.7%。浙江某木制玩具有限公司反映，企业生产的木玩产品主要出口欧美地区，在全球经济不确定性增强的背景下，国外市场需求疲软，2023 年营业收入同比下降 22.9%。

（三）创新意愿减弱。

调查显示，正常营业的 780 家新设立小微企业，2023 年各季度平均有 88.8%没有开展创新活动，比上年平均值提高 5.3 个百分点，表明市场需求不足，进一步减弱小微企业的创新意愿。浙江某保安服务有限公司反映，当前业务量减少，经营相对困难，企业没有多余的精力和资金进行创新。

（四）招工意愿较低。

调查显示，正常营业的 780 家新设立小微企业，2023 年各季度有招工需求的比例，平均值为 12.2%，较上年平均值下降 1.2 个百分点。浙江某物流有限公司反映，混凝土运输是企业主要业务，受房地产不景气影响，工地的订单下滑明显，很多司机陆续离职，企业当前无招工意愿。

四、企业期盼

（一）有效扩大消费需求，营造公平竞争环境。

企业期盼进一步发挥财政对消费的促进作用，持续推进消费回补和潜力释放，并将小微企业作为促消费活动的重点领域。加强针对小微企业的政策服务和保障，打击不正当竞争和违法违规行为，营造公平、透明、规范的市场环境。

（二）加强培训指导，提高创新能力。

企业期盼进一步加大引流推广、跨境电商等方面的知识培训力度。定期组织行业交流，加强小微企业间协作联合，促进产业链上下游高效协同，形成规模效应和集群效应，增强企业创新能力和发展潜力。

（三）加大财政金融支持，降低融资门槛。

调查显示，企业当前最关注的政策措施，排在首位的是进一步加大财政金融支持。企业期盼，继续保持针对小微企业的减税降费等帮扶政策，保证惠企措施的连续性、稳定性。同时加大对小微企业的金融支持力度，进一步降低小微企业融资门槛。

二 居民收支

2-1 城乡居民家庭人均可支配收入（1978-2023）

年份	全体居民家庭		城镇居民家庭		农村居民家庭		城乡居民收入比
	人均可支配收入(元)	比上年实际(%)	人均可支配收入(元)	比上年实际(%)	人均可支配收入(元)	比上年实际(%)	
1978			332		165		2.01
1983			551	1.2	359	2.3	1.53
1984			669	17.1	446	23.5	1.50
1985			904	17.4	549	12.5	1.65
1986			1104	14.9	609	5.0	1.81
1987			1228	0.3	725	13.6	1.69
1988			1589	4.9	902	8.1	1.76
1989			1797	-3.2	1011	-2.6	1.78
1990			1932	5.3	1099	2.7	1.76
1991			2143	5.0	1211	8.9	1.77
1992			2619	11.9	1359	8.8	1.93
1993			3626	14.0	1746	10.2	2.08
1994			5066	12.0	2225	4.1	2.28
1995			6221	5.0	2966	5.3	2.10
1996			6956	1.8	3463	6.1	2.01
1997			7359	1.6	3684	3.8	2.00
1998			7825	5.3	3838	4.7	2.04
1999			8402	8.0	3996	5.6	2.10
2000			9236	9.1	4332	7.8	2.13
2001			10399	13.3	4697	6.9	2.21
2002			11624	13.4	5096	8.4	2.28
2003			13055	11.9	5594	7.8	2.33
2004			14387	7.4	6210	7.4	2.32
2005			16089	10.4	7003	6.4	2.30
2006			18007	10.9	7763	9.3	2.32
2007			20250	8.4	8805	8.2	2.30
2008			22334	5.4	9927	6.2	2.25
2009			24148	9.7	10798	9.5	2.24
2010			26802	6.9	12277	8.6	2.18
2011			30340	7.5	14197	9.5	2.14
2012			33846	9.2	15806	8.8	2.14
2013	29775	7.7	37080	7.1	17494	8.1	2.12
2014	32658	7.4	40393	6.8	19373	8.3	2.09
2015	35537	7.3	43714	6.7	21125	7.5	2.07
2016	38529	6.4	47237	6.0	22866	6.3	2.07
2017	42046	6.9	51261	6.3	24956	7.0	2.05
2018	45840	6.5	55574	6.0	27302	7.0	2.04
2019	49899	5.8	60182	5.4	29876	6.0	2.01
2020	52397	2.6	62699	2.1	31930	4.0	1.96
2021	57541	8.2	68487	7.6	35247	8.9	1.94
2022	60302	4.8	71268	4.1	37565	6.6	1.90
2023	63830	5.6	74997	4.9	40311	7.0	1.86

注：1. 人均可支配收入增长扣除价格变动因素。

2. 2013年开始，经国务院同意，国家统计局对长期分设的城镇住户调查和农村住户调查实施了一体化改革。在发布全体居民可支配收入的同时，城乡居民收入口径也发生了变化；2018年国家统计局对历史数据进行了重新测算和反馈。

2-2 城乡居民家庭人均消费支出（1978-2023）

年份	全体居民家庭		城镇居民家庭		农村居民家庭	
	人均消费支出(元)	比上年增长(%)	人均消费支出(元)	比上年增长(%)	人均消费支出(元)	比上年增长(%)
1978			301		157	
1983			484	2.8	326	7.9
1984			562	16.1	369	13.2
1985			795	41.5	474	28.5
1986			969	21.9	561	18.4
1987			1101	13.6	659	17.5
1988			1453	32.0	839	27.3
1989			1556	7.1	927	10.5
1990			1604	3.1	946	2.0
1991			1806	12.6	1027	8.6
1992			2154	19.3	1112	8.3
1993			2856	32.6	1263	13.6
1994			4079	42.8	1680	33.0
1995			5263	29.0	2378	41.5
1996			5764	9.5	2702	13.6
1997			6170	7.0	2839	5.1
1998			6255	1.4	2908	2.4
1999			6600	5.5	2840	-2.3
2000			7150	8.3	3292	15.9
2001			8153	14.0	3568	8.4
2002			8990	10.3	3811	6.8
2003			10087	12.2	4453	16.8
2004			11116	10.2	4873	9.4
2005			12894	16.0	5723	17.4
2006			14135	9.6	6423	12.2
2007			15014	6.2	7261	13.0
2008			16252	8.2	8096	11.5
2009			18003	10.8	8360	3.3
2010			19391	7.7	9721	16.3
2011			22192	14.4	10849	11.6
2012			23395	5.4	11598	6.9
2013	20610		25254	7.9	12803	10.4
2014	22552	9.4	27242	7.9	14498	13.2
2015	24117	6.9	28661	5.2	16108	11.1
2016	25527	5.8	30068	4.9	17359	7.8
2017	27079	6.1	31924	6.2	18093	4.2
2018	29471	8.8	34598	8.4	19707	8.9
2019	32026	8.7	37508	8.4	21352	8.3
2020	31295	-2.3	36197	-3.5	21555	1.0
2021	36668	17.2	42194	16.6	25415	17.9
2022	38971	6.3	44511	5.5	27483	8.1
2023	42194	8.3	47762	7.3	30468	10.9

注：2013 年开始实施城乡一体化住户调查，消费支出指标为全体居民家庭人均生活消费支出、城镇常住居民家庭人均生活消费支出和农村常住居民家庭人均生活消费支出。2018 年国家统计局对历史数据进行了重新测算和反馈。

2-3 全体居民家庭住房情况（2019-2023）

指　　标	2019	2020	2021	2022	2023
家庭住房情况					
一、现住房情况					
(一)人均住房建筑面积(平方米)	54.85	53.46	55.69	55.59	
(二)按居住空间样式分户数比重(%)	100	100	100	100	100
1.单栋楼房	51.83	51.81	56.59	57.00	42.08
2.单栋平房	3.54	3.21	2.22	2.39	2.74
3.单元房	43.19	43.55	39.57	39.22	53.92
4.筒子楼或连片平房	1.34	1.34	1.27	1.12	1.08
5.其他	0.09	0.09	0.35	0.28	0.18
(三)按主要建筑材料分的户数比重(%)	100	100	100	100	100
1.钢筋混凝土	56.01	56.33	58.48	59.41	72.31
2.砖混材料	35.90	35.91	35.53	34.52	22.56
3.砖瓦砖木	7.71	7.47	5.83	5.89	4.74
4.竹草土坯	0.04	0.04	0.03	0.03	
5.其他	0.34	0.25	0.12	0.14	0.39
(四)按房屋来源分的户数比重(%)	100	100	100	100	100
1.租赁住房	10.33	9.95	11.26	11.39	14.41
2.自建住房	52.55	52.27	55.90	55.64	40.74
3.购买商品房	24.90	24.81	22.00	22.14	29.99
4.购买房改住房	3.73	3.93	3.07	3.07	1.62
5.购买保障性住房	0.46	0.51	0.48	0.43	1.07
6.拆迁安置房	5.36	5.80	5.15	5.14	7.24
7.继承或获赠住房	1.09	1.23	0.85	0.84	0.96
8.其他	1.57	1.51	1.30	1.35	3.98
(五)住房外道路为硬化路面的户比重(%)	99.30	99.25	99.76	99.77	99.68
二、生活设施状况					
(一)饮用水状况(%)					
1.是否有管道设施		100	100		
①管道供水入户		98.12	99.25		
②管道供水至公共取水点		0.40	0.38		
③没有管道设施		1.48	0.38		

2-3 续表

指　标	2019	2020	2021	2022	2023
2. 主要饮用水来源	100	100	100	100	100
①经过净化处理的自来水	94.83	94.86	96.76	96.91	97.00
②受保护的井水和泉水	3.23	3.43	2.43	2.29	1.76
③不受保护的井水和泉水	0.63	0.53	0.15	0.13	
④江河湖泊水	0.52	0.31	0.11	0.12	
⑤其他饮用水来源	0.80	0.87	0.55	0.55	1.24
3. 获取饮用水存在的主要困难	100	100	100	100	100
①单次取水往返时间超过半小时	0.13	0.01	0.03	0.05	
②间断或定时供水	0.14	0.31	0.09	0.25	0.35
③当年连续缺水超过 15 天	0.26	0.43	0.12	0.11	0.14
④获取饮用水无困难	99.48	99.25	99.76	99.59	99.51
4. 饮用前家里采取的主要处理措施	100	100	100	100	100
①煮沸	93.54	92.97	94.18	94.07	96.01
②加漂白剂/氯等	0.49	0.50	0.73	0.71	0.41
③使用水过滤器	2.91	2.82	2.54	3.09	2.03
④其他处理措施	0.89	0.94	0.74	0.51	0.26
⑤没有任何水处理措施	2.17	2.77	1.81	1.62	1.29
(二)住宅内厕所状况(%)	100	100	100	100	100
1. 水冲式卫生厕所	98.56	98.53	99.28	99.57	99.64
2. 水冲式非卫生厕所	0.20	0.17	0.02	0.00	
3. 卫生旱厕	0.55	0.46	0.08	0.08	0.05
4. 普通旱厕	0.51	0.48	0.53	0.36	0.31
5. 无厕所	0.18	0.37	0.10	0.00	
(三)主要炊用能源(%)	100	100	100	100	100
1. 天然气、煤气、液化石油气	89.16	90.79	92.66	92.10	84.56
2. 煤炭	0.06	0.00	0.09	0.29	
3. 电	7.03	6.03	5.25	5.40	10.39
4. 沼气	0.02	0.00	0.00	0.05	
5. 其他	3.73	3.18	1.99	2.16	5.05

2-4 城镇常住居民家庭住房情况（2019-2023）

指　　标	2019	2020	2021	2022	2023
家庭住房情况					
一、现住房情况					
(一)人均住房建筑面积(平方米)	48.45	46.71	47.93	48.06	
(二)按居住空间样式分户数比重(%)	100	100	100	100	100
1. 单栋楼房	33.41	33.20	38.14	39.13	21.59
2. 单栋平房	1.49	1.36	1.30	1.44	0.98
3. 单元房	63.22	63.54	58.59	57.79	75.90
4. 筒子楼或连片平房	1.83	1.85	1.76	1.53	1.33
5. 其他	0.05	0.05	0.21	0.12	0.20
(三)按主要建筑材料分的户数比重(%)	100	100	100	100	100
1. 钢筋混凝土	68.15	68.33	67.33	68.05	83.20
2. 砖混材料	28.59	28.56	30.19	29.43	15.65
3. 砖瓦砖木	2.99	2.94	2.42	2.47	0.92
4. 竹草土坯	0.00	0.00	0.05	0.05	
5. 其他	0.27	0.17	0.00	0.00	0.23
(四)按房屋来源分的户数比重(%)	100	100	100	100	100
1. 租赁住房	14.68	13.93	15.44	15.61	17.94
2. 自建住房	31.77	31.96	37.26	36.98	20.62
3. 购买商品房	36.91	36.54	32.74	32.81	42.81
4. 购买房改住房	5.43	5.76	4.31	4.29	2.22
5. 购买保障性住房	0.69	0.69	0.68	0.61	1.58
6. 拆迁安置房	7.71	8.35	7.50	7.49	10.14
7. 继承或获赠住房	0.69	0.74	0.47	0.53	0.40
8. 其他	2.13	2.04	1.60	1.68	4.28
(五)住房外道路为硬化路面的户比重(%)	99.96	99.94	99.90	99.94	99.82
二、生活设施状况					
(一)饮用水状况(%)					
1. 是否有管道设施		100	100		
①管道供水入户		99.64	99.73		
②管道供水至公共取水点		0.12	0.27		
③没有管道设施		0.24	0.00		

2-4 续表

指　　标	2019	2020	2021	2022	2023
2. 主要饮用水来源	100	100	100	100	100
①经过净化处理的自来水	99.23	99.35	99.65	99.68	99.23
②受保护的井水和泉水	0.09	0.09	0.12	0.10	0.09
③不受保护的井水和泉水	0.06	0.09	0.05	0.05	
④江河湖泊水	0.30	0.11	0.01	0.01	
⑤其他饮用水来源	0.32	0.36	0.17	0.16	0.68
3. 获取饮用水存在的主要困难	100	100	100	100	100
①单次取水往返时间超过半小时	0.13	0.01	0.03	0.06	
②间断或定时供水	0.04	0.02	0.12	0.12	0.26
③当年连续缺水超过 15 天	0.03	0.03	0.00	0.00	0.05
④获取饮用水无困难	99.80	99.94	99.86	99.82	99.69
4. 饮用前家里采取的主要处理措施	100	100	100	100	100
①煮沸	94.87	94.89	95.05	94.84	96.70
②加漂白剂/氯等	0.56	0.56	0.33	0.27	0.23
③使用水过滤器	2.52	2.51	2.39	3.20	2.15
④其他处理措施	0.48	0.44	0.54	0.23	0.05
⑤没有任何水处理措施	1.58	1.59	1.70	1.46	0.87
(二)住宅内厕所状况(%)	100	100	100	100	100
1. 水冲式卫生厕所	99.42	99.49	99.68	99.83	100.00
2. 水冲式非卫生厕所	0.01	0.05	0.01	0.00	
3. 卫生旱厕	0.38	0.30	0.03	0.03	
4. 普通旱厕	0.06	0.04	0.16	0.14	
5. 无厕所	0.12	0.13	0.13	0.00	
(三)主要炊用能源(%)	100	100	100	100	100
1. 天然气、煤气、液化石油气	92.58	93.12	95.09	94.36	85.53
2. 煤炭	0.01	0.00	0.05	0.05	
3. 电	6.06	5.59	4.20	4.93	11.79
4. 沼气	0.01	0.00	0.00	0.04	
5. 其他	1.34	1.30	0.67	0.62	2.68

2-5 农村常住居民家庭住房情况（2019-2023）

指　　标	2019	2020	2021	2022	2023
家庭住房情况					
一、现住房情况					
(一)人均住房建筑面积(平方米)	**67.31**	**66.87**	**71.49**	**71.21**	
(二)按居住空间样式分户数比重(%)	**100**	**100**	**100**	**100**	**100**
1.单栋楼房	89.40	90.05	92.32	92.16	85.15
2.单栋平房	7.72	7.00	4.01	4.24	6.43
3.单元房	2.35	2.48	2.74	2.69	7.71
4.筒子楼或连片平房	0.35	0.29	0.31	0.31	0.56
5.其他	0.17	0.18	0.62	0.60	0.15
(三)按主要建筑材料分的户数比重(%)	**100**	**100**	**100**	**100**	**100**
1.钢筋混凝土	31.27	31.68	41.34	42.41	49.43
2.砖混材料	50.80	51.02	45.86	44.54	37.10
3.砖瓦砖木	17.34	16.77	12.44	12.62	12.76
4.竹草土坯	0.11	0.12	0.00	0.00	
5.其他	0.47	0.41	0.35	0.43	0.72
(四)按房屋来源分的户数比重(%)	**100**	**100**	**100**	**100**	**100**
1.租赁住房	1.47	1.77	3.16	3.10	6.97
2.自建住房	94.93	94.00	91.99	92.32	83.05
3.购买商品房	0.43	0.69	1.19	1.17	3.05
4.购买房改住房	0.25	0.19	0.66	0.66	0.34
5.购买保障性住房	0.00	0.13	0.08	0.08	
6.拆迁安置房	0.56	0.56	0.61	0.51	1.14
7.继承或获赠住房	1.92	2.24	1.58	1.45	2.12
8.其他	0.45	0.42	0.72	0.70	3.34
(五)住房外道路为硬化路面的户比重(%)	**97.97**	**97.82**	**99.49**	**99.45**	**99.39**
二、生活设施状况					
(一)饮用水状况(%)					
1.是否有管道设施		100	100		
①管道供水入户		94.98	98.32		
②管道供水至公共取水点		0.97	0.58		
③没有管道设施		4.05	1.10		

2-5 续表

指　　标	2019	2020	2021	2022	2023
2. 主要饮用水来源	100	100	100	100	100
①经过净化处理的自来水	85.87	85.63	91.16	91.46	92.30
②受保护的井水和泉水	9.62	10.31	6.91	6.61	5.28
③不受保护的井水和泉水	1.79	1.42	0.34	0.28	
④江河湖泊水	0.95	0.72	0.29	0.33	
⑤其他饮用水来源	1.77	1.93	1.31	1.32	2.42
3. 获取饮用水存在的主要困难	100	100	100	100	100
①单次取水往返时间超过半小时	0.12	0.00	0.05	0.04	
②间断或定时供水	0.34	0.89	0.03	0.52	0.56
③当年连续缺水超过15天	0.73	1.27	0.35	0.31	0.33
④获取饮用水无困难	98.81	97.84	99.57	99.13	99.11
4. 饮用前家里采取的主要处理措施	100	100	100	100	100
①煮沸	90.82	89.02	92.50	92.56	94.56
②加漂白剂/氯等	0.35	0.36	1.52	1.56	0.78
③使用水过滤器	3.71	3.45	2.82	2.86	1.78
④其他处理措施	1.74	1.97	1.12	1.07	0.70
⑤没有任何水处理措施	3.38	5.20	2.03	1.95	2.17
(二)住宅内厕所状况(%)	100	100	100	100	100
1. 水冲式卫生厕所	96.79	96.55	98.51	99.05	98.89
2. 水冲式非卫生厕所	0.60	0.43	0.05	0.00	
3. 卫生旱厕	0.89	0.79	0.17	0.17	0.14
4. 普通旱厕	1.42	1.37	1.24	0.78	0.96
5. 无厕所	0.30	0.86	0.03	0.00	
(三)主要炊用能源(%)	100	100	100	100	100
1. 天然气、煤气、液化石油气	82.18	86.01	87.97	87.66	82.54
2. 煤炭	0.17	0.00	0.18	0.75	
3. 电	8.99	6.94	7.30	6.31	7.45
4. 沼气	0.04	0.00	0.00	0.07	
5. 其他	8.62	7.05	4.56	5.21	10.01

2-6 全体居民家庭基本情况（2019-2023）

单位：%

指　　标	2019	2020	2021	2022	2023
基本情况					
常住人口(人/户)	2.89	2.93	2.93	2.92	2.70
#在校学生人数(人)	0.43	0.45	0.46	0.48	0.43
常住就业人口(人/户)	1.63	1.61	1.67	1.63	1.49
常住人口就业面(%)	56.52	54.98	56.93	55.71	55.25
就业者负担人数(包括就业者本人)(人/户)	1.77	1.82	1.76	1.80	1.81
性别	**100**	**100**	**100**	**100**	**100**
男性	49.75	49.73	49.66	49.72	50.63
女性	50.25	50.27	50.34	50.28	49.37
15岁及以上常住成员受教育程度	**100**	**100**	**100**	**100**	**100**
未上过学	4.42	4.37	2.92	2.85	4.10
小学	28.33	28.03	26.13	26.08	25.28
初中	32.43	31.94	35.18	34.64	29.80
高中	15.95	16.13	17.93	17.66	16.05
大学专科	9.76	9.93	8.86	9.26	11.63
大学本科	8.50	8.98	8.29	8.77	12.23
研究生	0.62	0.62	0.69	0.74	0.92
常住从业人员就业类型	**100**	**100**	**100**	**100**	**100**
雇主	1.30	1.05	1.72	1.86	3.07
公职人员	1.60	1.41	1.27	1.24	1.32
事业单位人员	4.14	3.81	3.32	3.51	4.84
国有企业雇员	2.49	2.25	1.57	1.57	2.77
其他雇员	69.75	71.44	70.72	71.39	68.26
农业自营	8.08	7.12	7.05	6.16	5.69
非农自营	12.64	12.91	14.36	14.28	14.04
常住从业人员从事主要行业	**100**	**100**	**100**	**100**	**100**
第一产业	10.06	8.98	8.64	7.59	7.36
第二产业	39.45	40.71	41.12	41.81	39.10
第三产业	50.49	50.31	50.24	50.60	53.54
居民收支情况(元)					
居民人均可支配收入	49899	52397	57541	60302	63830
居民人均消费支出	32026	31295	36668	38971	42194

2-7 城镇常住居民家庭基本情况（2019-2023）

单位：%

指　　标	2019	2020	2021	2022	2023
基本情况					
常住人口(人/户)	2.85	2.89	2.98	2.97	2.71
#在校学生人数(人)	0.42	0.45	0.50	0.52	0.46
常住就业人口(人/户)	1.53	1.52	1.60	1.57	1.41
常住人口就业面(%)	53.79	52.39	53.72	52.75	52.20
就业者负担人数(包括就业者本人)(人/户)	1.86	1.91	1.86	1.90	1.92
性别	**100**	**100**	**100**	**100**	**100**
男性	49.20	49.29	49.27	49.42	50.22
女性	50.80	50.71	50.73	50.58	49.78
15岁及以上常住成员受教育程度	**100**	**100**	**100**	**100**	**100**
未上过学	3.04	3.14	2.10	2.11	2.72
小学	23.61	23.53	22.30	22.29	21.19
初中	31.28	30.64	32.75	32.27	27.05
高中	17.80	17.95	19.99	19.52	17.53
大学专科	11.83	11.84	10.92	11.29	14.08
大学本科	11.56	12.02	11.02	11.54	16.16
研究生	0.87	0.89	0.92	0.97	1.28
常住从业人员就业类型	**100**	**100**	**100**	**100**	**100**
雇主	1.83	1.29	2.11	2.15	3.64
公职人员	2.51	2.12	1.91	1.85	1.98
事业单位人员	6.33	5.80	4.97	5.22	6.96
国有企业雇员	3.79	3.47	2.37	2.34	4.10
其他雇员	70.45	71.88	72.36	72.23	68.31
农业自营	1.88	1.83	1.19	0.96	0.79
非农自营	13.22	13.61	15.10	15.24	14.22
常住从业人员从事主要行业	**100**	**100**	**100**	**100**	**100**
第一产业	2.63	2.60	1.77	1.42	1.71
第二产业	35.30	35.57	37.10	37.65	34.33
第三产业	62.07	61.82	61.13	60.93	63.96
居民收支情况(元)					
居民人均可支配收入	60182	62699	68487	71268	74997
居民人均消费支出	37508	36197	42193	44511	47762

2-8 农村常住居民家庭基本情况（2019-2023）

单位：%

指　　标	2019	2020	2021	2022	2023
基本情况					
常住人口(人/户)	2.98	2.99	2.84	2.82	2.70
#在校学生人数(人)	0.44	0.45	0.39	0.39	0.37
常住就业人口(人/户)	1.84	1.80	1.80	1.74	1.67
常住人口就业面(%)	61.83	60.13	63.47	61.84	61.68
就业者负担人数(包括就业者本人)(人/户)	1.62	1.66	1.58	1.62	1.62
性别	100	100	100	100	100
男性	50.80	50.59	50.44	50.34	51.49
女性	49.20	49.41	49.56	49.66	48.51
15岁及以上常住成员受教育程度	100	100	100	100	100
未上过学	7.05	6.79	4.54	4.36	6.98
小学	37.40	36.86	33.77	33.80	33.83
初中	34.64	34.50	40.04	39.45	35.53
高中	12.40	12.55	13.82	13.85	12.96
大学专科	5.80	6.19	4.77	5.12	6.51
大学本科	2.60	3.01	2.86	3.14	4.02
研究生	0.12	0.09	0.22	0.27	0.16
常住从业人员就业类型	100	100	100	100	100
雇主	0.41	0.65	1.04	1.35	2.07
公职人员	0.06	0.17	0.17	0.15	0.16
事业单位人员	0.43	0.36	0.47	0.48	1.07
国有企业雇员	0.29	0.14	0.19	0.19	0.41
其他雇员	68.56	70.69	67.89	69.90	68.17
农业自营	18.59	16.28	17.15	15.36	14.42
非农自营	11.65	11.71	13.09	12.57	13.71
常住从业人员从事主要行业	100	100	100	100	100
第一产业	22.64	20.02	20.47	18.50	17.43
第二产业	46.48	49.60	48.05	49.16	47.60
第三产业	30.88	30.39	31.48	32.34	34.97
居民收支情况(元)					
居民人均可支配收入	29876	31930	35247	37565	40311
居民人均消费支出	21352	21555	25415	27483	30468

2-9 全体居民家庭主要收支（2019-2023）

单位：元

指　标	2019	2020	2021	2022	2023
可支配收入	**49899**	**52397**	**57541**	**60302**	**63830**
工资性收入	28511	30059	32821	34177	35769
经营净收入	8498	8313	9294	9880	10664
财产净收入	5708	6136	6905	7397	7783
转移净收入	7182	7888	8520	8848	9615
生活消费支出	**32026**	**31295**	**36668**	**38971**	**42194**
食品烟酒	8929	8922	10160	10931	11757
衣着	1877	1703	2051	2098	2254
居住	8403	9009	9943	10558	10458
生活用品及服务	1716	1789	2073	2313	2472
交通通信	4553	4301	5196	5823	6484
教育文化娱乐	3624	2889	3769	3549	4458
医疗保健	2123	1956	2499	2534	2939
其他用品及服务	801	724	977	1165	1371

2-10 全体居民家庭收支构成（2019-2023）

单位：%

指　标	2019	2020	2021	2022	2023
可支配收入	**100.0**	**100.0**	**100.0**	**100.0**	**100.0**
工资性收入	57.1	57.4	57.0	56.7	56.0
经营净收入	17.0	15.9	16.2	16.4	16.7
财产净收入	11.4	11.7	12.0	12.3	12.2
转移净收入	14.4	15.1	14.8	14.7	15.1
生活消费支出	**100.0**	**100.0**	**100.0**	**100.0**	**100.0**
食品烟酒	27.9	28.5	27.7	28.1	27.9
衣着	5.9	5.4	5.6	5.4	5.3
居住	26.2	28.8	27.1	27.1	24.8
生活用品及服务	5.4	5.7	5.7	5.9	5.9
交通通信	14.2	13.7	14.2	14.9	15.4
教育文化娱乐	11.3	9.2	10.3	9.1	10.6
医疗保健	6.6	6.2	6.8	6.5	7.0
其他用品及服务	2.5	2.3	2.7	3.0	3.2

2-11 城镇常住居民家庭主要收支（2019-2023）

单位：元

指　标	2019	2020	2021	2022	2023
可支配收入	**60182**	**62699**	**68487**	**71268**	**74997**
工资性收入	33663	35370	38412	39718	41439
经营净收入	9115	8672	9671	10233	10833
财产净收入	8202	8747	9765	10397	10880
转移净收入	9202	9910	10639	10919	11844
生活消费支出	**37508**	**36197**	**42193**	**44511**	**47762**
食品烟酒	10162	9914	11283	12106	12909
衣着	2259	2036	2437	2466	2623
居住	9977	10665	11307	11890	11550
生活用品及服务	2075	2073	2418	2685	2848
交通通信	5368	4988	6105	6791	7558
教育文化娱乐	4342	3450	4537	4238	5298
医疗保健	2300	2162	2866	2865	3248
其他用品及服务	1024	910	1241	1471	1728

2-12 城镇常住居民家庭收支构成（2019-2023）

单位：%

指　标	2019	2020	2021	2022	2023
可支配收入	**100**	**100**	**100**	**100**	**100**
工资性收入	55.9	56.4	56.1	55.7	55.3
经营净收入	15.1	13.8	14.1	14.4	14.4
财产净收入	13.6	14.0	14.3	14.6	14.5
转移净收入	15.3	15.8	15.5	15.3	15.8
生活消费支出	**100**	**100**	**100**	**100**	**100**
食品烟酒	27.1	27.4	26.7	27.2	27.0
衣着	6.0	5.6	5.8	5.5	5.5
居住	26.6	29.5	26.8	26.7	24.2
生活用品及服务	5.5	5.7	5.7	6.0	6.0
交通通信	14.3	13.8	14.5	15.3	15.8
教育文化娱乐	11.6	9.5	10.8	9.5	11.1
医疗保健	6.1	6.0	6.8	6.4	6.8
其他用品及服务	2.7	2.5	2.9	3.3	3.6

2-13 农村常住居民家庭主要收支（2019-2023）

单位：元

指　标	2019	2020	2021	2022	2023
可支配收入	**29876**	**31930**	**35247**	**37565**	**40311**
工资性收入	18480	19510	21434	22687	23825
经营净收入	7296	7601	8527	9149	10307
财产净收入	852	949	1082	1177	1259
转移净收入	3248	3871	4205	4552	4920
生活消费支出	**21352**	**21555**	**25415**	**27483**	**30468**
食品烟酒	6529	6952	7873	8497	9331
衣着	1134	1043	1265	1336	1476
居住	5339	5720	7166	7795	8158
生活用品及服务	1016	1225	1370	1540	1682
交通通信	2965	2937	3346	3816	4223
教育文化娱乐	2226	1776	2204	2121	2689
医疗保健	1777	1546	1752	1847	2289
其他用品及服务	367	355	439	531	620

2-14 农村常住居民家庭收支构成（2019-2023）

单位：%

指　标	2019	2020	2021	2022	2023
可支配收入	**100**	**100**	**100**	**100**	**100.0**
工资性收入	61.9	61.1	60.8	60.4	59.1
经营净收入	24.4	23.8	24.2	24.4	25.6
财产净收入	2.9	3.0	3.1	3.1	3.1
转移净收入	10.9	12.1	11.9	12.1	12.2
生活消费支出	**100**	**100**	**100**	**100**	**100.0**
食品烟酒	30.6	32.3	31.0	30.9	30.6
衣着	5.3	4.8	5.0	4.9	4.8
居住	25.0	26.5	28.2	28.4	26.8
生活用品及服务	4.8	5.7	5.4	5.6	5.5
交通通信	13.9	13.6	13.2	13.9	13.9
教育文化娱乐	10.4	8.2	8.7	7.7	8.8
医疗保健	8.3	7.2	6.9	6.7	7.5
其他用品及服务	1.7	1.6	1.7	1.9	2.0

2-15 全体居民家庭人均收入（2019-2023）

单位：元

指　　标	2019	2020	2021	2022	2023
可支配收入	**49899**	**52397**	**57541**	**60302**	**63830**
一、工资性收入	**28511**	**30059**	**32821**	**34177**	**35769**
1. 工资	27210	28570	31506	32683	34254
2. 实物福利	143	131	110	119	177
3. 其他	1158	1358	1205	1375	1338
二、经营净收入	**8498**	**8313**	**9294**	**9880**	**10664**
(一)第一产业	1207	1153	1207	1276	1159
1. 农业	870	802	784	844	782
2. 林业	166	162	210	194	220
3. 牧业	99	93	79	90	80
4. 渔业	71	96	134	148	78
(二)第二产业	2000	1799	2041	2185	2363
(三)第三产业	5292	5362	6047	6419	7142
三、财产净收入	**5708**	**6136**	**6905**	**7397**	**7783**
1. 利息净收入	53	99	130	136	-2
2. 红利收入	846	776	939	1027	1090
3. 储蓄性保险净收益	8	7	14	38	25
4. 转让承包土地经营权租金净收入	72	98	147	112	96
5. 出租房屋财产性收入	1803	1865	2224	2513	2532
6. 出租其他资产净收入	14	32	54	48	74
7. 自有住房折算净租金	2921	3208	3438	3591	4037
8. 其他财产净收入	-9	52	-40	-67	-69
四、转移净收入(转移性收入-转移性支出)	**7182**	**7888**	**8520**	**8848**	**9615**
(一)转移性收入	10143	10788	11641	12437	13155
1. 养老金或离退休金	7822	8499	8534	9145	9719
2. 社会救济和补助	104	98	151	153	210
3. 惠农补贴	20	38	73	91	96
4. 政策性生活补贴	81	104	157	190	208
5. 报销医疗费	521	499	735	696	723
6. 外出从业人员寄回带回收入	591	528	834	832	852
7. 赡养收入	893	914	1035	1196	1231
8. 其他经常转移收入	112	109	122	133	117
(二)转移性支出	2962	2900	3122	3589	3539

2-16 城镇常住居民家庭人均收入（2019-2023）

单位：元

指　标	2019	2020	2021	2022	2023
可支配收入	**60182**	**62699**	**68487**	**71268**	**74997**
一、工资性收入	**33663**	**35370**	**38412**	**39718**	**41439**
1. 工资	31977	33428	36735	37800	39511
2. 实物福利	179	167	121	128	188
3. 其他	1507	1774	1556	1790	1740
二、经营净收入	**9115**	**8672**	**9671**	**10233**	**10833**
(一)第一产业	554	522	448	482	231
1. 农业	388	362	267	302	160
2. 林业	60	30	44	11	42
3. 牧业	61	59	28	43	26
4. 渔业	44	71	109	126	2
(二)第二产业	2120	1824	2233	2342	2488
(三)第三产业	6441	6325	6991	7409	8114
三、财产净收入	**8202**	**8747**	**9765**	**10397**	**10880**
1. 利息净收入	68	114	155	152	-45
2. 红利收入	1178	1043	1265	1377	1399
3. 储蓄性保险净收益	11	10	18	56	37
4. 转让承包土地经营权租金净收入	38	55	112	48	27
5. 出租房屋财产性收入	2487	2591	3105	3498	3478
6. 出租其他资产净收入	14	38	52	42	94
7. 自有住房折算净租金	4421	4823	5126	5323	5954
8. 其他财产净收入	-14	73	-68	-98	-64
四、转移净收入(转移性收入-转移性支出)	**9202**	**9910**	**10639**	**10919**	**11844**
(一)转移性收入	12507	13259	14162	15035	15877
1. 养老金或离退休金	10297	11072	10946	11689	12382
2. 社会救济和补助	67	63	114	114	144
3. 惠农补贴	8	15	65	35	48
4. 政策性生活补贴	97	110	159	198	247
5. 报销医疗费	601	580	900	819	843
6. 外出从业人员寄回带回收入	570	478	903	877	907
7. 赡养收入	739	811	949	1149	1182
8. 其他经常转移收入	128	130	126	154	123
(二)转移性支出	3305	3349	3524	4116	4033

2-17 农村常住居民家庭人均收入（2019-2023）

单位：元

指　　标	2019	2020	2021	2022	2023
可支配收入	**29876**	**31930**	**35247**	**37565**	**40311**
一、工资性收入	**18480**	**19510**	**21434**	**22687**	**23825**
1. 工资	17928	18920	20856	22072	23180
2. 实物福利	74	60	87	99	152
3. 其他	478	529	491	516	492
二、经营净收入	**7296**	**7601**	**8527**	**9149**	**10307**
(一)第一产业	2477	2404	2753	2922	3115
1. 农业	1809	1676	1837	1968	2091
2. 林业	373	423	547	573	594
3. 牧业	171	162	183	188	194
4. 渔业	124	143	186	193	236
(二)第二产业	1765	1749	1650	1860	2098
(三)第三产业	3055	3447	4124	4367	5095
三、财产净收入	**852**	**949**	**1082**	**1177**	**1259**
1. 利息净收入	24	70	80	101	88
2. 红利收入	200	244	276	302	440
3. 储蓄性保险净收益	4		5	0	1
4. 转让承包土地经营权租金净收入	136	185	217	244	241
5. 出租房屋财产性收入	472	421	430	470	538
6. 出租其他资产净收入	14	19	57	61	32
7. 自有住房折算净租金					
8. 其他财产净收入	2	10	18	-2	-80
四、转移净收入(转移性收入-转移性支出)	**3248**	**3871**	**4205**	**4552**	**4920**
(一)转移性收入	5540	5878	6507	7048	7420
1. 养老金或离退休金	3004	3386	3623	3870	4108
2. 社会救济和补助	176	168	227	234	349
3. 惠农补贴	42	85	90	205	196
4. 政策性生活补贴	50	91	153	174	124
5. 报销医疗费	367	337	397	441	470
6. 外出从业人员寄回带回收入	631	627	694	740	735
7. 赡养收入	1191	1117	1210	1296	1335
8. 其他经常转移收入	79	69	112	89	105
(二)转移性支出	2292	2007	2302	2496	2500

2-18 全体居民家庭人均现金可支配收入（2019-2023）

单位：元

指　　标	2019	2020	2021	2022	2023
现金可支配收入	**46658**	**48881**	**53673**	**56138**	**59817**
一、现金工资性收入	**28368**	**29928**	**32711**	**34058**	**35592**
1. 工资	27210	28570	31506	32683	34254
2. 其他工资性收入	1158	1358	1205	1375	1338
二、现金经营净收入	**8863**	**8656**	**9724**	**10158**	**11610**
(一)第一产业现金经营净收入	1103	1117	1118	1123	1233
1. 农业	770	747	776	796	841
2. 林业	135	153	145	107	232
3. 牧业	82	75	57	70	64
4. 渔业	115	142	140	151	96
(二)第二产业现金经营净收入	2174	1943	2333	2413	2775
(三)第三产业现金经营净收入	5586	5596	6273	6622	7602
三、现金财产净收入	**2787**	**2928**	**3468**	**3806**	**3746**
1. 利息净收入	53	99	130	136	-2
2. 红利收入	846	776	939	1027	1090
3. 储蓄性保险净收益	8	7	14	38	25
4. 转让承包土地经营权租金净收入	72	98	147	112	96
5. 出租房屋财产性收入	1803	1865	2224	2513	2532
6. 出租机械专利版权等资产的收入	14	32	54	48	74
7. 其他财产净收入	-9	52	-40	-67	-69
四、现金转移净收入	**6641**	**7369**	**7770**	**8115**	**8869**
(一)现金转移性收入	9603	10269	10892	11704	12408
1. 养老金或离退休金	7822	8499	8534	9145	9719
2. 社会救济和补助	104	98	151	153	210
3. 政策性生活补贴	62	83	142	154	184
4. 家庭外出从业人员寄回带回收入	591	528	834	832	852
5. 赡养收入	893	914	1035	1196	1231
6. 其他经常转移收入	112	109	122	133	117
7. 现金政策性惠农补贴	20	38	73	91	96
(二)现金转移性支出	2962	2900	3122	3589	3539
1. 个人所得税	137	145	150	247	242
2. 个人缴纳的社会保障支出	2558	2536	2672	3068	2831
3. 外来从业人员寄给家人的支出	15	17	13	8	54
4. 赡养支出	163	125	170	199	343
5. 其他转移性支出	88	78	117	67	70

2-19 城镇常住居民家庭人均现金可支配收入（2019-2023）

单位：元

指　　标	2019	2020	2021	2022	2023
现金可支配收入	**55510**	**57515**	**62826**	**65398**	**68937**
一、现金工资性收入	**33484**	**35202**	**38291**	**39590**	**41251**
1. 工资	31977	33428	36735	37800	39511
2. 其他工资性收入	1507	1774	1556	1790	1740
二、现金经营净收入	**9663**	**9076**	**10173**	**10673**	**11784**
(一)第一产业现金经营净收入	518	490	411	461	260
1. 农业	364	337	250	286	194
2. 林业	51	27	31	8	46
3. 牧业	58	54	16	38	17
4. 渔业	44	71	114	130	4
(二)第二产业现金经营净收入	2335	1978	2542	2584	2869
(三)第三产业现金经营净收入	6810	6609	7220	7629	8655
三、现金财产净收入	**3781**	**3924**	**4639**	**5074**	**4927**
1. 利息净收入	68	114	155	152	-45
2. 红利收入	1178	1043	1265	1377	1399
3. 储蓄性保险净收益	11	10	18	56	37
4. 转让承包土地经营权租金净收入	38	55	112	48	27
5. 出租房屋财产性收入	2487	2591	3105	3498	3478
6. 出租机械专利版权等资产的收入	14	38	52	42	94
7. 其他财产净收入	-14	73	-68	-98	-64
四、现金转移净收入	**8583**	**9313**	**9723**	**10060**	**10975**
(一)现金转移性收入	11888	12662	13247	14177	15008
1. 养老金或离退休金	10297	11072	10946	11689	12382
2. 社会救济和补助	67	63	114	114	144
3. 政策性生活补贴	78	93	144	158	221
4. 家庭外出从业人员寄回带回收入	570	478	903	877	907
5. 赡养收入	739	811	949	1149	1182
6. 其他经常转移收入	128	130	126	154	123
7. 现金政策性惠农补贴	8	15	65	35	48
(二)现金转移性支出	3305	3349	3524	4116	4033
1. 个人所得税	200	211	206	341	329
2. 个人缴纳的社会保障支出	2761	2876	2958	3432	3147
3. 外来从业人员寄给家人的支出	20	12	14	11	66
4. 赡养支出	210	154	211	248	405
5. 其他转移性支出	114	96	135	85	86

2-20 农村常住居民家庭人均现金可支配收入（2019-2023）

单位：元

指　标	2019	2020	2021	2022	2023
现金可支配收入	**29423**	**31727**	**35031**	**36939**	**40607**
一、现金工资性收入	**18406**	**19449**	**21347**	**22588**	**23672**
1. 工资	17928	18920	20856	22072	23180
2. 其他工资性收入	478	529	491	516	492
二、现金经营净收入	**7304**	**7821**	**8810**	**9091**	**11243**
(一)第一产业现金经营净收入	2241	2362	2557	2497	3281
1. 农业	1560	1562	1847	1853	2206
2. 林业	299	402	376	312	623
3. 牧业	129	115	140	139	163
4. 渔业	254	283	195	194	290
(二)第二产业现金经营净收入	1859	1876	1908	2058	2579
(三)第三产业现金经营净收入	3205	3583	4345	4536	5383
三、现金财产净收入	**852**	**949**	**1082**	**1177**	**1259**
1. 利息净收入	24	70	80	101	88
2. 红利收入	200	244	276	302	440
3. 储蓄性保险净收益	4		5	0	1
4. 转让承包土地经营权租金净收入	136	185	217	244	241
5. 出租房屋财产性收入	472	421	430	470	538
6. 出租机械专利版权等资产的收入	14	19	57	61	32
7. 其他财产净收入	2	10	18	-2	-80
四、现金转移净收入	**2861**	**3507**	**3793**	**4082**	**4433**
(一)现金转移性收入	5153	5515	6095	6578	6933
1. 养老金或离退休金	3004	3386	3623	3870	4108
2. 社会救济和补助	176	168	227	234	349
3. 政策性生活补贴	30	64	138	145	106
4. 家庭外出从业人员寄回带回收入	631	627	694	740	735
5. 赡养收入	1191	1117	1210	1296	1335
6. 其他经常转移收入	79	69	112	89	105
7. 现金政策性惠农补贴	42	85	90	205	196
(二)现金转移性支出	2292	2007	2302	2496	2500
1. 个人所得税	15	14	37	51	58
2. 个人缴纳的社会保障支出	2162	1860	2091	2314	2165
3. 外来从业人员寄给家人的支出	6	26	11	4	28
4. 赡养支出	73	67	85	97	214
5. 其他转移性支出	36	41	79	29	36

2-21 全体居民家庭生产经营情况（2019-2023）

单位：元

指　　标	2019	2020	2021	2022	2023
经营性收入	**14008**	**15305**	**20486**	**25238**	**21598**
(一)第一产业经营收入	1729	1743	1955	2158	2406
1. 农业	1159	1105	1264	1396	1275
2. 林业	185	182	239	221	372
3. 牧业	165	189	208	230	294
4. 渔业	220	267	244	312	465
(二)第二产业经营收入	3780	3730	8519	10838	8643
1. 采矿业					
2. 制造业	3372	3136	7461	9449	6955
3. 电力热力燃气及水生产和供应业	1	3	67	77	32
4. 建筑业	406	591	990	1312	1655
(三)第三产业经营收入	8499	9832	10012	12241	10550
1. 批发和零售业	5759	7106	6011	7271	6737
2. 交通运输仓储和邮政业	606	660	999	1276	854
3. 住宿和餐饮业	961	803	1224	1410	1442
4. 房地产业	16	34	8	6	13
5. 租赁和商务服务业	141	151	149	140	270
6. 居民服务修理和其他服务业	774	900	1303	1684	783
7. 其他	216	149	293	423	441
8. 农林牧渔服务业	28	30	24	30	10

2-22 城镇常住居民家庭生产经营情况（2019-2023）

单位：元

指　　标	2019	2020	2021	2022	2023
经营性收入	**15647**	**17116**	**21210**	**26985**	**20738**
(一)第一产业经营收入	751	718	778	963	472
1. 农业	481	439	492	612	344
2. 林业	66	39	52	14	56
3. 牧业	92	103	44	57	65
4. 渔业	111	138	189	280	7
(二)第二产业经营收入	4212	4084	8650	11515	8249
1. 采矿业	0	0			
2. 制造业	3821	3560	7585	10103	6604
3. 电力热力燃气及水生产和供应业	0	2	88	98	0
4. 建筑业	390	522	976	1315	1645
(三)第三产业经营收入	10685	12314	11783	14507	12017
1. 批发和零售业	7588	9375	7470	9066	7974
2. 交通运输仓储和邮政业	563	544	1076	1437	698
3. 住宿和餐饮业	1095	854	1220	1529	1368
4. 房地产业	24	50	12	9	19
5. 租赁和商务服务业	181	203	164	139	336
6. 居民服务修理和其他服务业	979	1113	1409	1763	991
7. 其他	255	173	427	560	622
8. 农林牧渔服务业	0	1	4	5	9

2-23 农村常住居民家庭生产经营情况（2019-2023）

单位：元

指　　标	2019	2020	2021	2022	2023
经营性收入	**10817**	**11708**	**19012**	**21615**	**23409**
(一)第一产业经营收入	3633	3778	4354	4638	6478
1. 农业	2479	2429	2836	3021	3236
2. 林业	415	466	620	650	1036
3. 牧业	306	360	541	589	778
4. 渔业	433	524	358	378	1428
(二)第二产业经营收入	2939	3028	8252	9434	9472
1. 采矿业	1	0			
2. 制造业	2499	2294	7209	8093	7694
3. 电力热力燃气及水生产和供应业	2	6	24	35	100
4. 建筑业	437	728	1019	1307	1678
(三)第三产业经营收入	4244	4902	6406	7543	7459
1. 批发和零售业	2198	2596	3039	3550	4131
2. 交通运输仓储和邮政业	690	890	842	943	1183
3. 住宿和餐饮业	699	702	1232	1164	1597
4. 房地产业	0	0			
5. 租赁和商务服务业	63	49	121	142	132
6. 居民服务修理和其他服务业	375	477	1087	1522	345
7. 其他	139	101	21	141	58
8. 农林牧渔服务业	81	88	64	81	12

2-24 全体居民家庭人均支出（2019-2023）

单位：元

指　标	2019	2020	2021	2022	2023
总支出	**50210**	**50444**	**61474**	**67217**	**67031**
一、消费支出	**32026**	**31295**	**36668**	**38971**	**42194**
(一)食品烟酒	8929	8922	10160	10931	11757
(二)衣着	1877	1703	2051	2098	2254
(三)居住	8403	9009	9943	10558	10458
(四)生活用品及服务	1716	1789	2073	2313	2472
(五)交通通信	4553	4301	5196	5823	6484
(六)教育文化娱乐	3624	2889	3769	3549	4458
(七)医疗保健	2123	1956	2499	2534	2939
(八)其他用品及服务	801	724	977	1165	1371
二、生产经营费用支出	**4976**	**6547**	**10635**	**14907**	**9980**
(一)第一产业	457	523	711	862	1165
(二)第二产业	1606	1787	6185	8426	5867
(三)第三产业	2913	4237	3739	5619	2948
三、财产性支出	**490**	**474**	**398**	**477**	**517**
(一)生活贷款利息支出	424	462	327	400	444
(二)其他财产性支出	66	12	71	78	73
四、转移性支出	**2962**	**2900**	**3122**	**3589**	**3539**
(一)个人所得税	137	145	150	247	242
(二)社会保障支出	2558	2536	2672	3068	2831
1. 个人缴纳的养老保险	1805	1784	1840	2130	1925
2. 个人缴纳的医疗保险	665	654	724	805	764
3. 个人缴纳的失业保险	47	50	46	54	45
4. 其他社会保障支出	40	48	63	80	64

2-24 续表

指　　标	2019	2020	2021	2022	2023
(三)外来从业人员寄给家人的支出	15	17	13	8	54
(四)赡养支出	163	125	170	199	343
(五)其他转移性支出	88	78	117	67	70
五、部分商业保险支出	**225**	**214**	**347**	**320**	**319**
(一)意外伤害保险	20	15	26	25	32
(二)商业医疗保险(含大病保险)	119	105	190	164	153
(三)其他非储蓄性商业保险	33	21	35	44	39
(四)其他储蓄性商业保险	53	72	96	87	95
六、购置资产及非经常性转移支出	**7138**	**6486**	**7757**	**6218**	**6097**
(一)购置资产支出	3825	3710	4342	2706	2499
(二)非经常性转移支出	3312	2776	3415	3512	3599
七、借贷性支出	**2394**	**2528**	**2547**	**2735**	**4384**
(一)存入储蓄款	100	70	98	115	60
(二)借出款	36	27	43	39	48
(三)归还借款	156	123	255	204	349
(四)购买有价证券	22	23	140	308	48
(五)其他投资支出	64	73	118	145	120
(六)归还住房贷款	1734	1919	1491	1537	3196
(七)归还汽车贷款	193	158	203	190	353
(八)归还教育贷款	0	0	0		2
(九)归还其他贷款	71	105	192	187	205
(十)其他借贷支出	17	31	7	10	4

2-25 城镇常住居民家庭人均支出（2019-2023）

单位：元

指　　标	2019	2020	2021	2022	2023
总支出	**59312**	**60077**	**69662**	**75988**	**74044**
一、消费支出	**37508**	**36197**	**42193**	**44511**	**47762**
(一)食品烟酒	10162	9914	11283	12106	12909
(二)衣着	2259	2036	2437	2466	2623
(三)居住	9977	10665	11307	11890	11550
(四)生活用品及服务	2075	2073	2418	2685	2848
(五)交通通信	5368	4988	6105	6791	7558
(六)教育文化娱乐	4342	3450	4537	4238	5298
(七)医疗保健	2300	2162	2866	2865	3248
(八)其他用品及服务	1024	910	1241	1471	1728
二、生产经营费用支出	**5937**	**8001**	**10988**	**16282**	**8970**
(一)第一产业	185	189	318	472	228
(二)第二产业	1876	2106	6107	8932	5380
(三)第三产业	3875	5705	4563	6878	3362
三、财产性支出	**674**	**653**	**542**	**660**	**644**
(一)生活贷款利息支出	591	638	442	557	577
(二)其他财产性支出	83	16	99	104	67
四、转移性支出	**3305**	**3349**	**3524**	**4116**	**4033**
(一)个人所得税	200	211	206	341	329
(二)社会保障支出	2761	2876	2958	3432	3147
1. 个人缴纳的养老保险	1943	2052	2067	2387	2161
2. 个人缴纳的医疗保险	700	695	746	864	798
3. 个人缴纳的失业保险	63	66	60	72	59
4. 其他社会保障支出	56	64	84	110	83

2-25 续表

指　　标	2019	2020	2021	2022	2023
(三)外来从业人员寄给家人的支出	20	12	14	11	66
(四)赡养支出	210	154	211	248	405
(五)其他转移性支出	114	96	135	85	86
五、部分商业保险支出	**286**	**260**	**446**	**393**	**379**
(一)意外伤害保险	25	18	28	24	32
(二)商业医疗保险(含大病保险)	147	134	243	200	189
(三)其他非储蓄性商业保险	43	28	45	58	43
(四)其他储蓄性商业保险	71	81	130	111	114
六、购置资产及非经常性转移支出	**8577**	**8188**	**8755**	**6657**	**6842**
(一)购置资产支出	5009	5121	5296	3109	3183
(二)非经常性转移支出	3568	3067	3459	3548	3659
七、借贷性支出	**3025**	**3428**	**3214**	**3369**	**5415**
(一)存入储蓄款	123	88	113	119	85
(二)借出款	19	29	56	42	52
(三)归还借款	159	151	250	234	399
(四)购买有价证券	31	32	204	453	51
(五)其他投资支出	78	97	129	130	128
(六)归还住房贷款	2302	2707	1964	1900	4119
(七)归还汽车贷款	220	158	244	228	350
(八)归还教育贷款	0	0	0		3
(九)归还其他贷款	69	118	247	248	224
(十)其他借贷支出	24	46	8	15	4

2-26 农村常住居民家庭人均支出（2019-2023）

单位：元

指 标	2019	2020	2021	2022	2023
总支出	**32487**	**31306**	**44798**	**49031**	**52259**
一、消费支出	**21352**	**21555**	**25415**	**27483**	**30468**
（一）食品烟酒	6529	6952	7873	8497	9331
（二）衣着	1134	1043	1265	1336	1476
（三）居住	5339	5720	7166	7795	8158
（四）生活用品及服务	1016	1225	1370	1540	1682
（五）交通通信	2965	2937	3346	3816	4223
（六）教育文化娱乐	2226	1776	2204	2121	2689
（七）医疗保健	1777	1546	1752	1847	2289
（八）其他用品及服务	367	355	439	531	620
二、生产经营费用支出	**3105**	**3658**	**9916**	**12055**	**12107**
（一）第一产业	984	1187	1511	1672	3137
（二）第二产业	1081	1152	6345	7376	6893
（三）第三产业	1040	1319	2061	3007	2076
三、财产性支出	**130**	**119**	**106**	**98**	**249**
（一）生活贷款利息支出	99	113	93	74	163
（二）其他财产性支出	31	6	13	24	86
四、转移性支出	**2292**	**2007**	**2302**	**2496**	**2500**
（一）个人所得税	15	14	37	51	58
（二）社会保障支出	2162	1860	2091	2314	2165
1. 个人缴纳的养老保险	1538	1252	1377	1596	1429
2. 个人缴纳的医疗保险	599	571	678	682	694
3. 个人缴纳的失业保险	16	20	16	17	14
4. 其他社会保障支出	10	17	20	18	23

2-26 续表

指　　标	2019	2020	2021	2022	2023
(三)外来从业人员寄给家人的支出	6	26	11	4	28
(四)赡养支出	73	67	85	97	214
(五)其他转移性支出	36	41	79	29	36
五、部分商业保险支出	**107**	**122**	**146**	**169**	**193**
(一)意外伤害保险	11	10	23	26	33
(二)商业医疗保险(含大病保险)	66	49	82	89	77
(三)其他非储蓄性商业保险	14	9	14	16	29
(四)其他储蓄性商业保险	16	54	27	38	54
六、购置资产及非经常性转移支出	**4335**	**3104**	**5725**	**5310**	**4530**
(一)购置资产支出	1521	907	2400	1873	1057
(二)非经常性转移支出	2814	2197	3325	3438	3473
七、借贷性支出	**1166**	**741**	**1187**	**1420**	**2213**
(一)存入储蓄款	55	33	70	108	5
(二)借出款	69	22	18	31	40
(三)归还借款	151	67	265	142	245
(四)购买有价证券	3	4	8	7	41
(五)其他投资支出	37	25	95	178	103
(六)归还住房贷款	628	352	527	783	1252
(七)归还汽车贷款	141	158	120	112	359
(八)归还教育贷款	0	0	0	0	0
(九)归还其他贷款	76	77	79	59	164
(十)其他借贷支出	6	2	6	1	5

2-27 全体居民家庭人均消费支出（2019-2023）

单位：元

指　　标	2019	2020	2021	2022	2023
消费支出	**32026**	**31295**	**36668**	**38971**	**42194**
一、食品烟酒	**8929**	**8922**	**10160**	**10931**	**11757**
(一)食品	5695	6171	6342	6697	6662
(二)烟酒	899	877	1113	1260	1255
(三)饮料	169	170	226	281	310
(四)饮食服务	2166	1704	2479	2693	3530
二、衣着	**1877**	**1703**	**2051**	**2098**	**2254**
(一)衣类	1526	1376	1662	1703	1877
(二)鞋类	351	328	389	395	377
三、居住	**8403**	**9009**	**9943**	**10558**	**10458**
(一)租赁房房租	575	453	433	458	370
(二)住房维修及管理	923	1327	1560	1664	1111
(三)水电燃料及其他	1021	1012	1045	1267	1199
(四)自有住房折算租金	5885	6217	6904	7169	7778
四、生活用品及服务	**1716**	**1789**	**2073**	**2313**	**2472**
(一)家具及室内装饰品	272	325	385	384	431
(二)家用器具	418	457	525	701	686
(三)家用纺织品	166	139	166	196	195
(四)家庭日用杂品	362	369	389	415	456
(五)个人用品	401	409	489	503	531
(六)家庭服务	96	90	119	114	174
五、交通通信	**4553**	**4301**	**5196**	**5823**	**6484**
(一)交通	3564	3284	4121	4710	5345
(二)通信	989	1017	1076	1113	1139
六、教育文化娱乐	**3624**	**2889**	**3769**	**3549**	**4458**
(一)教育	2257	2022	2810	2573	2795
(二)文化娱乐	1367	867	959	976	1663
七、医疗保健	**2123**	**1956**	**2499**	**2534**	**2939**
(一)医疗器具及药品	628	605	694	740	890
(二)医疗服务	1494	1351	1804	1793	2049
八、其他用品及服务	**801**	**724**	**977**	**1165**	**1371**
(一)其他用品	414	424	564	756	764
(二)其他服务	388	300	412	410	607

2-28 城镇常住居民家庭人均消费支出（2019-2023）

单位：元

指　　标	2019	2020	2021	2022	2023
消费支出	**37508**	**36197**	**42193**	**44511**	**47762**
一、食品烟酒	**10162**	**9914**	**11283**	**12106**	**12909**
(一)食品	6251	6716	6631	7075	7039
(二)烟酒	896	841	1168	1320	1247
(三)饮料	193	190	257	306	342
(四)饮食服务	2821	2167	3228	3405	4281
二、衣着	**2259**	**2036**	**2437**	**2466**	**2623**
(一)衣类	1845	1654	1998	2019	2204
(二)鞋类	413	382	439	447	419
三、居住	**9977**	**10665**	**11307**	**11890**	**11550**
(一)租赁房房租	807	606	572	618	429
(二)住房维修及管理	1025	1466	1776	1898	605
(三)水电燃料及其他	1099	1101	1128	1247	1254
(四)自有住房折算租金	7047	7492	7831	8127	9263
四、生活用品及服务	**2075**	**2073**	**2418**	**2685**	**2848**
(一)家具及室内装饰品	343	370	439	498	529
(二)家用器具	486	496	591	804	742
(三)家用纺织品	204	172	203	222	212
(四)家庭日用杂品	400	400	417	429	499
(五)个人用品	515	511	616	591	641
(六)家庭服务	129	124	151	141	226
五、交通通信	**5368**	**4988**	**6105**	**6791**	**7558**
(一)交通	4263	3851	4937	5611	6329
(二)通信	1105	1136	1168	1180	1228
六、教育文化娱乐	**4342**	**3450**	**4537**	**4238**	**5298**
(一)教育	2561	2365	3368	3090	3296
(二)文化娱乐	1782	1084	1169	1148	2003
七、医疗保健	**2300**	**2162**	**2866**	**2865**	**3248**
(一)医疗器具及药品	693	679	744	809	989
(二)医疗服务	1608	1483	2121	2056	2259
八、其他用品及服务	**1024**	**910**	**1241**	**1471**	**1728**
(一)其他用品	507	525	712	964	971
(二)其他服务	517	386	529	508	757

2-29 农村常住居民家庭人均消费支出（2019-2023）

单位：元

指　标	2019	2020	2021	2022	2023
消费支出	**21352**	**21555**	**25415**	**27483**	**30468**
一、食品烟酒	**6529**	**6952**	**7873**	**8497**	**9331**
(一)食品	4613	5088	5754	5913	5869
(二)烟酒	905	951	1001	1135	1272
(三)饮料	121	130	164	231	243
(四)饮食服务	889	784	954	1218	1947
二、衣着	**1134**	**1043**	**1265**	**1336**	**1476**
(一)衣类	904	823	977	1049	1188
(二)鞋类	230	220	288	288	288
三、居住	**5339**	**5720**	**7166**	**7795**	**8158**
(一)租赁房房租	125	151	149	127	248
(二)住房维修及管理	723	1049	1122	1177	2178
(三)水电燃料及其他	868	836	878	1308	1082
(四)自有住房折算租金	3622	3685	5017	5183	4652
四、生活用品及服务	**1016**	**1225**	**1370**	**1540**	**1682**
(一)家具及室内装饰品	134	236	274	149	227
(二)家用器具	285	380	391	490	567
(三)家用纺织品	93	74	91	141	159
(四)家庭日用杂品	290	307	330	385	364
(五)个人用品	181	206	230	319	299
(六)家庭服务	32	22	54	57	65
五、交通通信	**2965**	**2937**	**3346**	**3816**	**4223**
(一)交通	2202	2157	2458	2840	3273
(二)通信	763	780	888	976	950
六、教育文化娱乐	**2226**	**1776**	**2204**	**2121**	**2689**
(一)教育	1667	1341	1674	1501	1741
(二)文化娱乐	559	435	530	620	948
七、医疗保健	**1777**	**1546**	**1752**	**1847**	**2289**
(一)医疗器具及药品	503	457	593	597	682
(二)医疗服务	1274	1089	1159	1250	1607
八、其他用品及服务	**367**	**355**	**439**	**531**	**620**
(一)其他用品	231	225	263	324	328
(二)其他服务	135	130	176	207	291

2-30 全体居民家庭人均消费支出构成（2019-2023）

单位：%

指　　标	2019	2020	2021	2022	2023
消费支出	100.0	100.0	100.0	100.0	100.0
一、食品烟酒	**27.9**	**28.5**	**27.7**	**28.1**	**27.9**
(一)食品	17.8	19.7	17.3	17.2	15.8
(二)烟酒	2.8	2.8	3.0	3.2	3.0
(三)饮料	0.5	0.5	0.6	0.7	0.7
(四)饮食服务	6.8	5.4	6.8	6.9	8.4
二、衣着	**5.9**	**5.4**	**5.6**	**5.4**	**5.3**
(一)衣类	4.8	4.4	4.5	4.4	4.4
(二)鞋类	1.1	1.0	1.1	1.0	0.9
三、居住	**26.2**	**28.8**	**27.1**	**27.1**	**24.8**
(一)租赁房房租	1.8	1.4	1.2	1.2	0.9
(二)住房维修及管理	2.9	4.2	4.3	4.3	2.6
(三)水电燃料及其他	3.2	3.2	2.9	3.3	2.8
(四)自有住房折算租金	18.4	19.9	18.8	18.4	18.4
四、生活用品及服务	**5.4**	**5.7**	**5.7**	**5.9**	**5.9**
(一)家具及室内装饰品	0.8	1.0	1.0	1.0	1.0
(二)家用器具	1.3	1.5	1.4	1.8	1.6
(三)家用纺织品	0.5	0.4	0.5	0.5	0.5
(四)家庭日用杂品	1.1	1.2	1.1	1.1	1.1
(五)个人用品	1.3	1.3	1.3	1.3	1.3
(六)家庭服务	0.3	0.3	0.3	0.3	0.4
五、交通通信	**14.2**	**13.7**	**14.2**	**14.9**	**15.4**
(一)交通	11.1	10.5	11.2	12.1	12.7
(二)通信	3.1	3.2	2.9	2.9	2.7
六、教育文化娱乐	**11.3**	**9.2**	**10.3**	**9.1**	**10.6**
(一)教育	7.0	6.5	7.7	6.6	6.6
(二)文化娱乐	4.3	2.8	2.6	2.5	3.9
七、医疗保健	**6.6**	**6.2**	**6.8**	**6.5**	**7.0**
(一)医疗器具及药品	2.0	1.9	1.9	1.9	2.1
(二)医疗服务	4.7	4.3	4.9	4.6	4.9
八、其他用品及服务	**2.5**	**2.3**	**2.7**	**3.0**	**3.2**
(一)其他用品	1.3	1.4	1.5	1.9	1.8
(二)其他服务	1.2	1.0	1.1	1.1	1.4

2-31 城镇常住居民家庭人均消费支出构成（2019-2023）

单位：%

指　　标	2019	2020	2021	2022	2023
消费支出	**100.0**	**100.0**	**100.0**	**100.0**	**100.0**
一、食品烟酒	**27.1**	**27.4**	**26.7**	**27.2**	**27.0**
(一)食品	16.7	18.6	15.7	15.9	14.7
(二)烟酒	2.4	2.3	2.8	3.0	2.6
(三)饮料	0.5	0.5	0.6	0.7	0.7
(四)饮食服务	7.5	6.0	7.6	7.6	9.0
二、衣着	**6.0**	**5.6**	**5.8**	**5.5**	**5.5**
(一)衣类	4.9	4.6	4.7	4.5	4.6
(二)鞋类	1.1	1.1	1.0	1.0	0.9
三、居住	**26.6**	**29.5**	**26.8**	**26.7**	**24.2**
(一)租赁房房租	2.2	1.7	1.4	1.4	0.9
(二)住房维修及管理	2.7	4.1	4.2	4.3	1.3
(三)水电燃料及其他	2.9	3.0	2.7	2.8	2.6
(四)自有住房折算租金	18.8	20.7	18.6	18.3	19.4
四、生活用品及服务	**5.5**	**5.7**	**5.7**	**6.0**	**6.0**
(一)家具及室内装饰品	0.9	1.0	1.0	1.1	1.1
(二)家用器具	1.3	1.4	1.4	1.8	1.6
(三)家用纺织品	0.5	0.5	0.5	0.5	0.4
(四)家庭日用杂品	1.1	1.1	1.0	1.0	1.0
(五)个人用品	1.4	1.4	1.5	1.3	1.3
(六)家庭服务	0.3	0.3	0.4	0.3	0.5
五、交通通信	**14.3**	**13.8**	**14.5**	**15.3**	**15.8**
(一)交通	11.4	10.6	11.7	12.6	13.3
(二)通信	2.9	3.1	2.8	2.7	2.6
六、教育文化娱乐	**11.6**	**9.5**	**10.8**	**9.5**	**11.1**
(一)教育	6.8	6.5	8.0	6.9	6.9
(二)文化娱乐	4.8	3.0	2.8	2.6	4.2
七、医疗保健	**6.1**	**6.0**	**6.8**	**6.4**	**6.8**
(一)医疗器具及药品	1.8	1.9	1.8	1.8	2.1
(二)医疗服务	4.3	4.1	5.0	4.6	4.7
八、其他用品及服务	**2.7**	**2.5**	**2.9**	**3.3**	**3.6**
(一)其他用品	1.4	1.4	1.7	2.2	2.0
(二)其他服务	1.4	1.1	1.3	1.1	1.6

2-32 农村常住居民家庭人均消费支出构成（2019-2023）

单位：%

指　　标	2019	2020	2021	2022	2023
消费支出	**100.0**	**100.0**	**100.0**	**100.0**	**100.0**
一、食品烟酒	**30.6**	**32.3**	**31.0**	**30.9**	**30.6**
(一)食品	21.6	23.6	22.6	21.5	19.3
(二)烟酒	4.2	4.4	3.9	4.1	4.2
(三)饮料	0.6	0.6	0.6	0.8	0.8
(四)饮食服务	4.2	3.6	3.8	4.4	6.4
二、衣着	**5.3**	**4.8**	**5.0**	**4.9**	**4.8**
(一)衣类	4.2	3.8	3.8	3.8	3.9
(二)鞋类	1.1	1.0	1.1	1.0	0.9
三、居住	**25.0**	**26.5**	**28.2**	**28.4**	**26.8**
(一)租赁房房租	0.6	0.7	0.6	0.5	0.8
(二)住房维修及管理	3.4	4.9	4.4	4.3	7.1
(三)水电燃料及其他	4.1	3.9	3.5	4.8	3.5
(四)自有住房折算租金	17.0	17.1	19.7	18.9	15.3
四、生活用品及服务	**4.8**	**5.7**	**5.4**	**5.6**	**5.5**
(一)家具及室内装饰品	0.6	1.1	1.1	0.5	0.7
(二)家用器具	1.3	1.8	1.5	1.8	1.9
(三)家用纺织品	0.4	0.3	0.4	0.5	0.5
(四)家庭日用杂品	1.4	1.4	1.3	1.4	1.2
(五)个人用品	0.8	1.0	0.9	1.2	1.0
(六)家庭服务	0.1	0.1	0.2	0.2	0.2
五、交通通信	**13.9**	**13.6**	**13.2**	**13.9**	**13.9**
(一)交通	10.3	10.0	9.7	10.3	10.7
(二)通信	3.6	3.6	3.5	3.6	3.1
六、教育文化娱乐	**10.4**	**8.2**	**8.7**	**7.7**	**8.8**
(一)教育	7.8	6.2	6.6	5.5	5.7
(二)文化娱乐	2.6	2.0	2.1	2.3	3.1
七、医疗保健	**8.3**	**7.2**	**6.9**	**6.7**	**7.5**
(一)医疗器具及药品	2.4	2.1	2.3	2.2	2.2
(二)医疗服务	6.0	5.1	4.6	4.5	5.3
八、其他用品及服务	**1.7**	**1.6**	**1.7**	**1.9**	**2.0**
(一)其他用品	1.1	1.0	1.0	1.2	1.1
(二)其他服务	0.6	0.6	0.7	0.8	1.0

2-33 全体居民家庭人均现金消费支出（2019-2023）

单位：元

指　　标	2019	2020	2021	2022	2023
现金消费支出	**25247**	**24237**	**28669**	**30722**	**33357**
一、食品烟酒	**8624**	**8623**	**9898**	**10668**	**11503**
(一)食品	5491	5963	6144	6507	6511
(二)烟酒	899	877	1113	1260	1254
(三)饮料	168	170	223	275	307
(四)饮食服务	2065	1613	2418	2627	3431
二、衣着	**1876**	**1703**	**2050**	**2098**	**2253**
(一)衣类	1525	1376	1661	1703	1876
(二)鞋类	351	328	389	395	377
三、居住	**2483**	**2777**	**2965**	**3293**	**2647**
(一)租赁房房租	575	453	433	458	370
(二)住房维修及管理	923	1327	1560	1664	1111
(三)水电燃料及其他	985	997	972	1171	1165
四、生活用品及服务	**1702**	**1778**	**2066**	**2304**	**2465**
(一)家具及室内装饰品	272	325	384	384	431
(二)家用器具	418	457	525	701	686
(三)家用纺织品	166	139	166	196	195
(四)家庭日用杂品	349	358	383	406	449
(五)个人用品	401	409	489	503	531
(六)家庭服务	96	90	119	114	174
五、交通通信	**4550**	**4297**	**5192**	**5817**	**6479**
(一)交通	3561	3280	4116	4704	5341
(二)通信	989	1017	1076	1113	1139
六、教育文化娱乐	**3621**	**2883**	**3765**	**3545**	**4449**
(一)教育	2257	2022	2810	2573	2795
(二)文化娱乐	1364	861	955	972	1654
七、医疗保健	**1595**	**1457**	**1761**	**1837**	**2199**
(一)医疗器具及药品	627	604	693	739	888
(二)医疗服务	968	853	1068	1098	1310
八、其他用品及服务	**796**	**719**	**972**	**1160**	**1362**
(一)其他用品	411	420	562	753	760
(二)其他服务	385	299	410	408	602

2-34 城镇常住居民家庭人均现金消费支出（2019-2023）

单位：元

指　　标	2019	2020	2021	2022	2023
现金消费支出	**29596**	**27884**	**33259**	**35358**	**37382**
一、食品烟酒	**9950**	**9714**	**11127**	**11938**	**12728**
(一)食品	6167	6631	6541	6977	6961
(二)烟酒	896	841	1168	1320	1247
(三)饮料	193	190	256	305	341
(四)饮食服务	2695	2053	3162	3336	4179
二、衣着	**2258**	**2035**	**2437**	**2465**	**2622**
(一)衣类	1844	1654	1998	2019	2204
(二)鞋类	413	382	439	447	419
三、居住	**2915**	**3161**	**3454**	**3749**	**2254**
(一)租赁房房租	807	606	572	618	429
(二)住房维修及管理	1025	1466	1776	1898	605
(三)水电燃料及其他	1083	1089	1106	1232	1221
四、生活用品及服务	**2060**	**2064**	**2412**	**2678**	**2840**
(一)家具及室内装饰品	343	370	439	498	529
(二)家用器具	486	496	591	804	742
(三)家用纺织品	204	172	203	222	212
(四)家庭日用杂品	384	391	411	421	492
(五)个人用品	515	511	616	591	641
(六)家庭服务	129	124	151	141	226
五、交通通信	**5364**	**4981**	**6100**	**6784**	**7552**
(一)交通	4259	3845	4932	5604	6323
(二)通信	1105	1136	1168	1180	1228
六、教育文化娱乐	**4338**	**3442**	**4533**	**4233**	**5286**
(一)教育	2561	2365	3368	3090	3296
(二)文化娱乐	1778	1076	1165	1143	1991
七、医疗保健	**1692**	**1582**	**1962**	**2046**	**2382**
(一)医疗器具及药品	692	679	744	808	987
(二)医疗服务	1000	903	1218	1238	1395
八、其他用品及服务	**1019**	**905**	**1235**	**1466**	**1717**
(一)其他用品	504	521	710	960	966
(二)其他服务	515	384	525	505	751

2-35 农村常住居民家庭人均现金消费支出（2019-2023）

单位：元

指　标	2019	2020	2021	2022	2023
现金消费支出	**16780**	**16992**	**19319**	**21110**	**24881**
一、食品烟酒	**6042**	**6455**	**7393**	**8036**	**8922**
（一）食品	4176	4637	5334	5532	5563
（二）烟酒	905	951	1001	1135	1269
（三）饮料	120	129	156	212	236
（四）饮食服务	841	739	902	1156	1855
二、衣着	**1133**	**1043**	**1263**	**1335**	**1476**
（一）衣类	904	823	975	1048	1187
（二）鞋类	230	220	288	288	288
三、居住	**1642**	**2015**	**1969**	**2348**	**3474**
（一）租赁房房租	125	151	149	127	248
（二）住房维修及管理	723	1049	1122	1177	2178
（三）水电燃料及其他	794	816	698	1044	1049
四、生活用品及服务	**1007**	**1210**	**1362**	**1528**	**1676**
（一）家具及室内装饰品	134	236	271	149	227
（二）家用器具	285	380	391	490	567
（三）家用纺织品	93	74	91	141	159
（四）家庭日用杂品	281	291	324	373	359
（五）个人用品	181	206	230	319	299
（六）家庭服务	32	22	54	57	65
五、交通通信	**2965**	**2937**	**3343**	**3813**	**4220**
（一）交通	2201	2157	2454	2836	3270
（二）通信	763	780	888	976	950
六、教育文化娱乐	**2226**	**1774**	**2202**	**2118**	**2686**
（一）教育	1667	1341	1674	1501	1741
（二）文化娱乐	559	433	528	617	945
七、医疗保健	**1406**	**1209**	**1353**	**1405**	**1813**
（一）医疗器具及药品	501	457	590	596	681
（二）医疗服务	905	752	762	809	1133
八、其他用品及服务	**360**	**349**	**435**	**527**	**614**
（一）其他用品	230	219	261	322	325
（二）其他服务	131	129	174	205	289

2-36 全体居民家庭耐用消费品拥有量（2019-2023）

指　　标		2019	2020	2021	2022	2023
平均每百户拥有量						
(一)家用汽车	(辆)	44.9	48.2	53.3	55.5	64.7
#新能源汽车	(辆)				1.4	4.1
(二)摩托车	(辆)	11.6	11.5	8.6	8.8	8.4
(三)电冰箱(柜)	(台)	105.6	106.5	111.7	110.7	105.9
(四)洗衣机	(台)	92.9	93.7	97.8	97.4	95.8
(五)热水器	(个)	104.0	105.9	106.7	106.7	104.3
(六)空调	(台)	195.8	198.5	217.9	218.8	220.2
(七)彩色电视机	(台)	175.5	176.1	175.0	174.5	151.3
(八)照相机	(架)	17.6	17.0	11.5	11.9	12.3
(九)计算机	(台)	72.3	73.7	62.5	62.8	63.0
#接入互联网计算机	(台)	62.5	65.7	58.3		
(十)中高档乐器	(架)	8.5	8.5	7.4	7.4	8.7
(十一)固定电话	(部)	20.9	19.4	10.2	9.7	
(十二)移动电话	(部)	245.0	247.9	253.6	251.8	242.8
#接入互联网移动电话	(部)	188.3	211.5	222.0		
(十三)洗碗机	(台)				4.6	7.3
(十四)健身器材	(台)				8.1	9.1
(十五)空气净化器（含新风系统）	(台)				8.8	12.1
(十六)地面清洁电器	(台)				17.7	23.0

注：接入互联网计算机、接入互联网移动电话数量于2022年暂停统计。

2-37 城镇常住居民家庭耐用消费品拥有量（2019-2023）

指　　标		2019	2020	2021	2022	2023
平均每百户拥有量						
(一)家用汽车	(辆)	52.8	55.6	62.5	64.4	72.2
#新能源汽车	(辆)				1.6	4.3
(二)摩托车	(辆)	7.7	7.2	5.8	6.5	6.8
(三)电冰箱(柜)	(台)	104.5	105.2	108.1	107.5	103.7
(四)洗衣机	(台)	95.4	96.5	99.5	99.3	98.0
(五)热水器	(个)	107.2	109.2	108.3	108.6	105.5
(六)空调	(台)	220.6	222.5	236.6	236.4	238.5
(七)彩色电视机	(台)	175.1	176.2	172.2	171.0	150.0
(八)照相机	(架)	23.7	22.9	15.2	15.7	16.4
(九)计算机	(台)	85.2	86.0	75.8	75.8	75.4
#接入互联网计算机	(台)	75.1	78.2	71.4		
(十)中高档乐器	(架)	11.8	11.6	10.3	10.3	11.3
(十一)固定电话	(部)	21.5	19.7	10.3	9.6	
(十二)移动电话	(部)	242.8	245.4	254.4	252.8	242.4
#接入互联网移动电话	(部)	200.2	221.6	228.5		
(十三)洗碗机	(台)				5.8	9.5
(十四)健身器材	(台)				10.7	11.0
(十五)空气净化器（含新风系统）	(台)				11.3	15.7
(十六)地面清洁电器	(台)				22.8	29.6

注：接入互联网计算机、接入互联网移动电话数量于2022年暂停统计。

2-38 农村常住居民家庭耐用消费品拥有量（2019-2023）

指　　标		2019	2020	2021	2022	2023
平均每百户拥有量						
(一)家用汽车	(辆)	28.9	33.0	35.5	38.1	43.9
#新能源汽车	(辆)				1.0	3.6
(二)摩托车	(辆)	19.6	20.3	13.9	13.5	11.9
(三)电冰箱(柜)	(台)	107.7	109.2	118.7	117.1	110.6
(四)洗衣机	(台)	87.9	87.8	94.4	93.9	91.0
(五)热水器	(个)	97.5	99.1	103.7	102.9	101.9
(六)空调	(台)	145.4	149.0	181.7	184.3	181.8
(七)彩色电视机	(台)	176.3	175.9	180.4	181.5	153.4
(八)照相机	(架)	5.1	4.9	4.4	4.4	3.7
(九)计算机	(台)	46.1	48.2	36.8	37.1	37.0
#接入互联网计算机	(台)	36.9	39.9	32.9		
(十)中高档乐器	(架)	1.9	2.1	1.9	1.8	3.2
(十一)固定电话	(部)	19.6	18.7	9.9	9.7	
(十二)移动电话	(部)	249.6	253.1	251.9	249.9	243.4
#接入互联网移动电话	(部)	164.1	190.9	209.3		
(十三)洗碗机	（台）				2.2	2.5
(十四)健身器材	（台）				3.1	5.1
(十五)空气净化器（含新风系统）	（台）				4.0	4.6
(十六)地面清洁电器	（台）				7.8	9.3

注：接入互联网计算机、接入互联网移动电话数量于 2022 年暂停统计。

2-39 全体居民主要食品消费量（2019-2023）

单位：公斤/人

指　　标	2019	2020	2021	2022	2023
一、粮食消费量	**132.9**	**137.3**	**152.1**	**146.5**	**128.8**
(一)谷物消费量	119.0	123.0	135.4	129.8	113.4
1. 小麦	20.3	22.1	27.7	27.1	29.0
2. 稻谷	85.7	87.8	94.0	89.8	71.5
3. 玉米	4.0	4.1	5.2	4.9	5.4
4. 其他谷物	9.1	9.0	8.5	8.0	7.6
(二)薯类消费	2.2	2.4	2.3	2.0	2.1
量1. 红薯	0.8	0.8	0.6	0.5	0.7
2. 马铃薯	1.0	1.2	1.3	1.0	1.0
3. 其他薯类	0.4	0.4	0.4	0.4	0.4
(三)豆类消费	11.7	11.9	14.4	14.7	13.3
量1. 大豆	0.8	0.5	0.6	0.5	0.4
2. 其他豆类	10.9	11.4	13.9	14.2	12.9
二、油脂类消费量	**11.3**	**11.5**	**11.8**	**10.7**	**9.4**
(一)植物油	10.8	11.0	11.1	10.2	9.0
(二)动物油	0.5	0.5	0.7	0.5	0.4
三、蔬菜及菜制品消费量	**95.4**	**96.9**	**109.9**	**108.4**	**102.3**
(一)鲜菜	90.5	92.0	104.7	103.5	97.7
(二)干菜及菜制品	2.7	2.7	2.7	2.4	2.3
(三)鲜菌	1.8	1.9	2.3	2.2	2.1
(四)干菌及菌制品	0.4	0.3	0.3	0.3	0.2
四、肉类	**28.3**	**26.3**	**37.2**	**39.5**	**40.2**
(一)猪肉	22.0	20.0	29.4	31.7	30.7
(二)牛肉	2.7	2.9	3.5	3.7	4.5
(三)羊肉	0.7	0.6	0.8	0.9	1.1
(四)其他肉类及制品	3.0	2.8	3.5	3.2	3.9
五、禽类	**11.9**	**13.0**	**14.3**	**13.8**	**12.7**
(一)鸡	6.0	6.7	7.4	7.2	6.5
(二)鸭	3.4	3.7	3.8	3.6	2.9
(三)鹅	0.1	0.2	0.2	0.1	0.2
(四)其他禽类及制品	2.4	2.4	2.9	2.9	3.1

2-39 续表

指　标	2019	2020	2021	2022	2023
六、水产品	**25.9**	**25.9**	**30.5**	**30.5**	**28.5**
(一)鱼类	14.6	14.4	17.4	16.7	15.3
(二)虾贝蟹类	8.0	8.2	9.9	10.7	10.2
(三)藻类	0.6	0.6	0.6	0.4	0.4
(四)其他	2.7	2.7	2.6	2.7	2.6
七、蛋类及蛋制品	9.2	10.6	12.4	**12.4**	**12.7**
(一)鲜蛋	8.5	9.8	11.8	11.9	12.1
(二)蛋制品	0.7	0.7	0.6	0.6	0.6
八、奶和奶制品	**13.5**	**14.7**	**16.9**	**14.1**	**13.8**
(一)鲜奶	8.6	10.1	12.9	11.0	10.5
(二)酸奶	2.6	2.5	2.3	1.7	1.7
(三)奶粉	0.7	0.7	0.6	0.5	0.6
(四)其他奶制品	1.6	1.4	1.0	1.0	1.1
九、干鲜瓜果类	**55.6**	**56.0**	**68.3**	**64.8**	**65.7**
(一)鲜瓜果	50.1	50.7	61.9		
(二)瓜果制品	1.5	1.4	1.7		
(三)坚果类	3.9	3.9	4.8		
十、糖果糕点类	**7.4**	**7.2**	**8.8**		
(一)食糖	1.6	1.6	1.8		
(二)糖果	0.7	0.6	0.7		
(三)糕点	4.3	4.2	5.4		
(四)其他糖果糕点	0.9	0.8	0.9		
十一、饮料	**0.2**	**0.2**	**0.2**		
(一)茶叶	0.2	0.2	0.2		
十二、烟叶消费量	**30.8**	**30.0**	**35.2**		
十三、酒	8.9	8.7	10.7		
(一)白酒	2.2	2.1	2.7		
(二)啤酒	6.2	6.2	7.6		
(三)果酒	0.5	0.4	0.4		

2-40 城镇常住居民主要食品消费量（2019-2023）

单位：公斤/人

指　标	2019	2020	2021	2022	2023
一、粮食消费量	**118.0**	**124.2**	**135.7**	**127.3**	**109.7**
(一)谷物消费量	104.8	110.5	120.6	112.4	96.5
1. 小麦	21.1	22.8	27.4	25.7	27.2
2. 稻谷	72.8	76.1	81.0	74.7	57.7
3. 玉米	3.6	3.8	4.5	4.6	5.0
4. 其他谷物	7.3	7.7	7.7	7.3	6.7
(二)薯类消费量	1.9	2.0	2.1	1.9	1.7
1. 红薯	0.5	0.5	0.5	0.5	0.6
2. 马铃薯	1.0	1.1	1.2	1.0	0.8
3. 其他薯类	0.4	0.4	0.5	0.4	0.3
(三)豆类消费量	11.2	11.6	13.0	12.9	11.5
1. 大豆	0.5	0.4	0.4	0.4	0.4
2. 其他豆类	10.7	11.2	12.6	12.6	11.1
二、油脂类消费量	**10.8**	**10.9**	**10.7**	**10.2**	**8.4**
(一)植物油	10.3	10.5	10.2	9.8	8.1
(二)动物油	0.5	0.4	0.5	0.4	0.3
三、蔬菜及菜制品消费量	**95.4**	**97.8**	**105.7**	**102.7**	**93.1**
(一)鲜菜	90.3	92.8	100.5	97.8	88.9
(二)干菜及菜制品	2.8	2.7	2.6	2.4	2.2
(三)鲜菌	1.9	2.0	2.3	2.2	1.9
(四)干菌及菌制品	0.4	0.3	0.3	0.3	0.2
四、肉类	**28.5**	**27.1**	**36.5**	**38.1**	**37.2**
(一)猪肉	21.4	19.8	27.8	29.4	27.3
(二)牛肉	3.1	3.4	3.9	4.2	4.7
(三)羊肉	0.7	0.6	0.9	0.9	1.1
(四)其他肉类及制品	3.2	3.2	4.0	3.6	4.1
五、禽类	**12.5**	**13.6**	**14.1**	**13.9**	**12.4**
(一)鸡	6.2	6.9	7.1	7.0	6.3
(二)鸭	3.5	3.8	3.7	3.7	2.7
(三)鹅	0.1	0.2	0.2	0.1	0.1
(四)其他禽类及制品	2.7	2.7	3.2	3.1	3.3

2-40 续表

指　标	2019	2020	2021	2022	2023
六、水产品	**28.3**	**28.3**	**31.4**	**31.7**	**28.4**
(一)鱼类	15.5	15.3	17.4	16.8	14.7
(二)虾贝蟹类	9.1	9.2	10.7	11.6	10.5
(三)藻类	0.5	0.6	0.5	0.4	0.3
(四)其他	3.1	3.1	2.9	3.0	2.8
七、蛋类及蛋制品	**9.3**	**10.9**	**12.0**	**12.1**	**11.9**
(一)鲜蛋	8.6	10.2	11.4	11.6	11.3
(二)蛋制品	0.7	0.8	0.6	0.5	0.6
八、奶和奶制品	**15.1**	**16.5**	**18.2**	**15.0**	**15.0**
(一)鲜奶	9.7	11.4	13.7	11.5	11.4
(二)酸奶	3.0	2.9	2.7	2.0	2.0
(三)奶粉	0.9	0.9	0.8	0.6	0.8
(四)其他奶制品	1.5	1.4	1.1	1.0	0.9
九、干鲜瓜果类	**62.1**	**62.1**	**71.3**	**67.9**	**66.3**
(一)鲜瓜果	56.3	56.4	65.0		
(二)瓜果制品	1.7	1.6	1.7		
(三)坚果类	4.2	4.1	4.6		
十、糖果糕点类	**7.7**	**7.5**	**8.8**		
(一)食糖	1.4	1.5	1.4		
(二)糖果	0.7	0.6	0.8		
(三)糕点	4.7	4.4	5.7		
(四)其他糖果糕点	0.9	0.9	0.8		
十一、饮料	**0.2**	**0.2**	**0.2**		
(一)茶叶	0.2	0.2	0.2		
十二、烟叶消费量	**26.2**	**24.7**	**31.7**		
十三、酒	**7.5**	**7.3**	**9.4**		
(一)白酒	2.0	1.9	2.7		
(二)啤酒	4.8	4.8	6.1		
(三)果酒	0.7	0.6	0.5		

2-41 农村常住居民主要食品消费量（2019-2023）

单位：公斤/人

指标	2019	2020	2021	2022	2023
一、粮食消费量	**162.1**	**163.5**	**185.5**	**186.4**	**169.0**
(一)谷物消费量	146.7	147.9	165.4	165.9	148.9
1. 小麦	18.8	20.6	28.2	29.9	32.9
2. 稻谷	110.7	110.9	120.5	121.0	100.4
3. 玉米	4.8	4.7	6.6	5.5	6.1
4. 其他谷物	12.5	11.7	10.1	9.5	9.4
(二)薯类消费量	2.7	3.2	2.7	2.1	2.9
1. 红薯	1.3	1.4	0.8	0.6	1.1
2. 马铃薯	1.1	1.4	1.5	1.1	1.4
3. 其他薯类	0.3	0.3	0.4	0.4	0.4
(三)豆类消费量	12.7	12.4	17.4	18.4	17.3
1. 大豆	1.4	0.8	1.0	0.7	0.6
2. 其他豆类	11.3	11.7	16.5	17.7	16.6
二、油脂类消费量	**12.2**	**12.7**	**13.8**	**11.8**	**11.5**
(一)植物油	11.6	12.0	12.8	11.1	10.8
(二)动物油	0.7	0.7	1.0	0.8	0.7
三、蔬菜及菜制品消费量	**95.3**	**95.1**	**118.5**	**120.4**	**121.5**
(一)鲜菜	90.8	90.5	113.2	115.4	116.2
(二)干菜及菜制品	2.6	2.6	2.8	2.5	2.6
(三)鲜菌	1.5	1.7	2.2	2.2	2.5
(四)干菌及菌制品	0.3	0.3	0.3	0.3	0.3
四、肉类	**28.1**	**24.8**	**38.7**	**42.5**	**46.5**
(一)猪肉	23.2	20.2	32.7	36.5	38.1
(二)牛肉	1.8	2.0	2.7	2.8	4.1
(三)羊肉	0.6	0.5	0.8	0.8	1.0
(四)其他肉类及制品	2.4	2.1	2.6	2.4	3.4
五、禽类	**10.8**	**11.8**	**14.8**	**13.6**	**13.3**
(一)鸡	5.8	6.2	7.9	7.4	7.0
(二)鸭	3.2	3.5	4.2	3.6	3.2
(三)鹅	0.1	0.2	0.2	0.2	0.2
(四)其他禽类及制品	1.8	1.9	2.5	2.4	2.9

2-41 续表

指　标	2019	2020	2021	2022	2023
六、水产品	**21.2**	**21.2**	**28.5**	**27.9**	**28.7**
（一）鱼类	12.8	12.6	17.3	16.5	16.4
（二）虾贝蟹类	5.7	6.0	8.4	8.9	9.4
（三）藻类	0.7	0.7	0.7	0.6	0.5
（四）其他	2.0	1.9	2.1	2.0	2.4
七、蛋类及蛋制品	**9.1**	**9.8**	**13.2**	**13.0**	**14.5**
（一）鲜蛋	8.4	9.1	12.6	12.4	13.8
（二）蛋制品	0.7	0.7	0.6	0.6	0.7
八、奶和奶制品	**10.4**	**11.3**	**14.3**	**12.2**	**11.2**
（一）鲜奶	6.4	7.6	11.4	9.9	8.5
（二）酸奶	1.7	1.7	1.6	1.2	1.1
（三）奶粉	0.5	0.5	0.4	0.2	0.2
（四）其他奶制品	1.9	1.4	1.0	1.0	1.3
九、干鲜瓜果类	**42.8**	**43.8**	**62.3**	**58.2**	**64.5**
（一）鲜瓜果	38.1	39.3	55.6		
（二）瓜果制品	1.2	1.1	1.5		
（三）坚果类	3.5	3.5	5.2		
十、糖果糕点类	**6.8**	**6.8**	**9.0**		
（一）食糖	1.9	1.9	2.5		
（二）糖果	0.6	0.5	0.6		
（三）糕点	3.4	3.7	4.9		
（四）其他糖果糕点	0.8	0.8	1.0		
十一、饮料	**0.2**	**0.4**	**0.2**		
（一）茶叶	0.2	0.4	0.2		
十二、烟叶消费量	**39.8**	**40.6**	**42.3**		
十三、酒	**11.6**	**11.5**	**13.3**		
（一）白酒	2.6	2.4	2.6		
（二）啤酒	8.9	9.0	10.5		
（三）果酒	0.1	0.1	0.2		

2-42 全省居民收支及增长（2022-2023）

指　标	2022(元)	2023(元)	名义增长率(%)
一、全体居民人均可支配收入	**60302**	**63830**	**5.9**
按常住地分：			
城镇居民	71268	74997	5.2
农村居民	37565	40311	7.3
按收入来源分：			
工资性收入	34177	35769	4.7
经营净收入	9880	10664	7.9
财产净收入	7397	7783	5.2
转移净收入	8848	9615	8.7
二、全体居民人均消费支出	**38971**	**42194**	**8.3**
按常住地分：			
城镇居民	44511	47762	7.3
农村居民	27483	30468	10.9
按消费类别分：			
食品烟酒	10931	11757	7.6
衣着	2098	2254	7.4
居住	10558	10458	-0.9
生活用品及服务	2313	2472	6.9
交通通信	5823	6484	11.3
教育文化娱乐	3549	4458	25.6
医疗保健	2534	2939	16.0
其他用品及服务	1165	1371	17.7

2-43 城乡居民收支及增长（2022-2023）

指　　标	2022(元)	2023(元)	名义增长率(%)
一、城镇居民人均可支配收入	**71268**	**74997**	**5.2**
按收入来源分:			
工资性收入	39718	41439	4.3
经营净收入	10233	10833	5.9
财产净收入	10397	10880	4.6
转移净收入	10919	11844	8.5
二、城镇居民人均消费支出	**44511**	**47762**	**7.3**
按消费类别分:			
食品烟酒	12106	12909	6.6
衣着	2466	2623	6.4
居住	11890	11550	-2.9
生活用品及服务	2685	2848	6.1
交通通信	6791	7558	11.3
教育文化娱乐	4238	5298	25.0
医疗保健	2865	3248	13.4
其他用品及服务	1471	1728	17.4
三、农村居民人均可支配收入	**37565**	**40311**	**7.3**
按收入来源分:			
工资性收入	22687	23825	5.0
经营净收入	9149	10307	12.7
财产净收入	1177	1259	7.0
转移净收入	4552	4920	8.1
四、农村居民人均消费支出	**27483**	**30468**	**10.9**
按消费类别分:			
食品烟酒	8497	9331	9.8
衣着	1336	1476	10.5
居住	7795	8158	4.7
生活用品及服务	1540	1682	9.2
交通通信	3816	4223	10.6
教育文化娱乐	2121	2689	26.8
医疗保健	1847	2289	23.9
其他用品及服务	531	620	16.7

2-44 居民家庭人均消费支出（2023）

单位：元

指　　标	全体居民	城镇常住居民	农村常住居民
消费支出	**42194**	**47762**	**30468**
一、食品烟酒	11757	12909	9331
1. 食品	6662	7039	5869
(1) 谷物	998	1150	679
(2) 薯类	61	51	82
(3) 豆类	90	83	104
(4) 食用油	154	144	173
(5) 蔬菜和食用菌	702	705	695
(6) 肉类	1310	1296	1340
(7) 禽类	425	436	403
(8) 水产品	1087	1170	913
(9) 蛋类	177	171	189
(10) 奶类	324	388	188
(11) 干鲜瓜果类	903	985	730
(12) 糖果糕点类	242	264	194
(13) 其他食品	189	194	179
2. 烟酒	1255	1247	1272
(1) 烟草	994	945	1097
(2) 酒类	260	301	175
3. 饮料	310	342	243
4. 饮食服务	3530	4281	1947
(1) 食堂用餐	193	214	149
(2) 其他在外饮食	3331	4063	1791
(3) 食品加工服务费	5	4	7
二、衣着	**2254**	**2623**	**1476**
1. 衣类	1877	2204	1188
2. 鞋类	377	419	288
三、居住	**10458**	**11550**	**8158**
1. 租赁房房租	370	429	248
2. 住房维修及管理	1111	605	2178
3. 水电燃料及其他	1199	1254	1082
4. 自有住房折算租金	7778	9263	4652
四、生活用品及服务	**2472**	**2848**	**1682**
1. 家具及室内装饰品	431	529	227
2. 家用器具	686	742	567
3. 家用纺织品	195	212	159

2-44 续表

指　　标	全体居民	城镇常住居民	农村常住居民
4. 家庭日用杂品	456	499	364
5. 个人用品	531	641	299
6. 家庭服务	174	226	65
五、交通通信	**6484**	**7558**	**4223**
1. 交通	5345	6329	3273
(1)交通工具	2344	3001	962
(2)交通费	585	744	251
(3)交通工具用燃料	1256	1306	1151
(4)交通工具使用及维修	1160	1279	909
其中：车辆保险支出	557	634	395
2. 通信	1139	1228	950
(1)通信工具	505	553	403
(2)通信服务	634	676	547
六、教育文化娱乐	**4458**	**5298**	**2689**
1. 教育	2795	3296	1741
(1)学前教育	492	594	277
(2)小学教育	672	821	359
(3)初中教育	348	399	241
(4)高中教育	320	345	267
(5)中专职高教育	7	7	7
(6)大专及以上教育	776	916	482
(7)成人教育	180	214	107
2. 文化娱乐	1663	2003	948
(1)文娱耐用消费品	375	421	278
(2)其他文娱用品	343	395	233
(3)文化娱乐服务	946	1187	438
七、医疗保健	**2939**	**3248**	**2289**
1. 医疗器具及药品	890	989	682
2. 医疗服务	2049	2259	1607
(1)门诊费用	1152	1240	965
(2)住院费用	890	1011	634
八、其他用品及服务	**1371**	**1728**	**620**
1. 其他用品	764	971	328
2. 其他服务	607	757	291

2-45 农民工基本情况（2019-2023）

单位：%

指　标		2019	2020	2021	2022	2023
调查户数	（户）	**3770**	**3770**	**3770**	**3770**	**4010**
一、农民工人数	（万人）	**1345**	**1296**	**1341**	**1368**	**1360**
（一）外出农民工	（万人）	515	475	469	473	500
1. 住户中外出农民工	（万人）	310	274	265	279	281
①外出务工	（万人）	269	245	233	248	243
②外出自营	（万人）	41	29	32	31	38
2. 举家外出农民工	（万人）	205	201	204	194	219
（二）本地农民工	（万人）	830	821	872	895	860
1. 本地非农务工	（万人）	651	647	687	708	678
2. 本地非农自营	（万人）	179	174	185	187	182
二、按农民工类型分		**100**	**100**	**100**	**100**	**100**
（一）外出农民工		38.3	36.6	35.0	34.6	36.8
1. 住户中外出农民工		23.0	21.1	19.7	20.4	20.7
①外出务工		20.0	18.9	17.4	18.1	17.9
②外出自营		3.0	2.3	2.3	2.3	2.8
2. 举家外出农民工		15.2	15.5	15.3	14.2	16.1
（二）本地农民工		61.7	63.4	65.0	65.4	63.2
1. 本地非农务工		48.4	50.0	51.2	51.7	49.8
2. 本地非农自营		13.3	13.4	13.8	13.7	13.4
三、按农民工年龄分		**100**	**100**	**100**	**100**	**100**
（一）16-19 岁		0.2	0.2	0.2	0.1	0.2
（二）20-24 岁		4.2	4.2	3.9	3.4	3.9
（三）25-29 岁		9.3	8.7	8.4	8.0	7.7
（四）30-34 岁		10.4	10.3	10.0	9.3	9.4
（五）35-40 岁		10.5	10.7	10.9	11.6	11.9
（六）41-50 岁		26.7	25.1	25.6	23.7	23.4
（七）51-60 岁		26.1	27.6	30.7	32.5	29.9
（八）61-65 岁		7.1	6.9	5.5	5.8	6.7
（九）66 岁及以上		5.6	6.3	4.8	5.6	6.9
四、按农民工受教育程度分		**100**	**100**	**100**	**100**	**100**
（一）未上过学		1.9	1.7	1.0	1.1	1.4
（二）小学		20.2	20.0	15.9	16.8	18.9
（三）初中		42.8	42.1	44.9	43.4	41.2
（四）高中		18.9	18.9	19.0	18.5	18.2
（五）大学专科		11.1	11.9	13.1	13.7	13.6
（六）大学本科		4.8	5.1	5.8	6.2	6.5
（七）研究生		0.1	0.1	0.3	0.3	0.2

2-45 续表

指　　标	2019	2020	2021	2022	2023
五、按农民工本年度从事主要行业分	**100**	**100**	**100**	**100**	**100**
(一)第一产业	0.1	0.2	0.2	0.3	0.6
1.农、林、牧、渔业	0.1	0.2	0.2	0.3	0.6
(二)第二产业	53.7	54.3	52.2	52.2	52.1
2.采矿业	0.2	0.2	0.2	0.1	0.2
3.制造业	41.1	42.1	40.4	40.4	39.7
4.电力、热力、燃气及水的生产和供应业	1.2	1.0	1.4	1.4	1.5
5.建筑业	11.2	11.0	10.2	10.3	10.7
(三)第三产业	46.2	45.5	47.6	47.5	47.3
6.批发和零售业	13.2	13.4	13.2	13.3	12.2
7.交通运输、仓储和邮政业	4.4	4.1	4.8	4.7	4.9
8.住宿和餐饮业	4.4	3.9	4.0	4.8	5.2
9.信息传输、软件和信息技术服务业	1.5	1.5	2.0	2.0	2.3
10.金融业	1.5	1.4	1.0	1.0	1.4
11.房地产业	0.5	0.4	0.6	0.5	0.8
12.租赁和商务服务业	1.3	1.4	0.9	1.0	0.9
13.科学研究和技术服务	0.1	0.1	0.3	0.2	0.3
14.水利、环境和公共设施管理业	0.8	1.1	0.7	0.7	0.5
15.居民服务、修理和其他服务业	11.0	10.8	11.0	10.7	10.7
16.教育	1.3	1.4	1.6	1.6	1.9
17.卫生、社会工作	2.1	2.1	2.3	2.4	2.5
18.文化、体育和娱乐业	0.6	0.5	0.6	0.6	0.9
19.公共管理、社会保障和社会组织	3.4	3.5	4.5	4.5	2.8
20.国际组织					
六、按外出农民工外出地区分	**100**	**100**	**100**	**100**	**100**
(一)本省	91.9	92.1	93.1	93.4	89.5
1.乡外县内	62.7	60.6	64.4	60.9	57.8
2.县外省内	29.2	31.5	28.7	32.5	21.7
(二)省外	8.1	7.9	6.9	6.6	10.5
1.东部地区	5.1	4.7	4.9	4.5	6.1
2.中部地区	1.4	1.5	0.6	0.8	1.8
3.西部地区	1.2	1.2	0.9	1.1	2.2
4.其他地区	0.3	0.3	0.3	0.2	0.4

三 价格指数

3-1 各种价格总指数（1978-2023）

（上年=100）

年份	居民消费价格指数	农产品生产者价格指数	工业生产者出厂价格指数	工业生产者购进价格指数
1978		103.6		
1983		103.9		
1984	103.0	108.1		
1985	114.8	110.8		
1986	106.2	100.6		
1987	108.8	119.1		
1988	121.5	133.1		
1989	118.2	113.6		
1990	102.1	98.7	100.4	104.7
1991	103.5	101.0	101.8	102.7
1992	107.5	106.4	104.8	106.3
1993	119.8	117.8	117.3	126.3
1994	124.8	136.8	117.5	124.8
1995	116.6	112.4	112.3	119.2
1996	107.9	104.2	99.5	98.2
1997	102.8	96.2	99.2	96.5
1998	99.7	94.0	95.6	92.6
1999	98.8	88.2	96.8	96.2
2000	101.0	100.8	101.1	107.2
2001	99.8		98.3	99.6
2002	99.1	101.7	96.9	97.5
2003	101.9	101.5	100.6	105.8
2004	103.9	119.0	105.0	113.4
2005	101.3	105.9	102.3	105.4
2006	101.1	102.7	103.8	105.6
2007	104.2	108.6	102.4	105.3
2008	105.0	112.9	104.3	110.6
2009	98.5	100.3	94.9	92.6
2010	103.8	114.8	106.2	112.0
2011	105.4	113.6	105.0	108.3
2012	102.2	104.3	97.3	96.7
2013	102.3	103.0	98.2	97.7
2014	102.1	99.5	98.8	98.2
2015	101.4	102.0	96.4	94.5
2016	101.9	104.5	98.3	97.8
2017	102.1	99.1	104.8	109.6
2018	102.3	100.8	103.4	105.1
2019	102.9	109.9	98.9	97.1
2020	102.3	107.3	96.9	95.9
2021	101.5	99.3	106.3	114.5
2022	102.2	101.5	104.0	106.1
2023	100.3	101.2	97.3	94.8

注：农产品生产者价格指数2000年前称农副产品收购价格指数。

3-2 居民消费价格指数（1978-2023）

（上年=100）

年份	居民消费价格指数		
	全省	城市	农村
1978		100.0	
1983		102.8	
1984	103.0	103.7	101.8
1985	114.8	115.1	114.3
1986	106.2	106.3	106.1
1987	108.8	110.9	106.4
1988	121.5	123.4	119.8
1989	118.2	116.8	119.6
1990	102.1	102.1	102.0
1991	103.5	105.6	101.5
1992	107.5	109.2	104.8
1993	119.8	121.4	117.4
1994	124.8	124.7	124.9
1995	116.6	117.0	116.4
1996	107.9	109.8	107.0
1997	102.8	104.1	102.1
1998	99.7	100.5	99.3
1999	98.8	99.5	98.5
2000	101.0	100.9	101.1
2001	99.8	99.6	100.0
2002	99.1	98.8	99.3
2003	101.9	100.5	102.9
2004	103.9	102.8	104.6
2005	101.3	101.5	101.2
2006	101.1	101.1	101.0
2007	104.2	103.9	104.4
2008	105.0	104.8	105.3
2009	98.5	98.7	98.2
2010	103.8	104.0	103.7
2011	105.4	105.3	105.6
2012	102.2	102.2	102.3
2013	102.3	102.3	102.4
2014	102.1	102.0	102.2
2015	101.4	101.4	101.4
2016	101.9	102.0	101.8
2017	102.1	102.1	102.0
2018	102.3	102.3	102.2
2019	102.9	102.8	103.2
2020	102.3	102.1	102.8
2021	101.5	101.5	101.4
2022	102.2	102.2	102.2
2023	100.3	100.3	100.3

注：城市居民消费价格指数 1984 年前称城镇职工生活费用价格指数。

3-3 居民消费价格指数（1988-2023）

（1985 年=100）

年份	居民消费价格指数		
	全省	城市	农村
1988	140.4	145.5	135.2
1989	165.9	169.9	161.8
1990	169.4	173.5	165.0
1991	175.4	183.2	167.5
1992	188.5	200.0	175.5
1993	225.8	242.9	206.0
1994	281.8	302.8	257.3
1995	328.6	354.3	299.5
1996	354.6	389.1	320.5
1997	364.5	405.0	327.2
1998	363.4	407.0	324.9
1999	359.1	405.0	320.1
2000	362.6	408.6	323.6
2001	361.9	407.0	323.6
2002	358.6	402.1	321.3
2003	365.4	404.1	330.6
2004	379.7	415.4	345.8
2005	384.6	421.6	349.9
2006	388.8	426.2	353.4
2007	405.1	442.8	368.9
2008	425.4	464.1	388.5
2009	419.0	458.1	381.5
2010	434.9	476.4	395.6
2011	458.4	501.6	417.8
2012	468.4	512.4	427.2
2013	479.2	524.0	437.4
2014	489.0	534.6	447.0
2015	495.9	542.1	453.4
2016	505.6	552.9	461.6
2017	516.3	564.7	471.1
2018	528.1	577.7	481.3
2019	543.3	593.9	496.6
2020	555.6	606.4	510.7
2021	563.9	615.6	518.1
2022	576.1	628.9	529.4
2023	577.8	630.6	531.2

3-4 居民消费定基价格指数（2023）

基期年份	居民消费价格指数		
	全　省	城　市	农　村
1978=100		895.9	
1986=100	544.1	593.4	500.7
1987=100	500.0	535.0	470.4
1988=100	411.6	433.6	392.8
1989=100	348.3	371.4	328.2
1990=100	341.1	364.0	321.8
1991=100	329.3	344.7	317.2
1992=100	306.4	315.7	302.6
1993=100	255.8	260.1	257.8
1994=100	205.0	208.5	206.3
1995=100	175.7	178.2	177.3
1996=100	163.0	162.1	165.8
1997=100	158.9	155.7	162.3
1998=100	159.2	154.9	163.8
1999=100	161.0	155.7	166.0
2000=100	159.5	154.3	164.4
2001=100	159.8	154.9	164.4
2002=100	161.2	156.9	165.3
2003=100	158.3	156.0	160.9
2004=100	152.2	151.9	153.5
2005=100	150.3	149.6	151.7
2006=100	148.6	148.0	150.5
2007=100	142.6	142.3	143.9
2008=100	135.8	135.8	136.7
2009=100	137.9	137.8	139.3
2010=100	132.8	132.5	134.3
2011=100	126.0	125.8	127.2
2012=100	123.3	123.0	124.3
2013=100	120.5	120.3	121.4
2014=100	118.1	117.9	118.8
2015=100	116.5	116.3	117.1
2016=100	114.3	114.1	115.0
2017=100	111.9	111.7	112.7
2018=100	109.4	109.2	110.3
2019=100	106.4	106.2	106.9
2020=100	104.0	104.0	104.0
2021=100	103.5	103.5	103.6
2022=100	100.3	100.3	100.3

3-5 居民消费价格分类指数（2018-2019）

（上年=100）

指　　标	2018			2019		
	全省	城市	农村	全省	城市	农村
居民消费价格总指数	**102.3**	**102.3**	**102.2**	**102.9**	**102.8**	**103.2**
#服务价格指数	102.3	102.3	102.4	102.0	102.0	101.9
一、食品烟酒	**102.6**	**102.8**	**101.9**	**106.2**	**105.8**	**107.3**
1.食品	102.6	102.8	102.0	108.0	107.4	109.6
(1)粮食	100.5	100.4	100.8	100.2	100.3	99.9
(2)薯类	105.5	105.2	106.3	102.9	103.3	101.7
(3)豆类	101.7	101.5	102.1	104.9	104.3	106.5
(4)食用油	99.3	99.4	99.1	102.0	101.4	103.6
(5)菜	107.2	107.2	107.3	104.8	104.7	105.1
#鲜菜	107.9	107.8	108.2	105.1	105.0	105.5
(6)畜肉类	98.3	98.5	98.0	126.3	125.1	129.4
#猪肉	96.3	96.3	96.4	133.1	131.9	135.9
(7)禽肉类	106.7	106.8	106.5	107.3	107.4	107.1
(8)水产品	103.8	103.8	103.6	98.7	98.3	100.1
(9)蛋类	109.6	109.6	109.5	103.9	104.0	103.5
(10)奶类	102.3	102.7	100.9	102.5	102.6	102.3
(11)干鲜瓜果类	103.8	104.3	101.8	112.3	112.3	112.3
(12)糖果糕点类	101.2	101.1	101.4	100.9	100.7	101.6
(13)调味品	102.0	101.7	102.6	102.8	102.9	102.4
(14)其他食品类	100.5	100.3	101.4	101.3	101.3	101.0
2.茶及饮料	101.4	101.6	100.9	102.2	102.2	102.3
3.烟酒	101.2	101.3	101.0	101.0	101.0	101.0
(1)烟草	100.0	100.0	100.0	100.1	100.0	100.1
(2)酒类	103.7	104.0	103.1	102.9	103.0	102.7
4.在外餐饮	103.5	103.6	102.8	104.0	104.0	103.9
二、衣着	**101.1**	**101.1**	**101.3**	**101.8**	**101.5**	**102.8**
1.服装	101.9	102.0	101.9	102.1	101.8	103.1
(1)男式服装	102.0	102.1	101.6	102.6	103.2	100.5
(2)女式服装	102.3	102.3	102.2	101.8	101.0	104.7
(3)儿童服装	100.1	99.8	101.3	101.6	100.9	104.1
2.服装材料	103.2	103.5	102.6	102.3	102.4	102.0
3.其他衣着及配件	100.0	99.5	101.9	101.1	101.3	100.3
4.衣着加工服务费	103.4	103.5	103.4	104.5	104.1	105.4
5.鞋类	98.0	97.7	99.1	100.3	99.8	101.8
(1)鞋	97.9	97.6	99.0	100.3	99.8	101.8
(2)鞋类加工服务	103.5	104.4	101.2	102.2	102.2	102.3

3-5 续表 1

指　　标	2018			2019		
	全省	城市	农村	全省	城市	农村
三、居住	**103.4**	**103.3**	**103.8**	**100.6**	**100.6**	**100.8**
1. 租赁房房租	103.9	103.9	104.1	100.6	100.7	100.6
2. 住房保养维修及管理	103.4	102.9	105.1	102.2	102.0	103.0
(1)住房装潢材料	103.9	103.7	104.5	100.9	100.7	101.7
(2)物业管理费	100.7	100.7	100.1	100.0	100.0	100.4
(3)住房装潢维修	104.3	103.3	107.3	105.5	105.5	105.4
3. 水电燃料	102.2	102.1	102.7	100.1	100.1	100.3
(1)水	101.3	101.4	101.0	100.8	101.1	100.0
(2)电	100.0	100.0	100.0	100.0	100.0	99.9
(3)燃气	107.1	106.5	108.6	100.0	99.7	100.9
(4)取暖费	100.0	100.0	100.0	100.0	100.0	100.0
(5)其他燃料	102.3	102.5	102.0	101.2	100.7	102.4
4. 自有住房	103.6	103.6	103.8	100.4	100.4	100.3
四、生活用品及服务	**101.4**	**101.4**	**101.2**	**101.8**	**102.1**	**101.0**
1. 家具及室内装饰品	101.7	101.5	102.2	101.7	102.1	100.6
(1)家具	101.9	101.8	102.2	102.0	102.4	100.8
(2)室内装饰品	100.2	99.5	102.4	99.3	99.2	99.6
2. 家用器具	99.5	99.4	99.7	99.9	99.6	100.7
(1)大型家用器具	99.7	99.6	99.8	99.8	99.6	100.2
(2)小家电	98.5	98.3	99.3	100.5	99.7	103.6
3. 家用纺织品	100.0	100.0	99.9	103.2	104.0	100.5
(1)床上用品	98.8	98.6	99.7	103.5	104.4	99.8
(2)窗帘门帘	109.4	111.7	101.8	104.6	104.4	105.4
(3)其他家用纺织品	100.5	100.7	99.4	99.4	99.1	101.2
4. 家庭日用杂品	102.0	102.2	101.7	102.4	103.0	100.7
(1)洗涤卫生用品	102.7	102.8	102.3	103.6	104.6	100.6
(2)厨具餐具茶具	102.1	102.2	101.9	101.9	102.3	100.6
(3)家用手工工具	102.5	102.1	103.1	101.8	101.6	102.2
(4)其他家庭日用杂品	101.1	101.3	100.8	101.1	101.2	100.8
5. 个人护理用品	100.1	100.0	101.0	102.3	102.3	102.0
(1)化妆品	99.9	99.7	101.1	102.9	103.0	102.4
(2)其他护理用品类	100.5	100.4	100.8	101.3	101.3	101.5
6. 家庭服务	107.6	107.7	106.9	103.7	103.6	104.6
五、交通通信	**101.0**	**100.9**	**101.4**	**99.0**	**99.0**	**98.9**
1. 交通	103.3	103.2	103.7	98.4	98.5	98.1
(1)交通工具	99.1	98.8	100.0	98.9	99.1	98.5
(2)交通工具用燃料	112.5	112.5	112.6	94.1	94.1	94.1
(3)交通工具使用和维修	102.4	102.1	103.4	102.5	102.9	101.1
(4)交通费	101.1	101.1	100.9	101.7	101.7	101.5

3-5 续表 2

指标	2018			2019		
	全省	城市	农村	全省	城市	农村
2. 通信	96.3	96.1	97.1	100.2	100.1	100.6
(1) 通信工具	93.4	92.6	95.9	101.7	101.6	101.9
(2) 通信服务	97.0	96.9	97.3	99.8	99.7	100.3
(3) 邮递服务	104.1	104.3	103.3	100.3	100.2	100.5
六、教育文化娱乐	**102.2**	**102.2**	**102.3**	**103.7**	**103.8**	**103.4**
1. 教育	103.0	103.0	102.8	104.4	104.6	103.9
(1) 教育用品	101.1	100.9	101.8	101.6	101.7	101.6
(2) 教育服务	103.0	103.1	102.9	104.5	104.7	104.0
2. 文化娱乐	101.1	101.1	100.6	102.6	102.7	102.0
(1) 文娱耐用消费品	96.6	96.5	96.7	99.7	99.4	100.8
(2) 其他文娱用品	103.2	103.1	103.6	103.9	104.0	103.1
(3) 文化娱乐服务	100.6	100.5	100.9	101.4	101.5	101.1
(4) 旅游	102.4	102.4	103.2	103.8	103.9	103.5
七、医疗保健	**102.6**	**103.0**	**101.6**	**104.8**	**105.3**	**103.2**
1. 药品及医疗器具	105.3	105.9	102.8	107.1	107.9	103.7
(1) 中药	105.5	106.0	103.8	104.8	104.9	104.2
(2) 西药	107.2	108.5	103.0	107.2	108.1	104.0
(3) 滋补保健品	103.2	103.3	102.7	110.5	111.9	103.3
(4) 医疗卫生器具	101.1	101.1	101.1	103.2	103.3	102.5
(5) 保健器具	100.3	100.7	97.4	100.1	100.2	98.9
2. 医疗服务	101.0	101.0	101.0	103.3	103.5	102.9
(1) 综合医疗类	103.0	102.4	104.5	106.3	106.2	106.5
(2) 诊断类	100.3	100.4	100.0	102.9	102.7	103.2
(3) 治疗类	100.5	100.7	100.1	101.4	102.0	99.7
(4) 康复类	101.0	101.4	99.9	103.4	104.5	100.7
(5) 中医医疗服务类	103.1	103.1	103.1	108.1	107.7	109.1
(6) 其他医疗服务	100.1	100.2	100.1	101.3	100.7	102.5
八、其他用品及服务	**100.2**	**100.0**	**101.2**	**103.2**	**103.2**	**103.3**
1. 其他用品类	99.2	98.9	100.5	104.8	104.7	105.1
(1) 首饰手表	98.8	98.5	100.1	107.3	107.3	107.4
(2) 其他杂项用品	99.8	99.5	101.2	100.4	100.2	101.2
2. 其他服务类	100.9	100.7	101.7	102.1	102.1	102.1
(1) 旅馆住宿	100.6	100.3	101.8	102.1	101.8	103.0
(2) 美容美发洗浴	103.1	102.8	104.1	104.4	104.6	103.7
(3) 养老服务	104.5	104.8	102.8	104.9	105.3	102.7
(4) 金融保险	98.0	98.0	98.3	100.0	100.0	100.0
(5) 其他服务类	103.8	103.7	104.2	100.8	100.9	99.9

3-6 居民消费价格分类指数（2020）

（上年=100）

指　　标	2020		
	全省	城市	农村
居民消费价格总指数	**102.3**	**102.1**	**102.8**
#服务价格指数	101.0	101.1	100.8
一、食品烟酒	**107.4**	**106.9**	**109.0**
1.食品	109.5	108.8	111.7
(1)粮食	101.7	101.7	101.5
(2)薯类	105.2	101.9	114.7
(3)豆类	105.8	105.7	106.3
(4)食用油	105.3	104.1	108.1
(5)菜	104.6	104.4	105.3
#鲜菜	105.1	104.8	106.0
(6)畜肉类	137.3	137.1	137.9
#猪肉	143.0	143.3	142.3
(7)禽肉类	104.0	104.6	102.4
(8)水产品	102.1	101.9	102.8
(9)蛋类	94.5	95.3	92.1
(10)奶类	100.8	100.8	101.0
(11)干鲜瓜果类	93.3	93.1	94.3
(12)糖果糕点类	102.7	103.1	101.3
(13)调味品	102.4	102.9	101.2
(14)其他食品类	102.9	103.1	102.2
2.茶及饮料	100.7	100.4	101.8
3.烟酒	100.8	100.5	101.4
(1)烟草	100.4	100.2	100.8
(2)酒类	101.6	101.2	102.5
4.在外餐饮	104.8	104.7	105.0
二、衣着	**100.5**	**100.5**	**100.5**
1.服装	100.9	101.0	100.8
(1)男式服装	101.3	101.5	100.7
(2)女式服装	100.5	100.6	100.3
(3)儿童服装	101.6	101.2	103.0
2.服装材料	100.1	100.3	99.5
3.其他衣着及配件	101.0	101.4	99.7
4.衣着加工服务费	103.2	103.0	103.7
5.鞋类	98.5	98.3	99.4
(1)鞋	98.5	98.2	99.4
(2)鞋类加工服务	101.1	101.1	100.9

3-6 续表1

指　　标	2020		
	全省	城市	农村
三、居住	**99.9**	**100.0**	**99.6**
1.租赁房房租	99.9	99.9	99.4
2.住房保养维修及管理	101.6	101.4	101.9
(1)住房装潢材料	100.1	99.8	101.0
(2)物业管理费	101.1	101.1	101.0
(3)住房装潢维修	104.0	104.2	103.3
3.水电燃料	98.9	99.0	98.8
(1)水	100.0	100.0	100.0
(2)电	100.0	100.0	100.0
(3)燃气	96.3	96.3	96.2
(4)取暖费	100.0	100.0	100.0
(5)其他燃料	101.0	100.5	102.0
4.自有住房	99.8	100.0	99.2
四、生活用品及服务	**101.6**	**101.8**	**100.8**
1.家具及室内装饰品	101.1	101.2	100.8
(1)家具	101.2	101.4	100.5
(2)室内装饰品	100.2	99.2	102.9
2.家用器具	98.7	98.3	99.8
(1)大型家用器具	98.7	98.3	99.6
(2)小家电	98.7	98.2	100.7
3.家用纺织品	102.4	102.1	103.5
(1)床上用品	102.6	102.3	103.8
(2)窗帘门帘	100.9	100.5	102.4
(3)其他家用纺织品	103.0	103.1	102.5
4.家庭日用杂品	102.2	102.9	100.3
(1)洗涤卫生用品	103.6	104.6	100.6
(2)厨具餐具茶具	102.3	103.1	100.0
(3)家用手工工具	101.5	101.6	101.2
(4)其他家庭日用杂品	100.4	100.6	100.0
5.个人护理用品	102.9	103.1	101.1
(1)化妆品	103.4	103.8	100.9
(2)其他护理用品类	102.0	102.1	101.4
6.家庭服务	105.3	105.5	104.0
五、交通通信	**96.5**	**96.3**	**97.0**
1.交通	94.9	94.9	95.3
(1)交通工具	97.1	97.0	97.4
(2)交通工具用燃料	86.0	86.0	85.9
(3)交通工具使用和维修	104.0	104.5	102.3
(4)交通费	97.5	97.1	98.9

3-6 续表 2

指　　标	2020		
	全省	城市	农村
2. 通信	99.8	99.6	100.4
(1) 通信工具	101.1	100.9	101.8
(2) 通信服务	99.4	99.2	100.1
(3) 邮递服务	99.1	99.0	99.4
六、教育文化娱乐	**101.8**	**101.8**	**101.8**
1. 教育	103.6	103.9	102.5
(1) 教育用品	101.2	101.6	100.0
(2) 教育服务	103.6	104.0	102.6
2. 文化娱乐	99.1	99.0	99.9
(1) 文娱耐用消费品	100.3	100.0	101.2
(2) 其他文娱用品	101.1	100.9	101.8
(3) 文化娱乐服务	100.4	100.7	99.0
(4) 旅游	97.5	97.5	97.7
七、医疗保健	**101.5**	**101.4**	**101.9**
1. 药品及医疗器具	98.5	98.0	100.5
(1) 中药	100.2	100.0	100.9
(2) 西药	95.7	94.9	98.5
(3) 滋补保健品	100.5	100.7	99.2
(4) 医疗卫生器具	105.8	103.3	117.8
(5) 保健器具	100.0	99.7	102.0
2. 医疗服务	103.5	103.9	102.5
(1) 综合医疗类	105.7	106.2	104.5
(2) 诊断类	104.4	105.0	103.1
(3) 治疗类	100.4	100.8	99.4
(4) 康复类	101.4	100.4	103.9
(5) 中医医疗服务类	108.4	108.9	107.2
(6) 其他医疗服务	101.1	101.5	100.1
八、其他用品及服务	**104.2**	**104.3**	**103.9**
1. 其他用品类	110.2	110.2	110.3
(1) 首饰手表	115.4	115.2	116.3
(2) 其他杂项用品	100.7	101.0	99.7
2. 其他服务类	100.2	100.4	99.6
(1) 旅馆住宿	99.5	100.1	97.8
(2) 美容美发洗浴	104.8	105.6	102.2
(3) 养老服务	101.5	101.7	100.9
(4) 金融保险	96.4	96.3	96.7
(5) 其他服务类	100.4	100.5	99.6

3-7 居民消费价格分类指数（2021-2022）

（上年=100）

指标	2021			2022		
	全省	城市	农村	全省	城市	农村
居民消费价格指数	**101.5**	**101.5**	**101.4**	**102.2**	**102.2**	**102.2**
#服务价格指数	101.3	101.3	101.2	101.0	101.1	100.7
一、食品烟酒	**100.7**	**100.8**	**100.1**	**102.6**	**102.6**	**102.5**
1.食品	99.8	99.9	99.3	102.7	102.8	102.5
(1)粮食	100.5	100.5	100.6	101.4	101.3	101.6
(2)薯类	97.9	98.2	96.7	107.9	108.3	106.1
(3)豆类	105.6	105.4	106.3	103.5	103.8	102.4
(4)食用油	109.8	110.0	109.1	107.2	107.2	107.3
(5)菜及食用菌	105.1	104.6	107.1	103.1	103.4	101.8
#鲜菜	105.6	105.0	108.0	102.8	103.1	101.3
(6)畜肉类	81.6	82.3	79.7	96.0	95.9	96.2
#猪肉	72.8	73.1	72.3	95.2	95.0	95.7
(7)禽肉类	95.6	95.3	96.6	103.9	103.8	104.2
(8)水产品	110.3	109.9	112.0	102.5	102.4	103.1
(9)蛋类	106.8	106.2	109.0	104.8	104.4	106.3
(10)奶类	103.3	103.3	103.3	100.5	100.4	101.0
(11)干鲜瓜果类	103.1	102.9	103.9	110.0	110.1	109.4
(12)糖果糕点类	102.5	102.6	102.0	103.8	103.8	103.9
(13)调味品	101.5	101.6	101.3	104.8	104.6	105.3
(14)其他食品类	101.1	100.9	101.8	103.4	103.2	104.2
2.茶及饮料	101.2	101.4	100.2	101.8	101.9	101.4
3.烟酒	101.4	101.5	101.4	102.7	102.6	103.0
(1)卷烟	100.9	100.7	101.4	102.6	102.2	103.9
(2)酒类	102.7	103.1	101.5	102.8	103.5	100.7
4.在外餐饮	102.8	102.8	103.1	102.1	102.0	102.1
二、衣着	**101.0**	**100.8**	**101.7**	**100.4**	**100.2**	**101.2**
1.服装	100.8	100.7	101.4	100.6	100.4	101.2
(1)男式服装	101.0	101.1	100.9	100.9	100.7	101.6
(2)女式服装	100.6	100.5	101.2	100.6	100.5	100.9
(3)儿童服装	100.5	100.0	102.5	99.0	98.4	101.3
(4)衣着材料及配件	101.5	101.4	102.1	100.8	100.8	100.7
(5)衣着服务费	101.3	100.4	104.7	103.4	103.9	101.8
2.鞋类	101.7	101.3	103.2	99.8	99.5	101.0
(1)鞋	101.7	101.3	103.2	99.8	99.5	101.1
(2)鞋类服务	103.7	103.1	106.0	100.9	102.4	95.7

3-7 续表 1

指　　标	2021			2022		
	全省	城市	农村	全省	城市	农村
三、居住	**100.9**	**100.8**	**101.1**	**100.7**	**100.6**	**101.1**
1. 租赁房房租	99.9	99.9	100.3	99.5	99.4	99.8
2. 住房保养维修及管理	104.7	105.2	102.8	104.6	105.0	103.0
(1)住房装潢材料	104.4	104.5	104.0	103.0	102.8	103.9
(2)住房维修管理费用	105.0	105.9	101.2	106.3	107.2	101.9
3. 水电燃料	101.7	101.4	102.7	102.8	102.4	104.2
(1)水	100.1	100.0	100.6	100.0	100.0	100.1
(2)电	100.0	100.0	100.0	100.0	100.0	100.0
(3)燃气	106.3	105.4	108.6	110.2	109.4	112.3
(4)其他水电燃料类	102.5	102.0	104.0	104.1	102.6	108.6
4. 自有住房	100.0	99.9	100.3	99.5	99.4	99.9
四、生活用品及服务	**101.6**	**101.4**	**102.5**	**101.8**	**101.6**	**102.2**
1. 家具及室内装饰品	101.4	100.6	104.2	100.2	99.4	102.8
(1)家具	101.6	100.7	104.4	100.3	99.3	103.2
(2)室内装饰品	100.5	99.9	102.6	100.0	100.1	99.6
2. 家用器具	102.2	101.8	103.6	103.2	103.3	102.8
(1)大型家用器具	102.5	102.2	103.7	103.5	103.7	102.7
(2)小家电	101.0	100.5	103.0	101.8	101.5	103.0
3. 家用纺织品	101.6	101.3	102.8	99.4	98.9	101.9
(1)床上用品	101.3	100.9	103.0	99.3	98.8	101.2
(2)窗帘门帘	104.0	103.8	104.6	103.5	102.3	107.6
(3)其他家用纺织品	102.0	102.7	98.2	96.6	95.9	100.2
4. 家庭日用杂品	101.2	101.3	101.1	101.0	100.9	101.0
(1)洗涤卫生用品	101.4	101.6	100.6	100.9	100.9	100.7
(2)厨具餐具茶具	99.7	100.1	98.1	101.6	101.1	103.2
(3)其他家庭日用杂品	101.9	101.5	102.9	100.7	100.9	100.3
5. 个人护理用品	99.9	100.1	98.9	102.3	102.3	102.7
(1)化妆品	99.1	99.3	97.8	102.6	102.6	102.6
(2)其他护理用品类	101.5	101.7	100.7	101.9	101.7	102.9
6. 家庭服务	104.0	103.8	105.7	102.7	102.7	102.3
五、交通通信	**104.1**	**104.2**	**103.6**	**105.1**	**105.1**	**105.0**
1. 交通	105.0	105.1	104.5	106.8	106.8	106.7
(1)交通工具	99.4	99.4	99.4	100.7	100.6	100.9
(2)交通工具用燃料	117.0	116.9	117.6	120.8	120.7	121.0
(3)交通工具使用和维修	103.5	103.9	101.9	102.7	102.6	103.0
(4)交通费	102.1	102.2	101.5	99.9	99.8	100.5
2. 通信	101.1	101.1	101.0	99.2	99.0	99.9
(1)通信工具	104.3	104.3	104.4	98.8	98.6	99.6
(2)通信服务	99.8	99.8	99.6	99.2	99.0	100.0
(3)邮递服务	99.7	99.4	100.9	100.5	100.6	100.1

3-7 续表2

指　　标	2021			2022		
	全省	城市	农村	全省	城市	农村
六、教育文化娱乐	**103.5**	**103.7**	**102.7**	**103.1**	**103.4**	**101.5**
1.教育	103.9	104.2	102.9	103.8	104.4	101.7
(1)教育用品	101.0	101.0	101.1	102.0	101.9	102.4
(2)教育服务	104.0	104.3	102.9	103.9	104.4	101.7
2.文化娱乐	102.9	103.0	102.4	101.8	101.9	101.1
(1)文娱耐用消费品	102.4	102.5	102.0	100.4	100.4	100.3
(2)其他文娱用品	100.4	100.4	100.6	101.2	101.1	101.5
(3)文化娱乐服务	102.2	102.2	102.1	100.1	100.1	99.9
(4)旅游	104.6	104.6	104.2	104.1	104.2	103.1
七、医疗保健	**100.8**	**100.5**	**101.6**	**100.3**	**100.2**	**100.9**
1.药品及医疗器具	100.0	99.9	100.3	99.8	99.9	99.4
(1)中药	100.4	100.5	100.0	93.8	93.8	93.6
(2)西药	99.5	99.3	100.2	102.1	102.4	101.3
(3)滋补保健品	99.5	99.4	99.8	100.4	100.4	100.0
(4)医疗卫生器具	102.3	102.3	102.3	99.4	99.3	100.0
(5)保健器具	99.6	99.6	99.2	101.0	101.2	100.1
2.医疗服务	101.1	100.8	102.1	100.5	100.3	101.4
(1)综合医疗类	102.0	101.4	104.1	101.3	101.3	101.1
(2)诊断类	101.2	100.7	102.5	101.0	100.8	101.6
(3)治疗类	100.4	100.5	100.0	98.8	98.2	100.6
(4)康复类	100.2	100.3	100.1	103.4	102.5	106.1
(5)中医医疗服务类	101.0	100.4	102.9	101.0	100.4	103.1
(6)其他医疗保健服务	100.8	100.7	100.9	100.9	101.4	99.5
八、其他用品及服务	**97.1**	**97.1**	**97.1**	**101.8**	**101.8**	**101.8**
1.其他用品	99.0	99.0	99.0	102.5	102.4	102.8
(1)首饰手表	98.0	97.9	98.6	101.8	101.7	102.5
(2)母婴用品	99.6	99.7	98.9	104.0	103.5	106.6
(3)其他杂项用品	100.8	101.0	99.9	103.1	103.4	101.4
2.其他服务	95.4	95.4	95.4	101.1	101.1	100.8
(1)在外住宿	101.5	101.6	100.9	99.4	99.6	98.0
(2)美容美发洗浴	101.9	101.7	102.4	102.7	102.8	102.2
(3)养老服务	103.7	104.1	101.4	100.7	100.3	103.3
(4)金融及保险服务	87.4	87.6	86.1	100.5	100.6	99.7
(5)中介法律及其他服务	100.5	100.4	101.1	100.8	100.9	100.0

3-8 居民消费价格分类指数（2023）

（上年=100）

指　　标	2023		
	全省	城市	农村
居民消费价格指数	**100.3**	**100.3**	**100.3**
#服务价格指数	100.9	100.9	100.9
一、食品烟酒	**100.6**	**100.5**	**100.9**
1.食品	100.3	100.3	100.3
(1)粮食	101.2	101.6	100.3
(2)薯类	103.9	104.2	102.7
(3)豆类	101.7	101.9	101.4
(4)食用油	101.0	101.4	99.6
(5)菜及食用菌	99.1	98.9	99.8
#鲜菜	98.8	98.6	99.5
(6)畜肉类	93.8	94.2	92.4
#猪肉	89.6	89.9	88.7
(7)禽肉类	104.9	105.0	104.6
(8)水产品	100.5	100.2	102.0
(9)蛋类	102.0	102.0	102.1
(10)奶类	101.6	101.7	101.2
(11)干鲜瓜果类	103.5	103.2	105.0
(12)糖果糕点类	101.4	101.0	103.3
(13)调味品	102.4	102.9	101.3
(14)其他食品类	101.5	101.0	103.2
2.茶及饮料	101.5	101.4	101.7
3.烟酒	100.5	100.0	101.9
(1)卷烟	100.8	100.2	102.5
(2)酒类	99.6	99.4	100.5
4.在外餐饮	101.5	101.3	102.4
二、衣着	**101.0**	**101.1**	**100.5**
1.服装	100.9	101.0	100.5
(1)男式服装	101.5	101.8	100.4
(2)女式服装	100.9	101.1	100.2
(3)儿童服装	98.9	98.2	101.7
(4)衣着材料及配件	101.4	101.4	101.1
(5)衣着服务费	100.4	99.6	103.1
2.鞋类	101.3	101.6	100.2
(1)鞋	101.1	101.3	100.2
(2)鞋类服务	111.4	114.9	98.1

3-8 续表 1

指　　标	2023		
	全省	城市	农村
三、居住	**99.6**	**99.5**	**99.9**
1. 租赁房房租	99.4	99.3	99.7
2. 住房保养维修及管理	100.3	100.2	100.7
(1) 住房装潢材料	99.5	99.5	99.7
(2) 住房维修管理费用	101.2	101.0	102.0
3. 水电燃料	100.1	100.1	100.0
(1) 水	100.3	100.0	101.4
(2) 电	100.0	100.0	100.0
(3) 燃气	99.7	99.9	99.0
(4) 其他水电燃料类	101.2	101.2	101.1
4. 自有住房	99.4	99.3	99.7
四、生活用品及服务	**100.4**	**100.5**	**100.1**
1. 家具及室内装饰品	100.1	99.9	100.5
(1) 家具	100.1	99.9	100.5
(2) 室内装饰品	100.1	99.9	100.8
2. 家用器具	99.7	99.9	99.1
(1) 大型家用器具	99.7	99.8	99.4
(2) 小家电	99.8	100.4	97.7
3. 家用纺织品	100.0	99.9	100.6
(1) 床上用品	100.2	100.0	100.8
(2) 窗帘门帘	100.2	100.2	100.5
(3) 其他家用纺织品	98.2	98.1	98.4
4. 家庭日用杂品	100.7	100.9	100.1
(1) 洗涤卫生用品	100.6	100.4	101.3
(2) 厨具餐具茶具	102.4	102.9	100.6
(3) 其他家庭日用杂品	99.9	100.4	98.6
5. 个人护理用品	101.4	101.3	101.5
(1) 化妆品	101.7	101.6	101.8
(2) 其他护理用品类	100.8	100.8	100.9
6. 家庭服务	100.8	100.7	101.5
五、交通通信	**97.9**	**97.8**	**98.2**
1. 交通	97.5	97.5	97.8
(1) 交通工具	97.1	96.9	97.6
(2) 交通工具用燃料	94.5	94.6	94.5
(3) 交通工具使用和维修	100.4	100.3	100.9
(4) 交通费	104.2	104.4	103.4
2. 通信	99.1	99.0	99.5
(1) 通信工具	97.2	97.0	98.0
(2) 通信服务	99.9	99.9	100.0
(3) 邮递服务	100.1	100.1	100.1

3-8 续表2

指　　标	2023		
	全省	城市	农村
六、教育文化娱乐	**102.8**	**103.0**	**101.9**
1. 教育	101.8	101.8	101.8
(1)教育用品	101.0	100.5	102.6
(2)教育服务	101.8	101.8	101.8
2. 文化娱乐	104.6	105.0	102.0
(1)文娱耐用消费品	99.5	99.9	97.8
(2)其他文娱用品	101.0	101.0	100.5
(3)文化娱乐服务	101.2	101.2	101.2
(4)旅游	110.9	111.1	109.0
七、医疗保健	**101.0**	**100.9**	**101.3**
1. 药品及医疗器具	100.9	100.7	101.4
(1)中药	105.5	105.0	107.6
(2)西药	98.9	98.7	99.3
(3)滋补保健品	100.4	100.4	100.5
(4)医疗卫生器具	102.8	102.7	103.2
(5)保健器具	100.6	101.1	98.5
2. 医疗服务	101.0	101.0	101.3
(1)综合医疗类	102.8	102.8	102.7
(2)诊断类	101.0	101.0	101.0
(3)治疗类	100.1	99.9	100.7
(4)康复类	101.4	102.3	98.8
(5)中医医疗服务类	98.9	98.1	101.7
(6)其他医疗保健服务	100.5	100.1	101.7
八、其他用品及服务	**103.6**	**103.6**	**103.7**
1. 其他用品	105.6	105.6	106.1
(1)首饰手表	109.8	109.6	110.7
(2)母婴用品	101.2	101.2	101.6
(3)其他杂项用品	100.1	100.0	100.5
2. 其他服务	101.7	101.7	101.5
(1)在外住宿	110.4	110.4	110.1
(2)美容美发洗浴	101.3	101.3	101.5
(3)养老服务	100.4	100.5	100.0
(4)金融及保险服务	100.3	100.3	100.0
(5)中介法律及其他服务	100.5	100.6	100.0

3-9 居民消费价格分类指数（2023 年 1 月）

指标	上年同月=100(同比)			上月=100(环比)		
	全省	城市	农村	全省	城市	农村
居民消费价格总指数	**102.4**	**102.3**	**102.8**	**101.2**	**101.3**	**100.9**
#服务价格指数	100.8	100.8	100.8	101.2	101.3	100.7
工业品价格指数	101.4	101.3	101.7	99.7	99.7	99.6
消费品价格指数	103.6	103.4	104.2	101.2	101.3	101.0
非食品价格指数	101.2	101.2	101.4	100.5	100.6	100.2
一、食品烟酒	**106.1**	**105.9**	**106.9**	**103.0**	**103.1**	**102.6**
1.食品	108.2	108.0	109.1	104.4	104.6	103.6
(1)粮食	101.0	101.2	100.4	100.1	100.2	99.9
(2)薯类	114.9	115.2	113.8	108.9	108.8	109.1
(3)豆类	102.5	102.4	102.9	101.1	101.0	101.2
(4)食用油	107.8	108.1	107.1	99.6	99.7	99.3
(5)菜及食用菌	114.5	114.0	116.4	117.6	117.6	117.7
#鲜菜	115.7	115.1	118.1	119.9	119.8	120.3
(6)畜肉类	110.9	110.7	111.4	96.8	97.2	95.4
#猪肉	117.4	117.9	116.1	94.7	95.2	93.3
(7)禽肉类	108.4	108.1	109.6	100.2	100.1	100.7
(8)水产品	108.4	107.8	111.0	108.8	109.3	106.9
(9)蛋类	107.1	106.5	108.9	99.0	99.3	98.1
(10)奶类	100.7	100.5	101.5	99.2	99.0	99.9
(11)干鲜瓜果类	110.1	110.0	110.7	107.6	107.4	108.7
(12)糖果糕点类	103.6	103.6	104.0	99.7	99.6	100.0
(13)调味品	104.7	105.3	103.2	99.7	99.6	100.1
(14)其他食品类	101.7	101.0	104.5	99.2	98.9	100.3
2.茶及饮料	101.6	101.7	101.4	99.8	99.7	100.2
3.烟酒	102.0	101.9	102.2	99.1	98.7	100.1
(1)卷烟	101.7	101.3	102.6	100.1	100.0	100.5
(2)酒类	102.7	103.1	101.4	96.7	95.9	99.2
4.在外餐饮	102.5	102.5	102.9	101.3	101.3	100.8
二、衣着	**100.5**	**100.0**	**102.2**	**99.2**	**99.2**	**99.0**
1.服装	100.6	100.2	102.5	99.2	99.2	99.0
(1)男式服装	101.4	101.1	102.7	99.0	99.0	99.1
(2)女式服装	100.7	100.4	102.0	99.3	99.4	99.0
(3)儿童服装	97.6	96.0	103.9	98.7	99.0	97.9
(4)衣着材料及配件	100.2	100.1	100.5	100.1	100.3	99.5
(5)衣着服务费	102.4	101.8	104.5	100.6	100.0	102.7
2.鞋类	99.7	99.4	100.9	99.2	99.3	98.9
(1)鞋	99.6	99.3	101.0	99.2	99.2	98.9
(2)鞋类服务	103.6	106.3	93.9	100.2	100.3	100.0

3-9 续表 1

指　标	上年同月=100(同比)			上月=100(环比)		
	全省	城市	农村	全省	城市	农村
三、居住	**99.6**	**99.6**	**100.0**	**100.0**	**100.0**	**100.0**
1. 租赁房房租	98.8	98.7	99.3	99.9	99.9	99.9
2. 住房保养维修及管理	102.1	102.4	100.7	100.1	100.1	100.0
(1)住房装潢材料	99.6	99.5	100.2	100.0	100.0	100.0
(2)住房维修管理费用	104.8	105.5	101.3	100.2	100.2	100.1
3. 水电燃料	101.3	101.2	101.7	100.2	100.2	100.2
(1)水	100.3	100.0	101.4	100.3	100.0	101.4
(2)电	100.0	100.0	100.0	100.0	100.0	100.0
(3)燃气	103.7	103.4	104.5	99.9	100.0	99.8
(4)其他水电燃料类	103.4	103.7	102.3	102.1	102.2	101.6
4. 自有住房	98.8	98.7	99.4	99.9	99.9	100.0
四、生活用品及服务	**101.9**	**101.9**	**101.9**	**100.4**	**100.6**	**99.9**
1. 家具及室内装饰品	99.5	99.4	100.0	100.2	100.2	100.2
(1)家具	99.4	99.3	100.0	100.4	100.3	100.5
(2)室内装饰品	100.0	100.1	99.5	99.3	99.6	98.1
2. 家用器具	102.4	102.8	100.9	100.1	100.2	100.0
(1)大型家用器具	102.8	103.3	101.1	100.2	100.2	100.2
(2)小家电	100.7	100.9	100.1	99.8	100.0	99.1
3. 家用纺织品	100.7	100.6	101.1	99.8	99.8	99.8
(1)床上用品	101.0	100.9	101.2	100.1	100.1	99.9
(2)窗帘门帘	101.1	101.1	101.0	100.1	100.0	100.3
(3)其他家用纺织品	97.6	97.2	99.6	96.5	96.2	98.3
4. 家庭日用杂品	102.6	102.4	103.1	100.0	100.0	99.8
(1)洗涤卫生用品	104.2	103.9	105.4	100.1	100.0	100.7
(2)厨具餐具茶具	103.9	103.6	104.9	100.3	100.6	99.2
(3)其他家庭日用杂品	100.0	99.9	100.1	99.5	99.6	99.3
5. 个人护理用品	104.2	103.9	105.9	99.7	99.8	99.1
(1)化妆品	105.3	105.0	107.7	99.4	99.6	98.3
(2)其他护理用品类	102.2	101.9	103.3	100.2	100.2	100.3
6. 家庭服务	100.0	99.8	101.4	104.3	104.8	100.8
五、交通通信	**101.9**	**101.9**	**101.6**	**100.6**	**100.7**	**100.3**
1. 交通	102.6	102.7	102.1	100.9	100.9	100.5
(1)交通工具	99.6	99.7	99.2	100.2	100.1	100.5
(2)交通工具用燃料	105.3	105.3	105.5	97.7	97.7	97.6
(3)交通工具使用和维修	104.4	104.8	102.9	103.5	104.0	101.3
(4)交通费	104.1	104.1	104.0	108.7	109.4	106.3
2. 通信	99.3	99.1	100.1	99.9	99.9	99.8
(1)通信工具	99.4	99.1	100.4	99.2	99.3	99.0
(2)通信服务	99.1	98.8	100.0	100.1	100.1	100.0
(3)邮递服务	101.2	101.5	99.7	100.9	100.9	100.5

3-9 续表 2

指　　标	上年同月=100(同比)			上月=100(环比)		
	全省	城市	农村	全省	城市	农村
六、教育文化娱乐	**102.8**	**103.0**	**102.1**	**101.9**	**102.1**	**101.0**
1.教育	100.9	100.9	101.1	99.9	99.9	100.0
(1)教育用品	101.4	100.7	104.1	98.5	98.1	100.0
(2)教育服务	100.9	100.9	101.0	100.0	100.0	100.0
2.文化娱乐	106.2	106.4	104.8	105.5	105.8	103.5
(1)文娱耐用消费品	100.9	100.9	101.0	99.8	100.0	98.8
(2)其他文娱用品	101.8	102.0	101.1	100.1	100.1	100.0
(3)文化娱乐服务	102.4	102.0	104.6	102.0	101.7	103.7
(4)旅游	113.0	113.1	111.9	112.8	112.9	111.4
七、医疗保健	**100.7**	**100.6**	**101.3**	**100.7**	**100.8**	**100.4**
1.药品及医疗器具	99.9	99.7	100.9	100.4	100.5	100.1
(1)中药	99.8	99.6	100.7	100.9	100.9	100.8
(2)西药	99.0	98.5	100.5	100.5	100.5	100.3
(3)滋补保健品	101.2	101.2	101.6	99.7	99.7	99.6
(4)医疗卫生器具	101.2	100.9	102.3	100.9	101.3	98.9
(5)保健器具	101.9	102.2	100.4	100.4	100.5	99.5
2.医疗服务	101.1	101.0	101.4	100.8	100.9	100.5
(1)综合医疗类	102.3	102.6	101.3	102.0	102.4	100.9
(2)诊断类	101.1	101.0	101.5	100.8	100.9	100.7
(3)治疗类	100.2	99.8	101.3	100.0	100.0	100.0
(4)康复类	101.5	101.9	100.4	101.3	101.9	99.4
(5)中医医疗服务类	101.0	100.2	103.7	100.4	100.0	101.5
(6)其他医疗保健服务	100.3	100.2	100.7	100.2	100.1	100.6
八、其他用品及服务	**103.4**	**103.3**	**103.7**	**101.7**	**101.7**	**101.4**
1.其他用品	105.7	105.5	106.8	101.5	101.6	101.1
(1)首饰手表	107.8	107.7	108.4	102.2	102.2	101.8
(2)母婴用品	108.3	107.8	111.4	100.2	100.2	99.8
(3)其他杂项用品	100.5	100.3	101.8	101.1	101.2	100.3
2.其他服务	101.2	101.3	100.8	101.8	101.8	101.8
(1)在外住宿	105.2	104.9	106.9	103.9	103.7	105.3
(2)美容美发洗浴	100.8	100.9	100.4	104.3	104.4	103.6
(3)养老服务	100.5	100.6	100.0	100.3	100.3	100.0
(4)金融及保险服务	100.9	101.1	100.0	100.1	100.1	100.0
(5)中介法律及其他服务	100.3	100.3	100.0	100.3	100.3	100.0

3-10 居民消费价格分类指数（2023年2月）

指　　标	上年同月=100(同比)			上月=100(环比)		
	全省	城市	农村	全省	城市	农村
居民消费价格总指数	**101.0**	**100.9**	**101.4**	**99.4**	**99.4**	**99.4**
#服务价格指数	100.1	100.0	100.5	99.3	99.2	99.6
工业品价格指数	100.8	100.7	101.0	100.2	100.3	100.1
消费品价格指数	101.7	101.6	102.1	99.5	99.6	99.3
非食品价格指数	100.5	100.5	100.9	99.7	99.7	99.9
一、食品烟酒	**102.7**	**102.6**	**103.2**	**98.7**	**98.8**	**98.4**
1.食品	103.3	103.2	103.7	98.1	98.2	97.6
(1)粮食	101.3	101.6	100.4	100.2	100.2	100.1
(2)薯类	114.4	115.3	110.7	103.7	103.9	102.8
(3)豆类	101.3	101.1	101.8	99.7	99.7	99.8
(4)食用油	107.7	107.9	107.1	99.4	99.4	99.7
(5)菜及食用菌	102.4	102.3	102.7	96.5	96.6	95.9
#鲜菜	102.1	102.0	102.5	95.9	96.1	95.3
(6)畜肉类	104.1	104.5	103.0	93.3	93.9	91.4
#猪肉	107.4	108.3	104.7	89.5	90.2	87.5
(7)禽肉类	107.9	107.6	108.9	100.3	100.2	100.5
(8)水产品	98.8	98.1	102.2	98.5	98.4	98.8
(9)蛋类	106.7	106.3	108.2	98.6	98.8	98.1
(10)奶类	101.9	101.9	101.8	100.5	100.6	100.0
(11)干鲜瓜果类	107.2	107.3	107.1	99.3	99.2	99.5
(12)糖果糕点类	103.5	103.5	103.3	99.9	100.0	99.6
(13)调味品	103.9	104.3	102.6	100.0	100.0	100.1
(14)其他食品类	103.9	103.5	105.4	99.4	99.1	100.5
2.茶及饮料	102.4	102.6	101.5	100.3	100.4	100.1
3.烟酒	101.6	101.3	102.4	100.1	100.1	100.1
(1)卷烟	101.5	101.0	102.8	100.0	100.0	100.1
(2)酒类	102.0	102.1	101.5	100.5	100.6	100.3
4.在外餐饮	101.6	101.5	102.0	99.8	99.8	99.7
二、衣着	**101.0**	**100.8**	**101.9**	**100.6**	**100.7**	**100.2**
1.服装	101.0	100.8	101.9	100.3	100.4	100.1
(1)男式服装	101.8	101.9	101.6	100.4	100.6	99.6
(2)女式服装	101.1	101.1	101.4	100.2	100.2	100.0
(3)儿童服装	98.3	96.7	104.2	101.0	100.9	101.5
(4)衣着材料及配件	100.6	100.3	101.9	100.7	100.5	101.8
(5)衣着服务费	100.8	100.3	102.3	99.6	100.0	98.3
2.鞋类	100.9	100.7	101.9	101.5	101.7	100.6
(1)鞋	100.8	100.5	102.1	101.4	101.6	100.6
(2)鞋类服务	106.8	111.0	91.7	103.6	104.4	100.0

3-10 续表 1

指　　标	上年同月=100(同比)			上月=100(环比)		
	全省	城市	农村	全省	城市	农村
三、居住	**99.3**	**99.1**	**100.0**	**100.0**	**100.0**	**100.1**
1.租赁房房租	98.8	98.6	99.6	100.2	100.2	100.1
2.住房保养维修及管理	100.1	100.0	100.4	99.5	99.3	100.1
(1)住房装潢材料	99.5	99.4	99.9	99.9	99.9	100.0
(2)住房维修管理费用	100.7	100.6	101.1	99.0	98.8	100.2
3.水电燃料	101.0	100.9	101.5	100.1	100.1	100.0
(1)水	100.3	100.0	101.4	100.0	100.0	100.0
(2)电	100.0	100.0	100.0	100.0	100.0	100.0
(3)燃气	103.2	102.9	104.1	100.6	100.8	100.3
(4)其他水电燃料类	102.2	102.2	102.0	98.8	98.6	99.7
4.自有住房	98.8	98.6	99.5	100.1	100.2	100.1
四、生活用品及服务	**101.6**	**101.7**	**101.4**	**99.4**	**99.3**	**99.9**
1.家具及室内装饰品	99.8	99.7	100.2	100.2	100.2	100.1
(1)家具	99.8	99.6	100.2	100.2	100.3	100.0
(2)室内装饰品	100.2	100.2	100.0	100.0	99.9	100.5
2.家用器具	101.3	101.9	99.4	100.0	100.0	99.8
(1)大型家用器具	101.4	102.1	99.3	100.0	100.0	99.9
(2)小家电	101.1	101.5	99.6	100.1	100.3	99.3
3.家用纺织品	100.6	100.5	100.6	99.8	99.9	99.6
(1)床上用品	100.6	100.6	100.8	99.5	99.5	99.7
(2)窗帘门帘	100.6	100.6	100.9	100.0	100.0	99.9
(3)其他家用纺织品	99.6	100.0	97.4	102.4	103.3	97.9
4.家庭日用杂品	102.9	102.7	103.3	100.4	100.4	100.5
(1)洗涤卫生用品	103.7	102.9	106.3	99.4	99.1	100.3
(2)厨具餐具茶具	104.5	104.9	103.3	101.6	101.7	101.0
(3)其他家庭日用杂品	101.0	101.2	100.6	101.1	101.3	100.5
5.个人护理用品	102.9	102.5	104.9	99.6	99.6	99.9
(1)化妆品	103.8	103.4	106.4	100.0	99.9	100.1
(2)其他护理用品类	101.2	101.0	102.6	99.0	98.9	99.5
6.家庭服务	101.0	101.0	101.2	94.5	93.9	98.1
五、交通通信	**100.2**	**100.2**	**100.4**	**99.3**	**99.3**	**99.5**
1.交通	100.5	100.5	100.5	99.2	99.1	99.4
(1)交通工具	99.8	99.9	99.3	100.1	100.2	99.8
(2)交通工具用燃料	100.4	100.4	100.5	101.0	101.0	101.0
(3)交通工具使用和维修	99.4	99.1	100.5	96.6	96.3	98.1
(4)交通费	103.9	103.7	104.3	94.5	94.2	95.9
2.通信	99.3	99.1	100.1	99.8	99.8	99.9
(1)通信工具	99.4	99.1	100.4	99.5	99.5	99.6
(2)通信服务	99.1	98.8	100.0	100.0	100.0	100.0
(3)邮递服务	100.9	101.1	99.9	99.1	99.1	99.4

3-10 续表 2

指标	上年同月=100(同比)			上月=100(环比)		
	全省	城市	农村	全省	城市	农村
六、教育文化娱乐	**101.4**	**101.5**	**101.3**	**99.0**	**98.8**	**99.6**
1. 教育	101.1	101.0	101.2	100.2	100.3	100.2
(1) 教育用品	102.1	101.5	104.1	100.6	100.8	100.0
(2) 教育服务	101.0	101.0	101.1	100.2	100.2	100.2
2. 文化娱乐	102.1	102.2	101.5	96.8	96.6	98.0
(1) 文娱耐用消费品	100.7	100.7	100.5	99.8	99.7	100.3
(2) 其他文娱用品	102.3	102.4	101.3	100.1	100.0	100.4
(3) 文化娱乐服务	100.3	100.3	99.7	99.0	99.3	97.5
(4) 旅游	104.1	104.1	104.8	93.0	92.9	94.8
七、医疗保健	**100.8**	**100.7**	**100.9**	**100.1**	**100.1**	**100.1**
1. 药品及医疗器具	100.4	100.1	101.4	100.3	100.4	100.1
(1) 中药	101.4	100.9	103.4	100.8	101.0	100.0
(2) 西药	99.0	98.6	100.4	100.2	100.2	100.0
(3) 滋补保健品	101.4	101.5	101.0	100.5	100.5	100.3
(4) 医疗卫生器具	102.1	101.8	103.6	100.2	100.0	101.0
(5) 保健器具	101.6	102.2	99.0	99.9	100.0	99.3
2. 医疗服务	100.9	101.0	100.7	100.0	100.0	100.1
(1) 综合医疗类	102.6	103.0	101.5	100.4	100.3	100.7
(2) 诊断类	100.9	101.0	100.8	100.0	100.0	100.0
(3) 治疗类	99.9	99.8	99.9	100.0	100.0	100.0
(4) 康复类	101.6	102.3	99.5	100.3	100.4	100.1
(5) 中医医疗服务类	98.9	98.0	101.7	98.3	97.8	100.0
(6) 其他医疗保健服务	100.3	100.2	100.6	100.0	100.0	100.0
八、其他用品及服务	**102.6**	**102.5**	**102.8**	**99.1**	**99.1**	**99.4**
1. 其他用品	103.9	103.6	105.3	99.5	99.4	100.0
(1) 首饰手表	104.7	104.5	105.7	98.9	98.9	99.2
(2) 母婴用品	108.4	107.8	111.8	100.9	100.6	102.4
(3) 其他杂项用品	100.1	99.9	101.2	100.0	99.9	100.1
2. 其他服务	101.3	101.5	100.5	98.7	98.7	98.7
(1) 在外住宿	104.0	104.5	100.8	99.3	99.8	96.5
(2) 美容美发洗浴	102.0	102.2	101.2	96.3	96.0	97.5
(3) 养老服务	100.5	100.6	100.0	100.0	100.0	100.0
(4) 金融及保险服务	100.6	100.7	100.0	100.0	100.0	100.0
(5) 中介法律及其他服务	100.0	100.0	100.0	99.7	99.6	100.0

3-11 居民消费价格分类指数（2023 年 3 月）

指　　标	上年同月=100(同比)			上月=100(环比)		
	全省	城市	农村	全省	城市	农村
居民消费价格总指数	**100.9**	**100.8**	**101.3**	**99.8**	**99.8**	**99.8**
#服务价格指数	100.5	100.4	100.7	100.2	100.2	100.2
工业品价格指数	99.4	99.4	99.7	99.9	99.9	100.0
消费品价格指数	101.2	101.1	101.6	99.5	99.5	99.6
非食品价格指数	100.2	100.1	100.4	100.1	100.0	100.1
一、食品烟酒	**103.3**	**103.1**	**103.9**	**99.1**	**99.1**	**99.1**
1.食品	104.2	104.1	104.7	98.6	98.6	98.6
(1)粮食	101.2	101.5	100.4	99.7	99.5	100.1
(2)薯类	114.6	115.3	111.8	99.9	100.0	99.2
(3)豆类	101.7	101.7	101.9	100.0	100.1	99.7
(4)食用油	107.1	107.5	105.9	100.1	100.2	99.9
(5)菜及食用菌	97.8	97.7	98.3	92.1	92.0	92.7
#鲜菜	97.2	97.1	97.5	91.5	91.4	92.0
(6)畜肉类	106.4	106.6	105.9	96.3	96.3	96.2
#猪肉	111.3	112.0	109.2	93.9	93.6	94.6
(7)禽肉类	109.3	108.9	110.6	100.9	100.9	101.1
(8)水产品	102.2	101.7	104.5	100.3	100.3	100.1
(9)蛋类	107.4	107.2	108.2	99.6	99.7	99.3
(10)奶类	101.0	100.9	101.4	99.6	99.6	99.5
(11)干鲜瓜果类	112.8	112.8	112.9	101.8	101.8	101.7
(12)糖果糕点类	101.0	100.3	103.7	99.3	99.0	100.7
(13)调味品	101.9	101.8	102.0	99.0	98.6	99.9
(14)其他食品类	100.7	99.5	105.1	99.5	99.2	100.4
2.茶及饮料	101.9	102.1	101.2	100.0	100.0	99.9
3.烟酒	101.6	101.5	101.9	100.6	100.8	100.0
(1)卷烟	101.4	101.0	102.5	100.0	100.0	100.1
(2)酒类	102.2	102.8	100.5	101.8	102.4	100.0
4.在外餐饮	101.6	101.4	102.4	99.6	99.5	100.2
二、衣着	**100.3**	**100.0**	**101.5**	**100.3**	**100.2**	**100.5**
1.服装	100.4	100.1	101.5	100.3	100.2	100.5
(1)男式服装	100.9	100.8	101.4	100.2	100.1	100.8
(2)女式服装	100.6	100.6	100.7	100.3	100.3	100.3
(3)儿童服装	97.7	95.8	104.9	100.3	100.2	100.9
(4)衣着材料及配件	100.6	100.3	101.9	100.3	100.3	100.0
(5)衣着服务费	100.2	99.3	103.7	99.4	98.9	101.1
2.鞋类	99.8	99.4	101.4	100.2	100.2	100.4
(1)鞋	99.6	99.1	101.6	100.1	100.1	100.4
(2)鞋类服务	112.6	118.0	93.1	105.2	106.4	100.0

3-11 续表 1

指　　标	上年同月=100(同比)			上月=100(环比)		
	全省	城市	农村	全省	城市	农村
三、居住	**99.1**	**99.0**	**99.7**	**100.0**	**100.1**	**100.0**
1.租赁房房租	98.8	98.6	99.5	100.1	100.1	100.0
2.住房保养维修及管理	100.2	100.2	100.6	100.1	100.0	100.2
(1)住房装潢材料	99.7	99.6	100.1	100.1	100.0	100.2
(2)住房维修管理费用	100.8	100.7	101.2	100.1	100.0	100.2
3.水电燃料	99.8	99.8	99.8	99.9	99.9	99.9
(1)水	100.3	100.0	101.4	100.0	100.0	100.0
(2)电	100.0	100.0	100.0	100.0	100.0	100.0
(3)燃气	98.0	97.9	98.4	99.5	99.5	99.7
(4)其他水电燃料类	102.9	103.3	101.6	100.0	99.9	100.0
4.自有住房	98.7	98.6	99.5	100.1	100.1	100.0
四、生活用品及服务	**101.4**	**101.5**	**101.1**	**99.7**	**99.6**	**99.8**
1.家具及室内装饰品	100.2	100.3	99.9	99.9	100.0	99.8
(1)家具	100.5	100.6	100.2	100.0	100.0	99.9
(2)室内装饰品	98.5	98.8	97.5	99.7	99.8	99.4
2.家用器具	101.5	101.9	100.2	100.2	100.0	100.8
(1)大型家用器具	101.6	101.9	100.6	100.2	99.9	101.0
(2)小家电	101.2	102.0	98.2	100.5	100.6	99.9
3.家用纺织品	100.2	100.0	101.0	100.0	99.8	100.5
(1)床上用品	100.2	100.0	101.1	100.0	99.8	100.6
(2)窗帘门帘	100.6	100.6	100.9	100.0	100.0	100.0
(3)其他家用纺织品	99.3	99.2	99.8	100.0	99.8	101.2
4.家庭日用杂品	102.3	102.4	102.3	99.2	99.2	99.2
(1)洗涤卫生用品	101.6	101.3	102.8	98.4	98.5	98.2
(2)厨具餐具茶具	105.1	105.7	103.0	99.7	99.7	99.6
(3)其他家庭日用杂品	101.8	101.9	101.6	99.9	99.9	100.0
5.个人护理用品	101.8	101.7	102.4	99.1	99.3	98.1
(1)化妆品	102.0	101.9	102.5	98.3	98.6	96.7
(2)其他护理用品类	101.5	101.4	102.2	100.5	100.6	100.2
6.家庭服务	101.2	101.2	101.3	99.7	99.6	100.0
五、交通通信	**98.6**	**98.6**	**98.6**	**99.9**	**99.9**	**100.0**
1.交通	98.3	98.4	98.3	99.9	99.9	100.0
(1)交通工具	99.1	99.2	98.8	99.2	99.1	99.4
(2)交通工具用燃料	93.5	93.5	93.5	99.8	99.8	99.8
(3)交通工具使用和维修	100.5	100.4	101.1	100.0	99.8	100.7
(4)交通费	106.5	106.8	105.6	102.4	102.7	101.5
2.通信	99.5	99.5	99.6	99.9	99.9	100.1
(1)通信工具	98.0	97.8	98.6	99.7	99.6	100.2
(2)通信服务	100.1	100.1	100.0	100.0	100.0	100.0
(3)邮递服务	100.4	100.5	100.0	100.0	100.0	100.1

3-11 续表2

指　　标	上年同月=100(同比)			上月=100(环比)		
	全省	城市	农村	全省	城市	农村
六、教育文化娱乐	**102.1**	**102.2**	**101.6**	**100.2**	**100.2**	**100.0**
1.教育	101.1	101.0	101.3	100.0	100.0	100.1
(1)教育用品	101.9	101.3	104.1	100.1	100.1	100.0
(2)教育服务	101.1	101.0	101.2	100.0	100.0	100.1
2.文化娱乐	103.9	104.1	102.3	100.4	100.5	99.7
(1)文娱耐用消费品	101.0	101.2	100.4	100.4	100.6	99.9
(2)其他文娱用品	101.5	101.6	100.7	99.9	100.0	99.9
(3)文化娱乐服务	100.9	100.9	100.3	99.5	99.6	98.9
(4)旅游	108.3	108.4	108.0	101.2	101.2	100.3
七、医疗保健	**100.8**	**100.7**	**101.2**	**100.1**	**100.0**	**100.3**
1.药品及医疗器具	100.4	100.2	101.3	100.1	100.2	100.0
(1)中药	102.6	102.0	104.9	100.2	100.2	100.1
(2)西药	99.0	98.8	99.7	100.1	100.1	100.0
(3)滋补保健品	100.5	100.4	101.3	100.1	100.1	100.0
(4)医疗卫生器具	102.7	102.4	103.7	100.6	100.7	100.1
(5)保健器具	101.6	102.2	98.7	99.9	100.0	99.3
2.医疗服务	101.0	101.0	101.1	100.1	100.0	100.4
(1)综合医疗类	102.9	103.0	102.5	100.2	100.0	101.0
(2)诊断类	101.0	101.0	100.8	100.0	100.0	100.0
(3)治疗类	100.0	99.8	100.5	100.1	100.0	100.5
(4)康复类	101.5	102.3	99.0	99.9	100.0	99.5
(5)中医医疗服务类	98.9	98.0	101.7	100.0	100.0	100.0
(6)其他医疗保健服务	100.3	99.8	101.8	100.3	100.0	101.2
八、其他用品及服务	**102.4**	**102.3**	**102.6**	**101.2**	**101.2**	**100.9**
1.其他用品	103.4	103.3	104.2	102.0	102.0	101.7
(1)首饰手表	103.6	103.4	104.5	102.6	102.5	102.7
(2)母婴用品	108.4	108.0	110.9	101.4	101.6	100.5
(3)其他杂项用品	100.4	100.5	100.2	101.1	101.2	100.4
2.其他服务	101.4	101.4	101.1	100.4	100.4	100.2
(1)在外住宿	107.7	107.8	106.7	104.2	104.5	102.3
(2)美容美发洗浴	101.5	101.5	101.4	99.8	99.7	100.1
(3)养老服务	100.5	100.6	100.0	100.1	100.1	100.0
(4)金融及保险服务	100.3	100.3	100.0	100.0	100.0	100.0
(5)中介法律及其他服务	100.0	100.0	100.0	100.0	100.0	100.0

3-12 居民消费价格分类指数（2023年4月）

指　标	上年同月=100(同比)			上月=100(环比)		
	全省	城市	农村	全省	城市	农村
居民消费价格总指数	**100.0**	**100.0**	**100.4**	**99.9**	**99.9**	**99.8**
#服务价格指数	100.7	100.6	100.9	100.3	100.4	100.2
工业品价格指数	98.8	98.8	98.9	99.8	99.8	99.6
消费品价格指数	99.6	99.5	100.0	99.6	99.6	99.5
非食品价格指数	100.0	99.9	100.2	100.1	100.1	100.0
一、食品烟酒	**100.6**	**100.3**	**101.4**	**99.4**	**99.3**	**99.4**
1.食品	100.3	100.1	101.0	99.2	99.2	99.1
(1)粮食	101.2	101.7	99.8	100.4	100.5	99.9
(2)薯类	98.6	98.3	99.8	99.8	99.6	100.7
(3)豆类	101.9	101.9	102.0	100.2	100.3	100.0
(4)食用油	106.0	106.6	104.1	99.7	99.9	99.1
(5)菜及食用菌	87.1	86.6	88.7	97.1	97.1	97.0
#鲜菜	85.3	85.0	86.8	96.8	96.8	96.7
(6)畜肉类	103.3	103.5	102.4	97.3	97.2	97.5
#猪肉	105.2	105.9	103.3	95.5	95.2	96.2
(7)禽肉类	108.1	107.9	108.7	100.6	100.7	100.1
(8)水产品	101.7	101.1	103.9	100.7	100.6	101.0
(9)蛋类	104.2	103.8	105.5	99.3	99.2	99.6
(10)奶类	102.0	102.1	101.5	101.3	101.6	100.1
(11)干鲜瓜果类	100.9	100.6	102.6	96.7	96.5	97.5
(12)糖果糕点类	102.2	101.9	103.6	101.7	101.9	100.8
(13)调味品	104.5	105.4	102.0	101.9	102.5	100.3
(14)其他食品类	101.7	101.0	104.2	102.2	102.9	100.0
2.茶及饮料	102.1	102.3	101.1	100.6	100.7	100.3
3.烟酒	100.9	100.3	102.4	99.6	99.3	100.2
(1)卷烟	100.9	100.2	102.8	99.5	99.3	100.1
(2)酒类	100.8	100.6	101.4	99.8	99.5	100.6
4.在外餐饮	101.2	101.0	102.3	99.7	99.7	100.0
二、衣着	**100.7**	**100.5**	**101.4**	**100.4**	**100.5**	**100.0**
1.服装	100.6	100.4	101.5	100.3	100.3	100.1
(1)男式服装	101.3	101.3	101.2	100.7	100.9	100.0
(2)女式服装	100.7	100.7	100.9	100.1	100.1	100.3
(3)儿童服装	97.8	96.1	104.5	99.7	99.8	99.5
(4)衣着材料及配件	100.8	100.8	100.6	100.2	100.4	99.5
(5)衣着服务费	100.1	99.0	103.9	100.0	100.0	100.2
2.鞋类	101.3	101.3	101.0	100.9	101.2	99.8
(1)鞋	101.0	101.0	101.0	100.9	101.2	99.8
(2)鞋类服务	114.3	118.0	100.0	100.0	100.0	100.0

3-12 续表 1

指　　标	上年同月=100（同比）			上月=100（环比）		
	全省	城市	农村	全省	城市	农村
三、居住	**99.3**	**99.2**	**99.7**	**100.0**	**100.0**	**99.9**
1. 租赁房房租	99.0	98.8	99.6	100.0	99.9	100.0
2. 住房保养维修及管理	100.3	100.2	100.6	100.1	100.1	100.0
(1) 住房装潢材料	99.8	99.8	100.1	100.1	100.2	99.9
(2) 住房维修管理费用	100.8	100.7	101.3	100.1	100.1	100.2
3. 水电燃料	99.8	99.9	99.4	99.9	100.0	99.6
(1) 水	100.3	100.0	101.4	100.0	100.0	100.0
(2) 电	100.0	100.0	100.0	100.0	100.0	100.0
(3) 燃气	98.4	98.5	98.0	99.8	99.9	99.4
(4) 其他水电燃料类	102.1	103.1	98.9	99.2	99.8	97.3
4. 自有住房	98.9	98.8	99.6	100.0	99.9	100.0
四、生活用品及服务	**100.8**	**101.0**	**99.9**	**99.9**	**100.0**	**99.5**
1. 家具及室内装饰品	100.2	100.1	100.3	100.1	100.1	100.0
(1) 家具	100.4	100.3	100.5	100.0	100.0	99.9
(2) 室内装饰品	98.7	98.9	98.1	100.5	100.4	101.0
2. 家用器具	100.4	100.9	98.7	99.2	99.3	99.1
(1) 大型家用器具	100.4	100.8	99.0	99.2	99.3	99.0
(2) 小家电	100.2	101.1	97.3	99.3	99.3	99.3
3. 家用纺织品	100.9	100.9	101.0	100.1	100.1	100.1
(1) 床上用品	101.1	101.1	101.1	100.1	100.2	99.9
(2) 窗帘门帘	100.5	100.6	100.4	99.9	100.0	99.7
(3) 其他家用纺织品	99.7	99.3	101.5	100.3	99.8	103.0
4. 家庭日用杂品	100.8	101.3	99.4	99.5	100.0	98.1
(1) 洗涤卫生用品	100.2	100.3	99.8	100.1	100.6	98.0
(2) 厨具餐具茶具	102.9	103.6	100.8	99.8	100.0	99.3
(3) 其他家庭日用杂品	100.4	101.2	98.4	98.7	99.1	97.7
5. 个人护理用品	101.4	101.3	102.4	101.3	101.2	102.3
(1) 化妆品	102.3	102.1	103.5	102.2	102.0	103.5
(2) 其他护理用品类	99.9	99.7	100.7	99.7	99.5	100.4
6. 家庭服务	101.3	101.3	101.5	100.1	100.1	100.1
五、交通通信	**97.4**	**97.3**	**97.6**	**99.7**	**99.7**	**99.7**
1. 交通	96.9	96.8	97.0	99.7	99.7	99.6
(1) 交通工具	98.2	98.2	98.3	99.2	99.2	99.2
(2) 交通工具用燃料	89.6	89.6	89.5	98.4	98.4	98.3
(3) 交通工具使用和维修	100.4	100.2	101.1	100.1	100.0	100.2
(4) 交通费	108.8	109.2	107.4	103.9	104.1	103.1
2. 通信	99.3	99.3	99.4	99.8	99.8	99.8
(1) 通信工具	97.4	97.3	98.0	99.4	99.5	99.3
(2) 通信服务	100.1	100.1	100.0	100.0	100.0	100.0
(3) 邮递服务	100.4	100.5	100.0	100.0	100.0	100.0

3-12 续表 2

指标	上年同月=100(同比)			上月=100(环比)		
	全省	城市	农村	全省	城市	农村
六、教育文化娱乐	**102.1**	**102.2**	**101.7**	**100.6**	**100.7**	**100.2**
1.教育	100.9	100.8	101.3	100.0	100.0	100.0
(1)教育用品	101.7	100.9	104.2	99.8	99.7	100.1
(2)教育服务	100.8	100.7	101.2	100.0	100.0	100.0
2.文化娱乐	104.3	104.6	102.6	101.7	101.9	100.7
(1)文娱耐用消费品	101.2	101.6	100.0	99.8	99.9	99.4
(2)其他文娱用品	101.5	101.7	100.3	100.0	100.0	100.1
(3)文化娱乐服务	100.7	100.8	100.6	99.6	99.6	99.6
(4)旅游	109.4	109.4	109.7	104.6	104.7	103.8
七、医疗保健	**100.8**	**100.7**	**101.2**	**100.0**	**100.0**	**100.1**
1.药品及医疗器具	100.4	100.2	101.3	100.1	100.0	100.2
(1)中药	103.0	102.4	105.4	100.4	100.3	100.7
(2)西药	99.1	98.9	99.9	100.1	100.1	100.1
(3)滋补保健品	100.1	100.0	100.3	99.8	99.7	100.0
(4)医疗卫生器具	102.9	102.6	104.1	100.1	100.0	100.5
(5)保健器具	100.5	101.0	98.4	100.0	100.0	100.0
2.医疗服务	101.0	101.0	101.1	100.0	100.0	100.0
(1)综合医疗类	102.9	103.0	102.5	100.0	100.0	100.0
(2)诊断类	101.0	101.0	100.9	100.0	100.0	100.1
(3)治疗类	100.0	99.8	100.5	100.0	100.0	100.0
(4)康复类	101.4	102.3	98.8	100.0	100.0	99.8
(5)中医医疗服务类	98.9	98.0	101.7	100.0	100.0	100.0
(6)其他医疗保健服务	100.5	100.0	101.8	100.0	100.0	100.0
八、其他用品及服务	**103.9**	**104.0**	**103.7**	**101.2**	**101.2**	**101.0**
1.其他用品	105.4	105.3	105.6	101.5	101.5	101.3
(1)首饰手表	107.7	107.6	108.7	103.2	103.2	103.2
(2)母婴用品	104.4	104.8	102.5	97.3	97.4	96.6
(3)其他杂项用品	101.2	101.1	102.0	100.4	100.4	100.5
2.其他服务	102.5	102.6	101.8	100.9	101.0	100.6
(1)在外住宿	118.5	119.1	114.4	108.2	108.4	106.9
(2)美容美发洗浴	101.6	101.6	101.4	100.1	100.1	100.0
(3)养老服务	100.5	100.6	100.0	100.0	100.0	100.0
(4)金融及保险服务	100.3	100.3	100.0	100.0	100.0	100.0
(5)中介法律及其他服务	100.0	100.0	100.0	100.0	100.0	100.0

3-13 居民消费价格分类指数（2023 年 5 月）

指　　标	上年同月=100(同比)			上月=100(环比)		
	全省	城市	农村	全省	城市	农村
居民消费价格总指数	**100.2**	**100.2**	**100.3**	**99.6**	**99.6**	**99.6**
#服务价格指数	100.8	100.7	100.9	99.9	99.9	99.9
工业品价格指数	98.5	98.6	98.5	99.9	99.9	99.9
消费品价格指数	99.8	99.8	100.0	99.5	99.5	99.4
非食品价格指数	99.9	99.9	100.0	99.9	99.9	99.9
一、食品烟酒	**101.3**	**101.2**	**101.8**	**99.0**	**99.0**	**98.9**
1.食品	101.4	101.4	101.6	98.5	98.5	98.4
(1)粮食	100.6	100.9	99.7	99.9	99.8	100.0
(2)薯类	96.8	96.3	98.9	98.5	98.8	97.3
(3)豆类	101.8	101.8	101.9	100.0	100.0	100.0
(4)食用油	104.6	105.4	102.2	99.1	99.1	99.1
(5)菜及食用菌	96.1	95.8	97.2	97.9	98.1	97.1
#鲜菜	95.3	95.0	96.3	97.6	97.9	96.7
(6)畜肉类	99.7	99.8	99.2	98.5	98.4	98.7
#猪肉	98.8	99.0	98.3	97.5	97.2	98.2
(7)禽肉类	106.8	106.8	107.1	99.8	100.0	99.2
(8)水产品	103.4	103.3	104.1	98.1	98.0	98.5
(9)蛋类	103.0	102.9	103.3	99.8	100.0	99.1
(10)奶类	102.4	102.6	101.6	100.5	100.6	100.3
(11)干鲜瓜果类	101.7	101.4	103.1	95.9	96.1	94.9
(12)糖果糕点类	101.7	101.3	103.3	99.9	99.8	100.3
(13)调味品	103.7	104.4	101.7	100.5	100.7	100.2
(14)其他食品类	102.0	101.8	102.8	99.9	100.0	99.5
2.茶及饮料	101.4	101.4	101.4	100.1	100.0	100.5
3.烟酒	100.9	100.5	102.2	99.8	99.8	99.9
(1)卷烟	100.8	100.1	102.7	100.0	100.0	100.0
(2)酒类	101.3	101.4	101.0	99.5	99.3	99.9
4.在外餐饮	101.2	101.0	102.3	100.0	100.0	100.0
二、衣着	**101.2**	**101.2**	**101.0**	**100.3**	**100.3**	**100.3**
1.服装	101.2	101.1	101.3	100.4	100.4	100.3
(1)男式服装	102.2	102.4	101.3	100.6	100.6	100.6
(2)女式服装	101.1	101.2	100.7	100.3	100.3	100.3
(3)儿童服装	98.5	97.2	103.6	99.9	99.9	100.0
(4)衣着材料及配件	101.9	102.0	101.4	100.2	100.1	100.7
(5)衣着服务费	100.2	99.2	103.8	100.2	100.2	100.1
2.鞋类	101.2	101.5	99.8	100.0	100.1	99.9
(1)鞋	101.0	101.3	99.8	100.0	100.1	99.9
(2)鞋类服务	114.3	118.0	100.0	100.0	100.0	100.0

3-13 续表 1

指标	上年同月=100(同比)			上月=100(环比)		
	全省	城市	农村	全省	城市	农村
三、居住	**99.3**	**99.2**	**99.6**	**99.9**	**99.9**	**99.8**
1.租赁房房租	99.1	99.0	99.5	99.9	99.9	99.8
2.住房保养维修及管理	100.2	100.1	100.5	100.0	100.0	99.9
(1)住房装潢材料	99.6	99.5	99.8	99.9	99.9	99.9
(2)住房维修管理费用	100.8	100.7	101.3	100.0	100.0	100.0
3.水电燃料	99.5	99.7	99.1	99.8	99.9	99.6
(1)水	100.3	100.0	101.4	100.0	100.0	100.0
(2)电	100.0	100.0	100.0	100.0	100.0	100.0
(3)燃气	97.7	98.1	96.6	99.3	99.5	98.6
(4)其他水电燃料类	101.1	101.6	99.8	100.0	100.0	100.0
4.自有住房	99.0	98.9	99.5	99.9	99.9	99.8
四、生活用品及服务	**100.6**	**100.8**	**99.7**	**99.9**	**99.9**	**99.9**
1.家具及室内装饰品	100.0	99.8	100.5	99.9	99.8	100.1
(1)家具	100.1	100.0	100.6	99.9	99.8	100.0
(2)室内装饰品	99.0	98.9	99.4	100.3	100.1	101.4
2.家用器具	99.5	99.9	98.0	99.5	99.6	99.2
(1)大型家用器具	99.5	99.9	98.2	99.4	99.5	99.2
(2)小家电	99.6	100.3	97.0	99.8	99.9	99.7
3.家用纺织品	100.6	100.6	100.7	100.0	100.1	99.7
(1)床上用品	101.0	101.0	100.9	100.2	100.2	99.9
(2)窗帘门帘	100.0	100.0	100.2	100.0	100.0	99.8
(3)其他家用纺织品	98.2	98.1	98.7	98.8	99.1	97.1
4.家庭日用杂品	101.4	101.8	99.8	100.2	100.1	100.5
(1)洗涤卫生用品	101.7	101.8	101.4	101.2	101.1	101.7
(2)厨具餐具茶具	102.7	103.6	99.8	98.7	98.3	100.3
(3)其他家庭日用杂品	100.3	101.0	98.3	99.7	99.9	99.4
5.个人护理用品	101.4	101.4	101.7	100.3	100.3	100.4
(1)化妆品	101.7	101.6	102.2	100.3	100.2	100.6
(2)其他护理用品类	100.9	100.9	101.0	100.4	100.5	100.2
6.家庭服务	101.3	101.3	101.5	100.0	100.0	100.1
五、交通通信	**96.9**	**96.8**	**97.1**	**99.4**	**99.3**	**99.6**
1.交通	96.2	96.2	96.4	99.2	99.2	99.6
(1)交通工具	97.3	97.2	97.7	99.2	99.0	99.8
(2)交通工具用燃料	88.9	88.9	88.8	99.9	99.9	99.9
(3)交通工具使用和维修	100.3	100.1	101.0	100.0	100.0	99.9
(4)交通费	109.2	109.8	106.9	97.5	97.3	98.1
2.通信	99.3	99.3	99.5	99.8	99.8	99.7
(1)通信工具	97.5	97.3	98.2	99.3	99.3	99.0
(2)通信服务	100.1	100.1	100.0	100.0	100.0	100.0
(3)邮递服务	100.4	100.5	100.0	100.0	100.0	100.0

3-13 续表 2

指标	上年同月=100(同比)			上月=100(环比)		
	全省	城市	农村	全省	城市	农村
六、教育文化娱乐	**102.3**	**102.4**	**101.7**	**100.1**	**100.1**	**100.1**
1. 教育	100.9	100.8	101.4	100.0	100.0	100.0
(1) 教育用品	102.1	101.6	104.1	100.4	100.6	99.8
(2) 教育服务	100.9	100.8	101.3	100.0	100.0	100.0
2. 文化娱乐	104.8	105.0	102.8	100.2	100.2	100.3
(1) 文娱耐用消费品	101.5	102.0	99.5	99.8	99.9	99.3
(2) 其他文娱用品	101.4	101.6	100.2	100.3	100.3	100.3
(3) 文化娱乐服务	101.0	101.1	100.4	100.2	100.3	100.2
(4) 旅游	110.1	110.0	111.1	100.4	100.3	101.3
七、医疗保健	**100.9**	**100.7**	**101.3**	**100.0**	**100.0**	**100.1**
1. 药品及医疗器具	100.5	100.2	101.8	100.1	100.0	100.4
(1) 中药	104.0	103.1	107.4	100.6	100.2	101.8
(2) 西药	98.7	98.4	100.0	99.9	99.9	100.1
(3) 滋补保健品	100.3	100.2	100.6	99.8	99.8	99.9
(4) 医疗卫生器具	103.6	103.4	104.0	100.6	100.8	99.9
(5) 保健器具	100.1	100.6	98.3	100.0	100.0	100.0
2. 医疗服务	101.0	101.0	101.1	100.0	100.0	100.0
(1) 综合医疗类	102.8	102.9	102.5	100.0	100.0	100.0
(2) 诊断类	101.0	101.0	100.9	100.0	100.0	100.0
(3) 治疗类	100.0	99.8	100.5	100.0	100.0	100.0
(4) 康复类	101.4	102.3	98.8	100.0	100.0	100.0
(5) 中医医疗服务类	98.9	98.0	101.7	100.0	100.0	100.0
(6) 其他医疗保健服务	100.5	100.0	101.8	100.0	100.0	100.0
八、其他用品及服务	**103.7**	**103.8**	**103.3**	**100.2**	**100.3**	**100.2**
1. 其他用品	104.8	104.8	104.8	100.4	100.5	100.2
(1) 首饰手表	108.8	108.6	110.1	101.3	101.3	101.2
(2) 母婴用品	99.5	99.9	97.6	99.9	99.8	100.4
(3) 其他杂项用品	99.8	99.8	99.5	98.9	99.1	98.1
2. 其他服务	102.7	102.8	101.8	100.1	100.0	100.1
(1) 在外住宿	120.4	121.2	115.1	100.5	100.4	101.2
(2) 美容美发洗浴	101.6	101.6	101.4	100.0	100.0	100.0
(3) 养老服务	100.5	100.6	100.0	100.0	100.0	100.0
(4) 金融及保险服务	100.3	100.3	100.0	100.0	100.0	100.0
(5) 中介法律及其他服务	100.0	100.0	100.0	100.0	100.0	100.0

3-14 居民消费价格分类指数（2023年6月）

指　　标	上年同月=100(同比)			上月=100(环比)		
	全省	城市	农村	全省	城市	农村
居民消费价格总指数	**99.9**	**99.8**	**100.1**	**99.8**	**99.8**	**99.8**
#服务价格指数	100.5	100.5	100.8	100.0	100.0	100.0
工业品价格指数	97.4	97.4	97.5	99.6	99.6	99.6
消费品价格指数	99.4	99.4	99.7	99.7	99.7	99.6
非食品价格指数	99.4	99.3	99.6	99.9	99.9	99.9
一、食品烟酒	**101.9**	**101.8**	**102.2**	**99.8**	**99.8**	**99.6**
1.食品	102.2	102.2	102.2	99.5	99.6	99.4
(1)粮食	100.6	100.9	99.8	99.7	99.7	99.8
(2)薯类	102.7	102.4	104.1	99.3	99.1	99.8
(3)豆类	101.7	101.9	101.0	100.0	100.0	100.0
(4)食用油	101.4	102.1	99.4	99.6	99.9	98.9
(5)菜及食用菌	106.9	106.6	108.0	102.8	102.9	102.6
#鲜菜	107.6	107.3	108.9	103.2	103.3	103.0
(6)畜肉类	97.7	97.9	96.9	99.1	99.1	99.3
#猪肉	95.2	95.4	94.8	98.7	98.5	99.4
(7)禽肉类	106.3	106.6	105.0	99.6	99.7	98.8
(8)水产品	100.8	100.4	102.5	97.2	96.9	98.3
(9)蛋类	102.5	102.5	102.4	98.8	98.9	98.6
(10)奶类	103.0	103.3	101.6	100.3	100.3	100.1
(11)干鲜瓜果类	103.7	103.5	104.8	99.5	100.0	97.3
(12)糖果糕点类	102.0	101.7	103.1	99.9	99.9	100.2
(13)调味品	103.1	103.8	101.4	100.0	100.1	99.8
(14)其他食品类	101.0	100.5	102.9	99.8	99.7	100.3
2.茶及饮料	101.4	101.2	102.0	99.9	99.8	100.3
3.烟酒	100.7	100.1	102.1	100.1	100.1	100.0
(1)卷烟	100.7	100.0	102.6	100.0	100.0	100.1
(2)酒类	100.6	100.5	100.8	100.2	100.3	99.7
4.在外餐饮	101.5	101.3	102.5	100.3	100.3	100.2
二、衣着	**101.2**	**101.3**	**101.0**	**99.7**	**99.7**	**99.7**
1.服装	101.2	101.2	101.2	99.6	99.7	99.6
(1)男式服装	102.2	102.4	101.3	99.6	99.6	99.6
(2)女式服装	101.1	101.2	100.8	99.8	99.7	99.9
(3)儿童服装	98.2	97.2	102.0	99.1	99.4	98.1
(4)衣着材料及配件	101.7	101.8	101.3	99.8	99.8	99.8
(5)衣着服务费	100.1	99.3	102.9	100.0	100.1	99.9
2.鞋类	101.6	101.8	100.5	99.8	99.7	100.3
(1)鞋	101.3	101.6	100.5	99.8	99.7	100.3
(2)鞋类服务	114.3	118.0	100.0	100.0	100.0	100.0

3-14 续表 1

指　标	上年同月=100(同比)			上月=100(环比)		
	全省	城市	农村	全省	城市	农村
三、居住	**99.4**	**99.4**	**99.7**	**100.0**	**100.1**	**100.0**
1.租赁房房租	99.3	99.2	99.7	100.1	100.1	100.0
2.住房保养维修及管理	100.3	100.1	100.9	100.0	99.9	100.3
(1)住房装潢材料	99.6	99.6	99.8	99.8	99.8	99.7
(2)住房维修管理费用	101.0	100.7	102.3	100.3	100.1	101.0
3.水电燃料	99.4	99.6	98.8	99.8	99.9	99.7
(1)水	100.3	100.0	101.4	100.0	100.0	100.0
(2)电	100.0	100.0	100.0	100.0	100.0	100.0
(3)燃气	97.5	98.2	95.7	99.4	99.5	99.1
(4)其他水电燃料类	100.1	100.5	98.9	100.0	100.0	100.0
4.自有住房	99.3	99.2	99.7	100.1	100.1	100.0
四、生活用品及服务	**100.2**	**100.4**	**99.5**	**99.8**	**99.9**	**99.6**
1.家具及室内装饰品	100.4	100.3	100.6	100.0	100.0	99.9
(1)家具	100.4	100.4	100.6	100.0	100.0	100.0
(2)室内装饰品	99.8	99.6	100.5	99.6	99.7	99.1
2.家用器具	99.1	99.4	98.1	99.5	99.5	99.3
(1)大型家用器具	98.9	99.1	98.3	99.4	99.5	99.2
(2)小家电	99.7	100.5	97.1	99.8	99.7	99.9
3.家用纺织品	100.8	100.8	100.7	100.2	100.2	100.2
(1)床上用品	101.1	101.1	101.1	100.3	100.3	100.3
(2)窗帘门帘	99.9	99.9	100.2	99.9	99.9	100.0
(3)其他家用纺织品	98.6	98.9	97.4	100.2	100.2	100.0
4.家庭日用杂品	100.4	100.8	99.1	99.8	99.9	99.7
(1)洗涤卫生用品	100.2	100.0	100.7	98.9	99.0	98.6
(2)厨具餐具茶具	101.0	102.2	97.3	99.8	100.2	98.6
(3)其他家庭日用杂品	100.4	101.2	98.4	100.9	100.8	101.3
5.个人护理用品	101.0	101.0	100.8	99.9	100.0	99.4
(1)化妆品	101.0	101.0	101.1	99.6	99.6	99.4
(2)其他护理用品类	100.9	100.9	100.4	100.5	100.8	99.3
6.家庭服务	101.2	101.1	101.5	100.1	100.1	100.0
五、交通通信	**94.3**	**94.2**	**94.9**	**99.4**	**99.4**	**99.5**
1.交通	93.0	92.8	93.5	99.3	99.3	99.4
(1)交通工具	97.2	97.1	97.8	99.8	99.8	99.8
(2)交通工具用燃料	82.3	82.4	82.2	98.7	98.8	98.7
(3)交通工具使用和维修	100.5	100.3	101.3	100.1	100.1	100.0
(4)交通费	102.8	103.0	101.9	98.4	98.3	98.8
2.通信	99.5	99.5	99.7	99.9	99.9	100.1
(1)通信工具	98.1	97.8	98.9	99.8	99.6	100.5
(2)通信服务	100.1	100.1	100.0	100.0	100.0	100.0
(3)邮递服务	100.4	100.5	100.0	100.0	100.0	100.0

3-14 续表 2

指标	上年同月=100(同比)			上月=100(环比)		
	全省	城市	农村	全省	城市	农村
六、教育文化娱乐	**101.8**	**101.8**	**101.7**	**100.0**	**100.0**	**100.0**
1.教育	100.9	100.8	101.6	100.0	100.0	100.1
(1)教育用品	102.1	101.6	104.0	99.9	99.9	99.9
(2)教育服务	100.9	100.8	101.5	100.0	100.0	100.1
2.文化娱乐	103.2	103.4	102.1	99.9	100.0	99.6
(1)文娱耐用消费品	99.6	100.1	97.8	99.2	99.3	98.8
(2)其他文娱用品	101.2	101.3	100.0	99.9	99.9	99.8
(3)文化娱乐服务	101.0	101.0	101.2	99.8	99.9	99.6
(4)旅游	107.1	106.9	109.4	100.3	100.3	100.4
七、医疗保健	**101.0**	**100.8**	**101.5**	**100.1**	**100.0**	**100.2**
1.药品及医疗器具	100.7	100.4	101.9	100.0	100.0	100.1
(1)中药	104.3	103.3	108.3	100.5	100.4	100.8
(2)西药	98.9	98.7	99.6	99.8	99.8	99.8
(3)滋补保健品	100.5	100.5	100.9	100.3	100.3	100.3
(4)医疗卫生器具	103.6	103.5	104.1	100.0	100.0	100.0
(5)保健器具	100.4	100.6	99.4	99.9	100.0	99.1
2.医疗服务	101.0	100.9	101.4	100.1	100.0	100.2
(1)综合医疗类	102.9	102.9	103.1	100.1	100.0	100.6
(2)诊断类	101.0	101.0	101.0	100.0	100.0	100.1
(3)治疗类	100.0	99.8	100.7	100.1	100.0	100.2
(4)康复类	101.4	102.3	98.8	100.0	100.0	100.0
(5)中医医疗服务类	98.7	97.8	101.7	100.0	100.0	100.0
(6)其他医疗保健服务	100.5	100.0	101.9	100.0	100.0	100.0
八、其他用品及服务	**103.0**	**103.0**	**103.0**	**99.3**	**99.2**	**99.8**
1.其他用品	104.2	104.2	104.4	99.1	99.0	99.9
(1)首饰手表	109.0	108.7	110.5	99.1	99.0	99.8
(2)母婴用品	97.9	98.7	93.8	99.9	100.1	98.8
(3)其他杂项用品	98.5	98.2	100.2	98.7	98.4	100.6
2.其他服务	101.8	101.9	101.6	99.4	99.3	99.8
(1)在外住宿	111.9	112.0	111.0	94.3	93.9	97.4
(2)美容美发洗浴	101.5	101.5	101.6	100.2	100.2	100.2
(3)养老服务	100.5	100.6	100.0	100.0	100.0	100.0
(4)金融及保险服务	100.3	100.3	100.0	100.0	100.0	100.0
(5)中介法律及其他服务	100.0	100.0	100.0	100.0	100.0	100.0

3-15 居民消费价格分类指数（2023 年 7 月）

指　　标	上年同月=100(同比)			上月=100(环比)		
	全省	城市	农村	全省	城市	农村
居民消费价格总指数	**99.5**	**99.5**	**99.6**	**100.2**	**100.2**	**100.2**
#服务价格指数	100.8	100.9	100.7	100.6	100.7	100.2
工业品价格指数	97.9	97.9	98.0	100.1	100.0	100.3
消费品价格指数	98.7	98.6	98.8	100.0	99.9	100.2
非食品价格指数	99.7	99.7	99.8	100.3	100.3	100.3
一、食品烟酒	**99.5**	**99.5**	**99.7**	**99.9**	**99.8**	**100.1**
1.食品	98.6	98.7	98.4	99.9	99.8	99.9
(1)粮食	100.8	101.0	100.2	100.3	100.1	100.6
(2)薯类	102.9	103.4	100.9	98.9	99.3	97.1
(3)豆类	101.8	102.1	100.8	100.1	100.1	99.9
(4)食用油	97.5	97.7	97.1	98.6	98.4	99.3
(5)菜及食用菌	99.3	99.1	100.3	100.3	100.1	101.1
#鲜菜	99.0	98.7	100.1	100.3	100.1	101.3
(6)畜肉类	86.0	86.5	84.3	100.3	100.3	100.3
#猪肉	76.7	76.7	76.6	100.7	100.6	100.9
(7)禽肉类	104.7	105.0	103.6	99.6	99.6	99.7
(8)水产品	100.4	100.1	101.7	101.8	102.1	100.7
(9)蛋类	101.5	101.5	101.3	99.1	99.1	99.0
(10)奶类	102.1	102.2	101.6	99.4	99.3	100.1
(11)干鲜瓜果类	102.4	102.0	104.1	96.5	96.5	96.5
(12)糖果糕点类	100.6	100.0	103.1	100.4	100.3	100.7
(13)调味品	101.4	101.4	101.4	99.8	99.5	100.3
(14)其他食品类	101.0	100.3	103.6	100.7	100.8	100.5
2.茶及饮料	101.5	101.4	102.1	100.4	100.4	100.3
3.烟酒	100.4	99.8	102.1	99.8	99.6	100.3
(1)卷烟	100.7	100.0	102.6	100.1	100.1	100.3
(2)酒类	99.8	99.4	100.8	99.0	98.7	100.1
4.在外餐饮	101.5	101.3	102.6	99.9	99.8	100.4
二、衣着	**100.8**	**100.9**	**100.3**	**99.7**	**99.7**	**99.8**
1.服装	100.6	100.7	100.3	99.7	99.7	99.7
(1)男式服装	101.1	101.3	100.1	99.4	99.3	99.8
(2)女式服装	100.9	101.0	100.1	99.8	99.9	99.6
(3)儿童服装	98.2	97.5	100.9	100.4	100.6	99.6
(4)衣着材料及配件	101.6	101.6	101.6	99.8	99.7	100.1
(5)衣着服务费	100.1	99.3	102.9	100.0	100.0	100.0
2.鞋类	101.3	101.6	100.4	99.7	99.6	100.2
(1)鞋	101.1	101.3	100.4	99.7	99.6	100.2
(2)鞋类服务	114.4	118.1	100.0	100.0	100.0	100.0

3-15 续表 1

指　　标	上年同月=100(同比)			上月=100(环比)		
	全省	城市	农村	全省	城市	农村
三、居住	**99.6**	**99.6**	**99.5**	**100.0**	**100.0**	**100.0**
1.租赁房房租	99.5	99.5	99.2	100.1	100.1	99.8
2.住房保养维修及管理	100.4	100.2	100.9	100.0	100.0	100.2
(1)住房装潢材料	99.7	99.7	99.5	99.9	99.9	99.9
(2)住房维修管理费用	101.1	100.8	102.7	100.1	100.1	100.6
3.水电燃料	99.4	99.4	99.3	99.8	99.6	100.3
(1)水	100.3	100.0	101.4	100.0	100.0	100.0
(2)电	100.0	100.0	100.0	100.0	100.0	100.0
(3)燃气	97.2	97.4	96.6	99.1	98.6	100.2
(4)其他水电燃料类	100.5	100.1	101.6	100.3	99.5	102.8
4.自有住房	99.4	99.5	99.3	100.0	100.1	99.8
四、生活用品及服务	**100.2**	**100.3**	**99.7**	**100.2**	**100.1**	**100.7**
1.家具及室内装饰品	100.0	99.8	100.6	99.8	99.7	100.1
(1)家具	100.0	99.8	100.6	99.6	99.5	100.0
(2)室内装饰品	99.9	99.7	100.3	101.0	100.9	101.2
2.家用器具	98.8	99.0	98.3	100.6	100.5	101.1
(1)大型家用器具	98.8	98.8	98.6	100.8	100.6	101.3
(2)小家电	99.1	99.7	96.8	99.8	99.7	100.2
3.家用纺织品	100.1	100.0	100.6	99.2	99.0	99.8
(1)床上用品	100.4	100.2	100.9	99.2	99.1	99.8
(2)窗帘门帘	100.1	99.9	100.8	100.1	100.0	100.6
(3)其他家用纺织品	97.9	98.1	96.9	97.7	97.6	98.2
4.家庭日用杂品	100.4	100.8	99.1	100.1	99.9	100.9
(1)洗涤卫生用品	100.7	100.6	101.3	100.6	100.3	101.8
(2)厨具餐具茶具	102.0	102.9	99.1	100.6	100.4	101.3
(3)其他家庭日用杂品	99.1	99.9	97.1	99.3	99.1	99.8
5.个人护理用品	101.8	101.8	101.5	100.7	100.7	100.4
(1)化妆品	102.3	102.3	102.1	100.9	101.0	100.5
(2)其他护理用品类	100.9	100.9	100.5	100.2	100.2	100.3
6.家庭服务	101.1	101.0	101.9	99.9	99.9	100.5
五、交通通信	**95.3**	**95.1**	**96.0**	**100.6**	**100.6**	**100.7**
1.交通	94.3	94.1	94.9	100.8	100.8	100.9
(1)交通工具	96.3	95.9	97.6	99.1	98.9	99.8
(2)交通工具用燃料	86.8	86.8	86.7	101.8	101.8	101.9
(3)交通工具使用和维修	100.1	99.9	100.9	99.8	99.7	100.0
(4)交通费	103.1	103.4	101.7	104.5	104.8	103.1
2.通信	99.1	99.1	99.3	100.0	100.0	100.1
(1)通信工具	96.9	96.7	97.5	100.2	100.2	100.4
(2)通信服务	100.1	100.1	100.0	100.0	100.0	100.0
(3)邮递服务	99.9	99.8	100.3	99.5	99.3	100.3

3-15 续表2

指　　标	上年同月=100(同比)			上月=100(环比)		
	全省	城市	农村	全省	城市	农村
六、教育文化娱乐	**102.6**	**102.7**	**102.0**	**101.3**	**101.5**	**100.6**
1.教育	101.0	100.8	102.0	100.0	100.0	100.2
(1)教育用品	102.2	101.7	103.7	100.1	100.2	99.9
(2)教育服务	101.0	100.7	102.0	100.0	100.0	100.3
2.文化娱乐	105.2	105.7	102.1	103.5	103.8	101.5
(1)文娱耐用消费品	98.9	99.4	96.8	99.8	99.9	99.3
(2)其他文娱用品	101.2	101.4	100.4	100.0	100.0	100.4
(3)文化娱乐服务	101.6	101.6	101.2	100.3	100.2	100.8
(4)旅游	111.9	112.0	109.9	108.4	108.7	105.2
七、医疗保健	**101.0**	**100.9**	**101.3**	**100.1**	**100.1**	**100.0**
1.药品及医疗器具	101.0	100.9	101.3	100.3	100.4	99.8
(1)中药	107.0	106.4	109.1	102.1	102.3	101.2
(2)西药	98.5	98.5	98.6	99.8	99.9	99.3
(3)滋补保健品	100.2	100.2	100.1	100.1	100.2	100.0
(4)医疗卫生器具	103.5	103.5	103.7	100.0	100.0	100.0
(5)保健器具	100.2	100.5	98.5	100.0	100.0	100.1
2.医疗服务	101.0	100.9	101.4	100.0	100.0	100.0
(1)综合医疗类	102.9	102.9	103.1	100.0	100.0	100.0
(2)诊断类	101.0	101.0	101.0	100.0	100.0	100.0
(3)治疗类	100.0	99.8	100.7	100.0	100.0	100.0
(4)康复类	101.4	102.3	98.8	100.0	100.0	100.0
(5)中医医疗服务类	98.7	97.8	101.7	100.0	100.0	100.0
(6)其他医疗保健服务	100.5	100.0	101.9	100.0	100.0	100.0
八、其他用品及服务	**104.5**	**104.4**	**104.7**	**100.5**	**100.5**	**100.7**
1.其他用品	107.6	107.5	108.2	100.7	100.6	101.3
(1)首饰手表	113.9	113.7	114.8	100.5	100.5	100.4
(2)母婴用品	100.3	100.1	101.2	101.2	100.6	104.4
(3)其他杂项用品	100.1	99.9	101.0	100.8	100.8	101.2
2.其他服务	101.5	101.5	101.4	100.3	100.3	100.1
(1)在外住宿	108.7	108.7	108.4	102.4	102.6	101.2
(2)美容美发洗浴	101.5	101.5	101.6	100.0	100.0	100.0
(3)养老服务	100.4	100.4	100.0	100.0	100.0	100.0
(4)金融及保险服务	100.1	100.1	100.0	100.0	100.0	100.0
(5)中介法律及其他服务	100.0	100.0	100.0	100.0	100.0	100.0

3-16 居民消费价格分类指数（2023 年 8 月）

指标	上年同月=100(同比)			上月=100(环比)		
	全省	城市	农村	全省	城市	农村
居民消费价格总指数	**99.9**	**100.0**	**99.8**	**100.1**	**100.1**	**100.2**
#服务价格指数	101.1	101.2	100.8	100.0	99.9	100.0
工业品价格指数	99.0	99.0	98.9	100.6	100.7	100.3
消费品价格指数	99.1	99.1	99.2	100.2	100.2	100.2
非食品价格指数	100.3	100.3	100.2	100.2	100.2	100.1
一、食品烟酒	**99.2**	**99.2**	**99.5**	**99.8**	**99.7**	**100.2**
1.食品	98.3	98.3	98.3	99.8	99.7	100.2
(1)粮食	101.3	101.7	100.3	100.6	100.8	100.1
(2)薯类	102.6	103.1	100.5	98.9	98.6	100.3
(3)豆类	101.7	102.0	100.9	100.0	100.0	100.0
(4)食用油	97.1	97.4	96.1	99.5	99.5	99.5
(5)菜及食用菌	95.7	95.6	96.0	99.6	99.7	99.5
#鲜菜	95.0	94.9	95.1	99.4	99.5	99.2
(6)畜肉类	89.5	89.7	88.7	104.2	103.9	105.1
#猪肉	83.0	82.8	83.5	108.3	108.1	108.6
(7)禽肉类	103.3	103.5	102.7	100.0	99.9	100.1
(8)水产品	100.1	99.9	101.1	97.8	97.6	98.5
(9)蛋类	102.4	102.3	102.6	102.4	102.2	103.2
(10)奶类	101.7	101.8	101.2	100.0	100.1	99.8
(11)干鲜瓜果类	100.1	99.7	102.1	97.2	97.1	97.5
(12)糖果糕点类	100.3	99.7	102.7	99.5	99.4	99.9
(13)调味品	101.6	101.8	101.1	100.6	100.9	99.9
(14)其他食品类	101.6	101.3	102.9	100.6	100.9	99.5
2.茶及饮料	100.9	100.7	102.1	99.6	99.4	100.2
3.烟酒	100.3	99.8	101.7	99.9	99.9	100.0
(1)卷烟	100.7	100.2	102.3	100.2	100.1	100.4
(2)酒类	99.4	99.1	100.1	99.3	99.4	99.0
4.在外餐饮	101.4	101.2	102.8	99.9	99.8	100.1
二、衣着	**100.8**	**101.1**	**99.5**	**100.5**	**100.8**	**99.6**
1.服装	100.7	101.0	99.3	100.5	100.8	99.5
(1)男式服装	101.4	102.1	98.4	100.8	101.2	99.0
(2)女式服装	100.6	100.9	99.5	100.2	100.3	99.7
(3)儿童服装	98.8	98.2	100.7	101.4	101.7	100.1
(4)衣着材料及配件	101.7	102.0	100.4	100.0	100.2	99.1
(5)衣着服务费	100.1	99.3	102.9	100.0	100.0	100.0
2.鞋类	100.9	101.1	100.1	100.6	100.7	99.9
(1)鞋	100.7	100.8	100.1	100.6	100.7	99.9
(2)鞋类服务	114.4	118.1	100.0	100.0	100.0	100.0

3-16 续表 1

指　　标	上年同月=100(同比)			上月=100(环比)		
	全省	城市	农村	全省	城市	农村
三、居住	**99.7**	**99.7**	**99.7**	**100.1**	**100.0**	**100.2**
1.租赁房房租	99.6	99.6	99.4	100.0	99.9	100.1
2.住房保养维修及管理	100.2	100.1	100.9	99.9	99.9	100.0
(1)住房装潢材料	99.4	99.4	99.4	99.8	99.7	100.0
(2)住房维修管理费用	101.1	100.8	102.7	100.0	100.0	100.0
3.水电燃料	99.9	99.9	99.8	100.4	100.5	100.4
(1)水	100.3	100.0	101.4	100.0	100.0	100.0
(2)电	100.0	100.0	100.0	100.0	100.0	100.0
(3)燃气	99.2	99.6	98.2	101.8	102.0	101.3
(4)其他水电燃料类	100.4	100.0	101.5	99.9	99.9	100.1
4.自有住房	99.6	99.6	99.4	100.0	100.0	100.1
四、生活用品及服务	**99.8**	**99.8**	**99.6**	**99.7**	**99.7**	**99.7**
1.家具及室内装饰品	99.9	99.7	100.7	99.8	99.7	99.9
(1)家具	99.9	99.6	100.7	99.8	99.7	100.0
(2)室内装饰品	100.3	100.0	101.3	99.6	99.6	99.5
2.家用器具	98.4	98.4	98.3	99.6	99.7	99.4
(1)大型家用器具	98.3	98.2	98.8	99.6	99.7	99.4
(2)小家电	98.7	99.4	96.1	99.6	99.7	99.1
3.家用纺织品	100.0	99.9	100.5	99.6	99.5	100.1
(1)床上用品	100.2	100.1	100.7	99.5	99.3	99.9
(2)窗帘门帘	100.0	99.8	100.8	100.0	100.0	100.0
(3)其他家用纺织品	98.3	98.1	98.9	100.2	99.9	102.1
4.家庭日用杂品	99.9	100.1	99.2	99.9	99.9	99.8
(1)洗涤卫生用品	99.2	99.1	99.8	99.4	99.5	99.0
(2)厨具餐具茶具	101.4	102.2	98.9	100.1	100.0	100.5
(3)其他家庭日用杂品	99.8	100.2	98.8	100.3	100.3	100.4
5.个人护理用品	101.0	101.1	100.8	99.5	99.4	99.8
(1)化妆品	101.2	101.2	101.1	99.6	99.6	99.9
(2)其他护理用品类	100.8	100.9	100.4	99.2	99.2	99.6
6.家庭服务	100.9	100.8	101.8	100.0	100.0	100.0
五、交通通信	**97.8**	**97.7**	**98.1**	**101.0**	**101.1**	**100.7**
1.交通	97.5	97.4	97.7	101.3	101.4	101.0
(1)交通工具	96.2	96.0	97.0	99.8	100.0	99.2
(2)交通工具用燃料	95.4	95.4	95.4	104.8	104.8	104.9
(3)交通工具使用和维修	100.1	100.0	100.6	100.0	100.0	100.0
(4)交通费	104.6	105.0	103.2	98.9	98.8	99.2
2.通信	99.0	98.9	99.3	99.8	99.8	99.8
(1)通信工具	96.4	96.2	97.4	99.5	99.5	99.4
(2)通信服务	100.0	100.1	100.0	100.0	100.0	100.0
(3)邮递服务	99.6	99.5	100.3	100.1	100.2	100.0

3-16 续表2

指　　标	上年同月=100(同比)			上月=100(环比)		
	全省	城市	农村	全省	城市	农村
六、教育文化娱乐	**103.0**	**103.3**	**101.6**	**100.0**	**100.0**	**100.0**
1.教育	100.9	100.8	101.2	100.1	100.1	100.0
(1)教育用品	102.1	101.6	103.6	100.0	100.0	100.0
(2)教育服务	100.9	100.8	101.2	100.1	100.1	100.0
2.文化娱乐	106.6	107.2	102.6	99.9	99.9	99.9
(1)文娱耐用消费品	98.1	98.6	96.2	99.8	99.8	99.9
(2)其他文娱用品	101.1	101.1	100.7	99.7	99.7	99.8
(3)文化娱乐服务	101.7	101.8	100.8	100.3	100.3	100.0
(4)旅游	116.0	116.3	113.1	99.8	99.8	100.0
七、医疗保健	**101.0**	**100.9**	**101.4**	**100.0**	**100.0**	**100.0**
1.药品及医疗器具	100.9	100.8	101.3	100.0	100.0	100.1
(1)中药	107.9	107.3	110.2	100.7	100.5	101.2
(2)西药	98.3	98.3	98.2	99.8	99.8	99.6
(3)滋补保健品	100.0	99.9	100.4	99.9	99.9	100.0
(4)医疗卫生器具	103.3	103.2	103.7	100.0	100.0	100.0
(5)保健器具	100.0	100.4	98.2	99.9	99.8	100.2
2.医疗服务	101.1	100.9	101.4	100.0	100.0	100.0
(1)综合医疗类	103.0	102.9	103.3	100.1	100.0	100.2
(2)诊断类	101.0	101.0	101.0	100.0	100.0	100.0
(3)治疗类	100.0	99.8	100.7	100.0	100.0	100.0
(4)康复类	101.4	102.3	98.6	100.0	100.0	99.8
(5)中医医疗服务类	98.7	97.8	101.7	100.0	100.0	100.0
(6)其他医疗保健服务	100.5	100.0	101.9	100.0	100.0	100.0
八、其他用品及服务	**104.0**	**104.0**	**104.2**	**99.9**	**99.9**	**99.9**
1.其他用品	106.9	106.9	106.9	99.9	99.9	99.5
(1)首饰手表	112.5	112.4	113.2	100.8	100.8	100.4
(2)母婴用品	98.4	98.4	98.7	97.8	97.7	97.9
(3)其他杂项用品	100.7	100.7	100.8	99.1	99.2	98.8
2.其他服务	101.2	101.2	101.5	100.0	99.9	100.3
(1)在外住宿	106.2	105.9	108.5	99.5	99.3	101.0
(2)美容美发洗浴	101.6	101.6	102.0	100.1	100.0	100.4
(3)养老服务	100.4	100.4	100.0	100.0	100.0	100.0
(4)金融及保险服务	100.1	100.1	100.0	100.0	100.0	100.0
(5)中介法律及其他服务	100.0	100.0	100.0	100.0	100.0	100.0

3-17 居民消费价格分类指数（2023年9月）

指　标	上年同月=100(同比)			上月=100(环比)		
	全省	城市	农村	全省	城市	农村
居民消费价格总指数	**99.9**	**100.0**	**99.7**	**100.3**	**100.3**	**100.3**
#服务价格指数	101.6	101.7	101.2	100.4	100.4	100.4
工业品价格指数	99.4	99.5	99.2	100.3	100.4	100.2
消费品价格指数	98.8	98.9	98.7	100.3	100.3	100.2
非食品价格指数	100.7	100.7	100.5	100.4	100.4	100.3
一、食品烟酒	**98.2**	**98.1**	**98.3**	**100.2**	**100.2**	**100.2**
1.食品	96.6	96.6	96.6	100.2	100.2	100.2
(1)粮食	101.6	102.0	100.5	100.4	100.6	99.9
(2)薯类	102.4	102.7	101.0	97.7	97.7	97.5
(3)豆类	101.9	102.2	100.9	100.2	100.2	100.0
(4)食用油	97.4	97.9	96.1	100.1	100.2	100.0
(5)菜及食用菌	93.8	93.9	93.3	102.5	102.6	102.4
#鲜菜	93.0	93.2	92.5	102.9	102.9	102.9
(6)畜肉类	88.0	88.6	86.0	100.1	100.2	99.5
#猪肉	80.9	81.3	80.0	100.2	100.6	98.9
(7)禽肉类	102.3	102.6	101.3	100.1	100.2	99.7
(8)水产品	96.7	96.3	98.4	98.2	98.0	98.7
(9)蛋类	100.8	100.8	100.6	101.8	101.7	102.1
(10)奶类	100.9	100.9	100.8	98.9	98.7	99.9
(11)干鲜瓜果类	97.6	97.0	100.5	101.6	101.6	101.8
(12)糖果糕点类	100.2	99.2	104.5	99.7	99.5	100.6
(13)调味品	101.9	102.4	100.7	100.0	100.0	100.0
(14)其他食品类	101.5	101.2	102.5	99.8	99.7	100.2
2.茶及饮料	101.4	101.2	102.3	100.3	100.3	100.3
3.烟酒	100.2	99.6	101.8	100.0	99.9	100.1
(1)卷烟	100.6	99.9	102.4	100.2	100.2	100.2
(2)酒类	99.2	98.8	100.3	99.5	99.3	100.1
4.在外餐饮	101.5	101.3	102.2	100.4	100.4	100.0
二、衣着	**101.1**	**101.6**	**99.4**	**100.8**	**100.9**	**100.1**
1.服装	101.2	101.6	99.4	100.9	101.0	100.3
(1)男式服装	101.7	102.4	98.3	100.9	101.1	100.0
(2)女式服装	101.0	101.4	99.3	100.8	101.0	100.2
(3)儿童服装	100.2	99.8	101.8	101.1	101.0	101.4
(4)衣着材料及配件	102.3	102.4	101.8	100.7	100.6	101.3
(5)衣着服务费	100.1	99.3	102.9	100.0	100.0	100.0
2.鞋类	101.0	101.4	99.5	100.4	100.7	99.3
(1)鞋	100.8	101.2	99.5	100.4	100.7	99.3
(2)鞋类服务	114.4	118.1	100.0	100.0	100.0	100.0

3-17 续表1

指标	上年同月=100(同比)			上月=100(环比)		
	全省	城市	农村	全省	城市	农村
三、居住	**99.9**	**99.9**	**100.0**	**100.1**	**100.1**	**100.3**
1.租赁房房租	99.8	99.8	99.9	100.1	100.0	100.5
2.住房保养维修及管理	100.2	100.0	100.8	100.0	100.0	100.0
(1)住房装潢材料	99.3	99.3	99.4	100.0	100.0	99.9
(2)住房维修管理费用	101.1	100.8	102.7	100.0	100.0	100.0
3.水电燃料	100.1	100.2	100.0	100.2	100.2	100.1
(1)水	100.3	100.0	101.4	100.0	100.0	100.0
(2)电	100.0	100.0	100.0	100.0	100.0	100.0
(3)燃气	100.0	100.5	98.7	100.7	100.9	100.1
(4)其他水电燃料类	101.1	100.9	101.8	100.0	99.9	100.3
4.自有住房	99.8	99.8	99.9	100.1	100.1	100.4
四、生活用品及服务	**99.7**	**99.7**	**99.5**	**100.0**	**100.0**	**100.1**
1.家具及室内装饰品	100.1	99.9	101.0	100.2	100.2	100.1
(1)家具	100.0	99.8	100.7	100.2	100.2	100.0
(2)室内装饰品	101.2	100.6	103.5	100.0	99.8	100.7
2.家用器具	98.4	98.5	98.3	99.9	99.9	100.0
(1)大型家用器具	98.3	98.2	98.8	99.9	99.9	99.9
(2)小家电	98.8	99.6	95.9	100.2	100.2	100.0
3.家用纺织品	99.9	99.8	100.4	100.2	100.1	100.2
(1)床上用品	100.2	100.0	100.8	100.2	100.1	100.4
(2)窗帘门帘	99.9	100.0	99.9	100.1	100.1	100.0
(3)其他家用纺织品	97.3	97.4	96.8	100.0	100.4	98.0
4.家庭日用杂品	99.6	99.9	98.8	99.8	99.8	99.8
(1)洗涤卫生用品	98.9	98.8	99.0	100.0	99.9	100.0
(2)厨具餐具茶具	102.4	102.6	101.8	99.9	99.8	100.1
(3)其他家庭日用杂品	99.1	99.8	97.3	99.6	99.7	99.5
5.个人护理用品	100.8	100.9	100.4	100.0	99.9	100.6
(1)化妆品	100.6	100.7	100.2	99.8	99.7	100.7
(2)其他护理用品类	101.1	101.2	100.6	100.3	100.2	100.6
6.家庭服务	100.9	100.7	101.8	100.1	100.1	100.0
五、交通通信	**98.4**	**98.3**	**98.8**	**100.1**	**100.1**	**100.3**
1.交通	98.2	98.1	98.6	100.2	100.2	100.4
(1)交通工具	95.6	95.3	96.7	99.2	99.1	99.5
(2)交通工具用燃料	98.8	98.8	98.8	102.3	102.3	102.3
(3)交通工具使用和维修	99.9	99.8	100.6	99.9	99.9	100.0
(4)交通费	103.6	103.8	102.8	98.3	98.1	99.2
2.通信	98.9	98.8	99.2	100.0	100.0	100.0
(1)通信工具	96.1	95.9	97.1	99.9	99.9	100.1
(2)通信服务	100.0	100.1	100.0	100.0	100.0	100.0
(3)邮递服务	99.6	99.5	100.3	100.0	100.0	100.0

3-17 续表2

指　　标	上年同月=100(同比)			上月=100(环比)		
	全省	城市	农村	全省	城市	农村
六、教育文化娱乐	**104.4**	**104.8**	**102.3**	**101.5**	**101.6**	**101.0**
1.教育	103.4	103.6	102.5	103.0	103.3	101.9
(1)教育用品	98.8	98.7	99.2	99.4	99.4	99.4
(2)教育服务	103.5	103.7	102.6	103.1	103.4	102.0
2.文化娱乐	106.2	106.9	101.6	99.0	99.1	98.7
(1)文娱耐用消费品	97.4	98.2	94.5	99.9	100.0	99.7
(2)其他文娱用品	100.3	100.2	101.0	100.0	100.0	100.1
(3)文化娱乐服务	101.5	101.5	101.7	99.9	99.9	100.1
(4)旅游	116.0	116.5	110.4	97.9	98.1	95.4
七、医疗保健	**101.0**	**100.8**	**101.4**	**99.9**	**99.9**	**100.0**
1.药品及医疗器具	100.8	100.7	101.3	99.8	99.8	100.0
(1)中药	108.5	107.9	110.9	100.7	100.7	100.9
(2)西药	97.9	97.9	98.2	99.7	99.6	99.9
(3)滋补保健品	99.9	99.9	100.2	99.2	99.2	99.3
(4)医疗卫生器具	103.0	103.0	102.8	99.9	99.9	100.0
(5)保健器具	100.4	100.9	98.1	100.4	100.5	100.2
2.医疗服务	101.0	100.9	101.4	100.0	100.0	100.0
(1)综合医疗类	102.9	102.7	103.3	100.0	100.0	100.0
(2)诊断类	100.9	100.9	100.9	100.0	100.0	100.0
(3)治疗类	100.0	99.8	100.7	100.0	100.0	100.0
(4)康复类	101.4	102.3	98.6	100.0	100.0	100.0
(5)中医医疗服务类	98.7	97.8	101.5	100.0	100.0	100.0
(6)其他医疗保健服务	100.5	100.0	101.9	100.0	100.0	100.0
八、其他用品及服务	**105.0**	**105.0**	**105.1**	**100.5**	**100.5**	**100.5**
1.其他用品	108.3	108.3	108.3	100.5	100.5	100.6
(1)首饰手表	115.7	115.6	116.8	101.1	101.1	101.6
(2)母婴用品	98.0	97.8	98.9	99.3	99.2	99.4
(3)其他杂项用品	99.8	99.9	99.3	99.7	99.8	99.5
2.其他服务	101.9	101.8	102.1	100.5	100.5	100.3
(1)在外住宿	112.9	112.6	115.0	102.5	102.4	103.4
(2)美容美发洗浴	101.1	100.9	102.1	100.2	100.2	100.0
(3)养老服务	100.4	100.4	100.0	100.0	100.0	100.0
(4)金融及保险服务	100.1	100.1	100.0	100.0	100.0	100.0
(5)中介法律及其他服务	101.6	101.8	100.0	101.6	101.8	100.0

3-18 居民消费价格分类指数（2023年10月）

指　标	上年同月=100(同比)			上月=100(环比)		
	全省	城市	农村	全省	城市	农村
居民消费价格总指数	**100.0**	**100.1**	**99.7**	**99.9**	**99.9**	**100.0**
#服务价格指数	101.5	101.6	101.2	99.9	99.9	99.9
工业品价格指数	99.7	99.8	99.3	100.2	100.2	100.3
消费品价格指数	99.0	99.1	98.8	99.9	99.8	100.0
非食品价格指数	100.7	100.7	100.5	100.0	100.0	100.1
一、食品烟酒	**98.3**	**98.3**	**98.2**	**99.4**	**99.4**	**99.7**
1.食品	97.0	97.1	96.4	99.2	99.1	99.6
(1)粮食	101.7	102.1	100.6	100.2	100.1	100.5
(2)薯类	102.1	102.7	99.5	97.1	97.1	96.9
(3)豆类	101.7	101.9	101.0	100.0	100.0	100.2
(4)食用油	96.4	97.1	94.3	99.7	100.1	98.6
(5)菜及食用菌	98.8	98.7	99.5	98.4	98.1	99.4
#鲜菜	98.8	98.6	99.4	98.4	98.1	99.4
(6)畜肉类	82.7	83.4	80.5	99.3	99.3	99.6
#猪肉	73.4	73.7	72.8	98.7	98.5	99.2
(7)禽肉类	101.8	102.1	100.6	99.9	99.9	99.9
(8)水产品	98.0	97.7	99.2	97.1	96.9	97.9
(9)蛋类	98.8	98.9	98.6	99.3	99.2	99.4
(10)奶类	102.4	102.7	101.0	100.8	100.9	100.3
(11)干鲜瓜果类	100.6	100.0	103.5	100.3	100.1	101.4
(12)糖果糕点类	100.9	100.2	103.9	100.5	100.7	99.7
(13)调味品	101.7	102.2	100.3	99.7	99.6	100.0
(14)其他食品类	101.4	101.2	101.8	100.0	100.0	99.9
2.茶及饮料	100.8	100.6	101.8	99.6	99.5	99.7
3.烟酒	99.4	98.6	101.4	99.7	99.6	99.8
(1)卷烟	100.3	99.6	102.2	99.9	99.8	99.9
(2)酒类	97.3	96.5	99.4	99.1	99.1	99.3
4.在外餐饮	101.5	101.3	102.4	100.1	100.0	100.4
二、衣着	**101.0**	**101.5**	**99.1**	**100.1**	**100.0**	**100.5**
1.服装	100.8	101.2	99.1	100.1	100.0	100.5
(1)男式服装	101.2	101.8	98.8	100.2	100.0	101.1
(2)女式服装	100.7	101.1	99.1	100.1	100.0	100.5
(3)儿童服装	99.7	99.9	98.8	99.5	99.5	99.2
(4)衣着材料及配件	101.9	102.1	101.1	99.9	100.0	99.6
(5)衣着服务费	100.2	99.6	102.6	100.2	100.3	100.0
2.鞋类	102.1	102.8	99.1	100.3	100.2	100.3
(1)鞋	101.9	102.7	99.1	100.3	100.2	100.3
(2)鞋类服务	109.3	111.5	100.0	100.0	100.0	100.0

3-18 续表 1

指 标	上年同月=100(同比)			上月=100(环比)		
	全省	城市	农村	全省	城市	农村
三、居住	**99.9**	**99.9**	**100.0**	**99.9**	**100.0**	**99.9**
1. 租赁房房租	99.8	99.8	100.0	99.9	99.9	99.8
2. 住房保养维修及管理	100.1	100.0	100.6	100.0	100.1	100.0
(1) 住房装潢材料	99.3	99.2	99.3	100.1	100.1	99.9
(2) 住房维修管理费用	101.0	100.8	102.3	100.0	100.0	100.0
3. 水电燃料	100.2	100.2	100.0	100.0	100.0	100.1
(1) 水	100.3	100.0	101.4	100.0	100.0	100.0
(2) 电	100.0	100.0	100.0	100.0	100.0	100.0
(3) 燃气	100.3	100.7	99.1	100.2	100.2	100.3
(4) 其他水电燃料类	100.9	100.6	101.7	99.8	99.8	99.9
4. 自有住房	99.8	99.8	99.9	99.9	99.9	99.8
四、生活用品及服务	**99.4**	**99.4**	**99.4**	**100.1**	**100.0**	**100.3**
1. 家具及室内装饰品	100.0	99.8	100.5	100.1	100.1	100.0
(1) 家具	99.9	99.8	100.4	100.1	100.2	100.0
(2) 室内装饰品	100.2	99.8	101.9	99.7	99.8	99.6
2. 家用器具	98.9	98.8	99.4	100.8	100.6	101.6
(1) 大型家用器具	98.9	98.6	100.1	101.0	100.8	101.8
(2) 小家电	98.7	99.4	96.4	100.0	99.8	100.8
3. 家用纺织品	99.2	98.9	100.2	99.6	99.6	99.8
(1) 床上用品	99.3	99.0	100.5	99.5	99.4	99.6
(2) 窗帘门帘	100.0	100.0	99.9	100.0	100.0	100.0
(3) 其他家用纺织品	96.9	96.7	97.8	100.2	100.1	101.0
4. 家庭日用杂品	98.5	98.7	97.9	99.4	99.4	99.5
(1) 洗涤卫生用品	97.1	97.0	97.2	99.0	99.0	99.3
(2) 厨具餐具茶具	101.3	101.9	99.6	99.5	99.7	98.7
(3) 其他家庭日用杂品	98.8	99.2	97.7	99.7	99.7	100.0
5. 个人护理用品	100.2	100.3	99.7	99.9	100.0	99.3
(1) 化妆品	100.2	100.3	99.7	99.9	100.0	99.3
(2) 其他护理用品类	100.4	100.5	99.7	100.0	100.1	99.3
6. 家庭服务	100.6	100.5	101.5	100.0	100.0	100.0
五、交通通信	**99.0**	**98.9**	**99.3**	**100.1**	**100.1**	**100.1**
1. 交通	99.1	99.0	99.4	100.2	100.2	100.2
(1) 交通工具	95.4	95.1	96.5	99.8	99.9	99.7
(2) 交通工具用燃料	101.8	101.8	101.8	101.8	101.8	101.8
(3) 交通工具使用和维修	99.8	99.7	100.4	99.9	99.9	100.0
(4) 交通费	103.5	103.7	102.6	97.5	97.4	98.0
2. 通信	98.7	98.6	98.9	99.9	99.9	99.8
(1) 通信工具	95.4	95.2	96.0	99.6	99.7	99.2
(2) 通信服务	100.0	100.1	100.0	100.0	100.0	100.0
(3) 邮递服务	99.6	99.5	100.3	100.0	100.0	100.0

3-18 续表 2

指 标	上年同月=100(同比)			上月=100(环比)		
	全省	城市	农村	全省	城市	农村
六、教育文化娱乐	**104.1**	**104.5**	**102.2**	**100.1**	**100.1**	**100.1**
1.教育	103.4	103.5	102.6	100.0	100.0	100.1
(1)教育用品	99.2	98.9	100.2	100.4	100.2	101.0
(2)教育服务	103.5	103.7	102.7	100.0	100.0	100.1
2.文化娱乐	105.4	106.0	101.2	100.2	100.2	100.3
(1)文娱耐用消费品	97.8	98.6	94.7	99.9	100.0	99.8
(2)其他文娱用品	99.9	99.9	100.2	100.0	100.0	99.9
(3)文化娱乐服务	101.1	101.0	101.7	99.9	99.9	100.4
(4)旅游	113.8	114.3	108.8	100.6	100.6	100.8
七、医疗保健	**101.2**	**101.1**	**101.4**	**100.1**	**100.1**	**100.0**
1.药品及医疗器具	101.7	101.6	101.7	100.2	100.3	100.0
(1)中药	109.2	108.9	110.5	101.0	101.2	100.1
(2)西药	99.3	99.4	99.1	99.8	99.7	100.0
(3)滋补保健品	100.0	100.0	100.0	100.8	100.9	100.2
(4)医疗卫生器具	103.0	103.0	102.8	100.0	100.0	100.0
(5)保健器具	100.3	100.9	97.7	100.0	100.0	100.0
2.医疗服务	101.0	100.9	101.3	100.0	100.0	100.0
(1)综合医疗类	102.9	102.7	103.3	100.0	100.0	100.0
(2)诊断类	100.9	100.9	100.9	100.0	100.0	100.0
(3)治疗类	100.2	100.0	100.7	100.0	100.0	100.0
(4)康复类	101.4	102.3	98.6	100.0	100.0	100.0
(5)中医医疗服务类	98.6	97.8	101.0	99.9	100.0	99.5
(6)其他医疗保健服务	100.6	100.1	101.9	100.0	100.0	100.0
八、其他用品及服务	**104.2**	**104.2**	**104.5**	**100.1**	**100.1**	**100.3**
1.其他用品	106.7	106.7	106.5	99.9	99.9	99.8
(1)首饰手表	112.8	112.7	113.8	99.6	99.6	99.8
(2)母婴用品	96.6	96.6	96.6	99.1	99.3	98.0
(3)其他杂项用品	100.3	100.4	99.7	100.9	100.9	101.0
2.其他服务	101.9	101.8	102.6	100.4	100.3	100.8
(1)在外住宿	113.1	112.0	120.6	103.6	102.9	108.0
(2)美容美发洗浴	101.0	100.9	101.7	100.0	100.0	100.0
(3)养老服务	100.4	100.4	100.0	100.0	100.0	100.0
(4)金融及保险服务	100.1	100.1	100.0	100.0	100.0	100.0
(5)中介法律及其他服务	101.6	101.8	100.0	100.0	100.0	100.0

3-19 居民消费价格分类指数（2023年11月）

指　标	上年同月=100(同比)			上月=100(环比)		
	全省	城市	农村	全省	城市	农村
居民消费价格总指数	**99.9**	**100.0**	**99.6**	**99.5**	**99.4**	**99.5**
#服务价格指数	101.3	101.4	101.1	99.4	99.3	99.8
工业品价格指数	99.1	99.2	98.9	99.6	99.6	99.5
消费品价格指数	98.9	99.0	98.6	99.5	99.5	99.3
非食品价格指数	100.4	100.4	100.3	99.6	99.5	99.7
一、食品烟酒	**98.6**	**98.7**	**98.2**	**99.3**	**99.4**	**99.2**
1.食品	97.6	97.9	96.4	98.9	99.0	98.6
(1)粮食	101.7	102.2	100.3	100.3	100.5	99.7
(2)薯类	100.3	100.8	98.5	96.8	97.0	96.0
(3)豆类	101.6	101.9	100.8	100.1	100.1	100.0
(4)食用油	95.5	96.1	93.5	99.9	99.8	100.0
(5)菜及食用菌	103.5	103.3	104.2	93.1	93.2	92.6
#鲜菜	103.8	103.6	104.5	92.0	92.2	91.4
(6)畜肉类	82.1	83.0	79.7	99.0	99.0	99.0
#猪肉	73.3	73.5	72.6	98.3	98.2	98.5
(7)禽肉类	101.1	101.5	99.5	99.8	99.8	99.5
(8)水产品	97.8	97.8	97.9	97.9	98.0	97.6
(9)蛋类	95.8	96.2	94.6	98.2	98.3	97.7
(10)奶类	102.2	102.6	100.3	100.5	100.6	99.9
(11)干鲜瓜果类	103.7	103.2	105.9	103.2	103.1	103.8
(12)糖果糕点类	100.7	100.3	102.4	100.1	100.2	99.8
(13)调味品	100.9	101.5	99.4	99.6	99.6	99.4
(14)其他食品类	100.5	100.3	101.1	99.9	99.8	100.0
2.茶及饮料	101.2	101.0	101.6	100.3	100.5	99.8
3.烟酒	98.9	97.9	101.5	100.0	99.9	100.5
(1)卷烟	100.5	99.8	102.4	100.3	100.3	100.4
(2)酒类	95.2	93.8	99.5	99.4	98.9	100.9
4.在外餐饮	101.4	101.2	102.4	100.1	100.1	99.9
二、衣着	**101.4**	**101.9**	**99.4**	**100.3**	**100.5**	**99.8**
1.服装	101.2	101.6	99.5	100.5	100.7	99.8
(1)男式服装	101.4	101.7	100.0	100.6	100.6	100.3
(2)女式服装	101.1	101.5	99.2	100.5	100.7	99.7
(3)儿童服装	101.3	102.1	98.3	100.2	100.7	98.6
(4)衣着材料及配件	101.8	102.0	100.7	100.0	100.1	99.6
(5)衣着服务费	100.2	99.6	102.2	100.0	100.0	100.1
2.鞋类	102.2	103.0	99.2	99.7	99.7	99.9
(1)鞋	102.0	102.8	99.2	99.7	99.7	99.9
(2)鞋类服务	109.3	111.5	100.0	100.0	100.0	100.0

3-19 续表 1

指　　标	上年同月=100(同比)			上月=100(环比)		
	全省	城市	农村	全省	城市	农村
三、居住	**100.0**	**100.0**	**100.2**	**100.0**	**100.0**	**100.1**
1.租赁房房租	100.0	99.9	100.2	100.0	99.9	100.2
2.住房保养维修及管理	100.1	100.0	100.6	100.0	100.0	100.0
(1)住房装潢材料	99.3	99.3	99.2	100.0	100.0	99.9
(2)住房维修管理费用	101.0	100.8	102.3	100.0	100.0	100.0
3.水电燃料	100.2	100.2	100.1	100.1	100.1	100.2
(1)水	100.3	100.0	101.4	100.0	100.0	100.0
(2)电	100.0	100.0	100.0	100.0	100.0	100.0
(3)燃气	100.7	101.1	99.4	100.4	100.3	100.5
(4)其他水电燃料类	100.2	99.6	101.7	100.0	100.0	100.0
4.自有住房	100.0	100.0	100.1	100.0	99.9	100.1
四、生活用品及服务	**99.7**	**99.7**	**99.7**	**100.0**	**100.0**	**99.8**
1.家具及室内装饰品	100.5	100.4	101.0	100.2	100.1	100.3
(1)家具	100.2	100.2	100.5	100.0	100.0	100.1
(2)室内装饰品	102.4	101.7	105.2	101.3	101.0	102.5
2.家用器具	99.2	99.0	99.9	99.3	99.4	98.9
(1)大型家用器具	99.0	98.7	100.1	99.1	99.2	98.6
(2)小家电	99.8	100.0	98.9	100.2	100.2	100.4
3.家用纺织品	99.1	98.8	100.2	99.9	99.9	100.2
(1)床上用品	99.0	98.7	100.4	99.9	99.8	100.2
(2)窗帘门帘	99.9	99.9	99.9	99.9	99.9	100.0
(3)其他家用纺织品	99.1	99.3	98.2	100.5	100.4	100.7
4.家庭日用杂品	99.5	99.8	98.5	100.6	100.7	100.4
(1)洗涤卫生用品	98.6	98.7	98.2	101.6	101.6	101.5
(2)厨具餐具茶具	102.6	102.8	101.7	99.9	99.8	100.0
(3)其他家庭日用杂品	98.9	99.4	97.3	99.9	100.1	99.4
5.个人护理用品	99.7	99.9	98.5	99.8	100.0	99.1
(1)化妆品	99.5	99.8	97.5	99.9	100.1	98.6
(2)其他护理用品类	100.1	100.1	100.1	99.8	99.7	99.9
6.家庭服务	100.8	100.6	102.3	100.2	100.1	100.8
五、交通通信	**97.4**	**97.2**	**98.0**	**98.6**	**98.5**	**98.7**
1.交通	97.1	96.9	97.7	98.3	98.3	98.5
(1)交通工具	95.2	94.9	96.5	99.7	99.7	99.6
(2)交通工具用燃料	97.0	97.0	97.0	97.2	97.2	97.2
(3)交通工具使用和维修	99.9	99.7	100.7	100.0	100.0	100.2
(4)交通费	100.7	100.7	100.9	95.6	95.3	96.9
2.通信	98.6	98.5	99.0	99.5	99.6	99.4
(1)通信工具	95.2	94.9	96.4	98.4	98.5	97.9
(2)通信服务	100.0	100.1	100.0	100.0	100.0	100.0
(3)邮递服务	99.6	99.5	100.3	100.0	100.0	100.0

3-19 续表 2

指　　标	上年同月=100(同比)			上月=100(环比)		
	全省	城市	农村	全省	城市	农村
六、教育文化娱乐	**103.7**	**104.0**	**102.2**	**98.7**	**98.5**	**99.5**
1.教育	103.4	103.5	102.7	100.0	100.0	100.1
(1)教育用品	99.3	99.0	100.2	100.1	100.1	100.1
(2)教育服务	103.5	103.7	102.8	100.0	100.0	100.1
2.文化娱乐	104.3	104.8	100.9	96.3	96.1	98.0
(1)文娱耐用消费品	98.3	98.9	95.7	99.8	99.6	100.4
(2)其他文娱用品	99.6	99.5	100.2	99.3	99.3	99.2
(3)文化娱乐服务	101.5	101.4	102.1	99.3	99.3	99.3
(4)旅游	111.0	111.5	106.3	92.2	92.0	93.6
七、医疗保健	**101.3**	**101.2**	**101.4**	**100.0**	**100.0**	**100.0**
1.药品及医疗器具	101.8	101.9	101.7	100.1	100.1	100.1
(1)中药	109.6	109.4	110.4	100.8	100.9	100.6
(2)西药	99.4	99.4	99.1	99.9	99.9	100.0
(3)滋补保健品	100.5	100.6	99.8	100.0	100.0	100.0
(4)医疗卫生器具	102.6	102.5	102.9	99.8	99.7	100.1
(5)保健器具	100.3	100.9	97.7	100.0	100.0	100.0
2.医疗服务	101.0	100.9	101.3	100.0	100.0	100.0
(1)综合医疗类	102.9	102.7	103.3	100.0	100.0	100.0
(2)诊断类	100.9	100.9	100.9	100.0	100.0	100.0
(3)治疗类	100.2	100.0	100.7	100.0	100.0	100.0
(4)康复类	101.4	102.3	98.6	100.0	100.0	100.0
(5)中医医疗服务类	98.6	97.8	101.0	100.0	100.0	100.0
(6)其他医疗保健服务	100.6	100.1	101.9	100.0	100.0	100.0
八、其他用品及服务	**103.5**	**103.5**	**103.7**	**99.4**	**99.5**	**99.1**
1.其他用品	105.6	105.5	106.1	99.9	99.9	99.8
(1)首饰手表	110.5	110.3	111.2	100.2	100.3	99.9
(2)母婴用品	98.0	97.8	99.2	100.4	100.5	99.9
(3)其他杂项用品	100.3	100.1	101.0	98.8	98.7	99.3
2.其他服务	101.4	101.5	101.4	99.0	99.1	98.5
(1)在外住宿	109.0	109.1	108.0	91.4	92.3	86.1
(2)美容美发洗浴	101.0	100.9	101.7	100.0	100.0	100.0
(3)养老服务	100.4	100.4	100.0	100.0	100.0	100.0
(4)金融及保险服务	100.1	100.2	100.0	100.0	100.1	100.0
(5)中介法律及其他服务	101.6	101.8	100.0	100.0	100.0	100.0

3-20 居民消费价格分类指数（2023 年 12 月）

指 标	上年同月=100(同比)			上月=100(环比)		
	全省	城市	农村	全省	城市	农村
居民消费价格总指数	**99.7**	**99.8**	**99.5**	**100.0**	**99.9**	**100.0**
#服务价格指数	101.2	101.2	101.1	100.1	100.1	100.1
工业品价格指数	99.4	99.4	99.1	99.5	99.4	99.7
消费品价格指数	98.7	98.8	98.4	99.9	99.9	100.0
非食品价格指数	100.4	100.4	100.3	99.8	99.8	99.9
一、食品烟酒	**98.0**	**98.0**	**97.6**	**100.4**	**100.4**	**100.3**
1. 食品	96.6	96.9	95.9	100.5	100.5	100.5
(1) 粮食	101.7	102.0	100.9	100.0	99.9	100.3
(2) 薯类	97.4	98.1	94.6	98.6	98.7	98.4
(3) 豆类	101.2	101.3	100.9	99.9	99.9	100.0
(4) 食用油	94.9	95.4	93.6	99.3	99.1	99.9
(5) 菜及食用菌	96.7	96.7	96.7	100.9	100.9	100.9
#鲜菜	96.2	96.2	96.2	100.8	100.8	100.9
(6) 畜肉类	84.4	85.0	82.4	99.4	99.4	99.3
#猪肉	76.7	76.8	76.5	99.0	98.9	99.4
(7) 禽肉类	100.3	100.6	99.0	99.5	99.5	99.5
(8) 水产品	97.8	97.8	97.9	102.0	102.1	101.3
(9) 蛋类	95.7	96.3	93.6	99.7	99.8	99.3
(10) 奶类	99.4	99.3	99.9	98.5	98.1	100.2
(11) 干鲜瓜果类	101.4	101.3	102.2	102.5	102.5	102.3
(12) 糖果糕点类	100.6	100.1	102.9	99.9	99.8	100.5
(13) 调味品	100.1	100.2	99.8	99.4	99.1	99.9
(14) 其他食品类	100.6	100.4	101.5	99.6	99.4	100.5
2. 茶及饮料	101.0	100.7	101.9	100.1	100.0	100.4
3. 烟酒	98.9	98.2	101.0	100.3	100.5	99.9
(1) 卷烟	100.3	99.7	101.9	100.0	100.0	100.0
(2) 酒类	95.8	94.8	98.8	101.0	101.5	99.7
4. 在外餐饮	101.1	101.0	101.6	100.1	100.1	99.8
二、衣着	**101.6**	**102.3**	**98.9**	**99.8**	**99.8**	**99.5**
1. 服装	101.2	101.7	99.1	99.4	99.4	99.8
(1) 男式服装	101.4	101.8	99.7	99.0	98.9	99.9
(2) 女式服装	101.2	101.7	99.0	99.7	99.7	99.7
(3) 儿童服装	100.7	101.8	96.8	99.4	99.2	100.1
(4) 衣着材料及配件	101.3	101.7	99.7	99.6	99.8	98.7
(5) 衣着服务费	100.2	99.6	102.2	100.0	100.0	100.0
2. 鞋类	103.4	104.8	98.2	101.1	101.8	98.6
(1) 鞋	103.3	104.7	98.1	101.1	101.8	98.5
(2) 鞋类服务	110.0	112.4	100.0	100.6	100.8	100.0

3-20 续表1

指标	上年同月=100(同比)			上月=100(环比)		
	全省	城市	农村	全省	城市	农村
三、居住	**100.1**	**100.0**	**100.3**	**100.0**	**100.0**	**100.0**
1.租赁房房租	100.1	100.1	100.2	100.0	100.0	99.9
2.住房保养维修及管理	99.8	99.4	101.1	100.1	100.0	100.4
(1)住房装潢材料	99.6	99.6	99.5	100.0	100.0	100.1
(2)住房维修管理费用	99.9	99.3	103.1	100.1	100.0	100.8
3.水电燃料	100.2	100.2	100.2	100.0	100.0	100.1
(1)水	100.3	100.0	101.4	100.0	100.0	100.0
(2)电	100.0	100.0	100.0	100.0	100.0	100.0
(3)燃气	100.7	101.1	99.5	100.0	100.0	100.2
(4)其他水电燃料类	99.8	99.1	101.8	99.6	99.5	100.1
4.自有住房	100.1	100.1	100.1	100.0	100.0	100.0
四、生活用品及服务	**99.6**	**99.5**	**100.1**	**100.5**	**100.3**	**100.9**
1.家具及室内装饰品	100.2	100.1	100.7	100.0	100.0	100.1
(1)家具	100.1	100.0	100.5	100.0	100.0	100.1
(2)室内装饰品	100.9	100.5	102.9	99.9	99.9	100.0
2.家用器具	98.9	98.7	99.7	100.1	100.0	100.4
(1)大型家用器具	98.6	98.2	99.8	99.8	99.7	100.2
(2)小家电	100.4	100.7	99.2	101.3	101.3	101.6
3.家用纺织品	98.1	97.5	100.3	99.7	99.5	100.3
(1)床上用品	98.1	97.5	100.5	99.7	99.6	100.3
(2)窗帘门帘	100.1	99.9	100.6	100.1	100.0	100.2
(3)其他家用纺织品	95.5	95.0	98.1	98.6	98.2	100.8
4.家庭日用杂品	100.2	100.1	100.4	101.3	101.0	102.3
(1)洗涤卫生用品	101.3	100.6	103.9	102.7	102.1	104.9
(2)厨具餐具茶具	99.1	99.5	98.0	99.3	99.3	99.4
(3)其他家庭日用杂品	99.4	99.8	98.2	100.6	100.5	101.0
5.个人护理用品	100.3	100.5	99.2	100.5	100.4	100.9
(1)化妆品	100.5	100.8	98.8	100.7	100.6	101.3
(2)其他护理用品类	99.9	99.9	99.8	100.2	100.1	100.2
6.家庭服务	99.2	99.0	100.8	100.7	100.7	100.4
五、交通通信	**97.6**	**97.5**	**98.2**	**98.8**	**98.7**	**99.1**
1.交通	97.2	97.1	97.9	98.3	98.3	98.5
(1)交通工具	94.8	94.4	96.2	99.4	99.3	99.8
(2)交通工具用燃料	98.5	98.5	98.4	95.5	95.5	95.4
(3)交通工具使用和维修	99.7	99.5	100.6	100.0	99.9	100.0
(4)交通费	100.0	100.1	99.8	100.8	100.9	100.3
2.通信	99.1	99.0	99.4	100.6	100.5	100.9
(1)通信工具	96.8	96.5	97.7	102.2	101.9	103.2
(2)通信服务	100.0	100.1	100.0	100.0	100.0	100.0
(3)邮递服务	99.6	99.5	100.3	100.0	100.0	100.0

3-20 续表 2

指 标	上年同月=100(同比)			上月=100(环比)		
	全省	城市	农村	全省	城市	农村
六、教育文化娱乐	**103.5**	**103.7**	**102.2**	**100.1**	**100.1**	**100.2**
1. 教育	103.4	103.5	103.0	100.0	100.0	100.3
(1) 教育用品	99.2	98.9	100.2	99.9	99.9	100.0
(2) 教育服务	103.5	103.7	103.1	100.1	100.0	100.3
2. 文化娱乐	103.6	104.1	100.1	100.2	100.2	100.0
(1) 文娱耐用消费品	98.3	98.8	96.3	100.3	100.2	100.7
(2) 其他文娱用品	99.8	99.7	100.4	100.4	100.4	100.5
(3) 文化娱乐服务	100.5	100.5	100.5	100.6	100.6	100.5
(4) 旅游	109.8	110.3	104.3	99.9	100.0	98.4
七、医疗保健	**101.2**	**101.2**	**101.4**	**100.0**	**100.0**	**100.1**
1. 药品及医疗器具	101.7	101.8	101.2	100.1	100.1	100.1
(1) 中药	109.2	109.1	109.5	100.3	100.1	101.0
(2) 西药	99.4	99.6	98.9	100.0	100.1	99.7
(3) 滋补保健品	100.3	100.5	99.6	100.1	100.1	100.0
(4) 医疗卫生器具	102.2	102.5	101.0	100.1	100.0	100.5
(5) 保健器具	100.2	100.8	97.1	99.9	100.0	99.4
2. 医疗服务	101.1	100.9	101.4	100.0	100.0	100.1
(1) 综合医疗类	102.9	102.7	103.2	100.0	100.0	99.9
(2) 诊断类	100.9	100.9	101.1	100.0	100.0	100.1
(3) 治疗类	100.2	100.0	101.0	100.1	100.0	100.3
(4) 康复类	101.1	102.3	97.5	99.7	100.0	98.9
(5) 中医医疗服务类	98.6	97.8	101.0	100.0	100.0	100.0
(6) 其他医疗保健服务	100.7	100.1	102.4	100.1	100.0	100.6
八、其他用品及服务	**103.3**	**103.3**	**103.5**	**100.2**	**100.2**	**100.2**
1. 其他用品	105.5	105.4	105.8	100.5	100.5	100.6
(1) 首饰手表	110.8	110.8	111.1	100.9	100.9	100.7
(2) 母婴用品	98.1	97.7	99.9	100.9	100.6	102.0
(3) 其他杂项用品	99.0	98.9	99.6	99.4	99.3	99.7
2. 其他服务	101.2	101.2	101.2	99.9	99.9	99.8
(1) 在外住宿	107.7	108.0	105.1	98.6	98.7	97.6
(2) 美容美发洗浴	100.7	100.4	101.9	100.0	100.0	100.2
(3) 养老服务	100.4	100.4	100.0	100.0	100.0	100.0
(4) 金融及保险服务	100.1	100.2	100.0	100.0	100.0	100.0
(5) 中介法律及其他服务	101.6	101.8	100.0	100.0	100.0	100.0

3-21 工业生产者购进价格指数（2019-2023）

（上年=100）

指　　标	2019	2020	2021	2022	2023
工业生产者购进价格总指数	**97.1**	**95.9**	**114.5**	**106.1**	**94.8**
1.燃料、动力类	98.6	89.8	117.8	122.0	94.3
2.黑色金属材料类	97.9	98.6	123.8	94.4	91.3
(1)钢材	96.6	98.0	121.8	96.8	90.4
(2)其他	107.4	102.4	134.7	83.8	95.6
3.有色金属材料及电线类	95.3	101.6	124.8	105.7	98.6
4.化工原料类	91.7	88.6	123.5	103.9	89.7
5.木材及纸浆类	95.3	97.7	106.2	102.7	94.7
6.建筑材料及非金属类	100.9	98.6	107.9	96.4	90.7
7.其他工业原材料及半成品类	98.2	98.7	106.2	103.7	97.1
8.农副产品类	100.6	102.5	103.2	104.5	98.3
9.纺织原料类	98.6	96.4	105.0	105.2	97.4

3-22 工业生产者出厂价格指数（2019-2023）

（上年=100）

指　　标	2019	2020	2021	2022	2023
工业生产者出厂价格总指数	**98.9**	**96.9**	**106.3**	**104.0**	**97.3**
按轻重工业分					
1.轻工业	99.5	96.6	103.1	103.3	97.9
⑴以农产品为原料	99.9	98.0	101.6	102.5	98.8
⑵以非农产品为原料	98.9	94.6	104.4	104.0	97.3
2.重工业	98.6	97.2	107.9	104.4	97.0
⑴采掘	109.5	104.6	99.5	100.3	96.9
⑵原料	96.7	93.0	113.2	112.5	95.1
⑶加工	99.3	98.9	105.7	100.8	97.8
按生产生活资料分					
1.生产资料	98.3	96.2	107.9	104.5	96.4
⑴采掘	109.5	104.6	99.5	100.3	96.9
⑵原料	95.9	91.2	113.5	111.2	95.6
⑶加工	99.2	98.1	105.6	101.7	96.8
2.生活资料	100.6	98.9	100.7	102.1	100.3
⑴食品	102.5	101.2	99.5	102.7	100.5
⑵衣着	100.6	97.8	100.8	102.7	100.3
⑶一般日用品	99.9	98.8	100.7	101.9	99.1
⑷耐用消费品	100.5	99.2	101.2	101.7	101.9
按工业部门分					
⑴冶金工业	97.5	100.2	119.0	100.6	96.1
⑵电力工业	99.6	95.6	99.3	112.5	101.9
⑶煤炭及炼焦工业					
⑷石油工业	100.2	85.6	120.7	129.4	93.3
⑸化学工业	96.0	91.8	113.2	103.7	92.9
⑹机械工业	99.1	98.3	102.3	102.4	98.8
⑺建筑材料工业	105.1	101.9	105.3	95.7	91.6
⑻森林工业	100.5	99.9	101.1	101.4	99.0
⑼食品工业	102.6	102.0	100.1	103.2	100.5
⑽纺织工业	99.9	96.2	101.9	102.6	98.2
⑾缝纫工业	100.7	97.3	101.0	103.0	100.1
⑿皮革工业	100.0	99.2	99.2	101.4	101.6
⒀造纸工业	91.7	99.1	105.9	100.6	93.2
⒁文教艺术用品工业	100.5	99.2	102.5	103.2	100.1
⒂其他工业	101.7	99.5	101.3	103.9	100.5

3-23 分行业工业生产者出厂价格指数（2019-2023）

（上年=100）

指　　标	2019	2020	2021	2022	2023
按工业行业分					
黑色金属矿采选业	125.5	127.3			
有色金属矿采选业	87.3	87.5			
非金属矿采选业	111.7	104.8	99.5	100.3	96.9
农副食品加工业	104.9	105.7	100.4	106.4	99.0
食品制造业	101.0	99.9	100.0	103.3	98.7
酒、饮料及精制茶制造业	99.2	96.7	99.2	100.9	102.5
烟草制品业	102.5	100.7	100.0	100.0	100.0
纺织业	100.1	95.8	102.4	102.7	98.4
纺织服装、服饰业	100.7	99.1	99.8	103.0	100.1
皮革、毛皮、羽毛及其制品和制鞋业	100.4	98.3	100.0	101.8	102.0
木材加工和木、竹、藤、棕、草制品业	100.2	99.1	100.7	100.8	98.3
家具制造业	101.3	100.0	101.2	104.1	100.8
造纸和纸制品业	91.7	99.1	105.9	100.6	93.2
印刷和记录媒介复制业	98.0	97.9	105.4	102.1	97.8
文教、工美、体育和娱乐用品制造业	102.4	102.0	100.5	102.7	102.2
石油加工、炼焦和核燃料加工业	98.6	84.4			
石油、煤炭及其他燃料加工业			126.7	130.3	92.7
化学原料和化学制品制造业	94.1	89.7	119.4	105.1	88.5
医药制造业	100.2	99.5	99.6	100.2	96.6
化学纤维制造业	93.7	85.3	115.9	104.5	98.5
橡胶和塑料制品业	99.1	96.8	105.0	101.3	96.1
非金属矿物制品业	104.3	101.3	105.5	96.6	91.3
黑色金属冶炼和压延加工业	96.4	98.6	127.4	94.1	91.2
有色金属冶炼和压延加工业	95.6	102.7	127.4	103.9	96.8
金属制品业	99.8	99.2	105.1	102.1	98.7
通用设备制造业	100.3	98.9	102.9	102.4	98.6
专用设备制造业	99.8	98.8	100.3	101.3	100.3
汽车制造业	99.2	99.1	100.9	100.7	99.3
铁路、船舶、航空航天和其他运输设备制造业	99.7	99.6	103.3	104.7	101.7
电气机械和器材制造业	97.6	97.6	104.9	104.9	97.7
计算机、通信和其他电子设备制造业	98.1	96.4	100.3	100.6	98.7
仪器仪表制造业	100.1	99.2	99.6	100.7	99.5
其他制造业	100.5	99.5	99.7	102.6	99.7
废弃资源综合利用业	98.9	101.6			
金属制品、机械和设备修理业	107.5	104.1	95.2	110.5	99.9
电力、热力生产和供应业	99.9	95.5	99.3	112.5	101.9
燃气生产和供应业	109.6	91.2	102.9	129.3	95.0
水的生产和供应业	100.2	95.5	105.2	101.1	102.2

注：从2021年起，黑色金属矿采选业、有色金属矿采选业、废弃资源综合利用业不再统计；石油加工、炼焦和核燃料加工业改为石油、煤炭及其他燃料加工业

3-24 各月工业生产者出厂价格指数（同比）（2023）

（上年同月=100）

指 标	1月	2月	3月	4月	5月	6月	7月	8月	9月	10月	11月	12月
工业生产者出厂价格总指数	**99.1**	**98.6**	**97.7**	**97.0**	**96.2**	**95.6**	**96.5**	**97.3**	**97.8**	**97.7**	**97.2**	**97.1**
按轻重工业分												
1.轻工业	100.0	99.6	99.0	98.6	97.7	96.8	97.0	97.5	97.5	97.3	97.2	97.1
(1)以农产品为原料	101.0	100.5	100.2	99.3	98.6	98.1	97.8	98.2	98.1	97.9	97.7	97.9
(2)以非农产品为原料	99.1	98.9	98.0	98.1	97.1	95.8	96.3	97.0	97.1	96.8	96.8	96.3
2.重工业	98.6	98.1	97.0	96.2	95.4	94.9	96.2	97.2	97.9	98.0	97.3	97.2
(1)采掘	99.0	96.9	95.9	98.1	98.1	98.2	95.7	95.0	95.2	96.3	97.2	97.5
(2)原料	100.6	99.0	95.7	93.2	91.6	90.1	92.7	94.6	96.7	97.1	95.5	95.5
(3)加工	97.7	97.7	97.6	97.5	97.1	97.0	97.7	98.2	98.5	98.4	98.0	97.9
按生产生活资料分												
1.生产资料	98.4	98.0	96.8	95.9	95.1	94.2	95.4	96.3	97.0	97.1	96.5	96.4
(1)采掘	99.0	96.9	95.9	98.1	98.1	98.2	95.7	95.0	95.2	96.3	97.2	97.5
(2)原料	100.3	99.0	95.7	93.9	92.3	90.5	93.1	95.3	97.2	97.7	96.5	96.6
(3)加工	97.6	97.5	97.3	96.8	96.3	95.9	96.4	96.8	97.0	96.9	96.5	96.4
2.生活资料	101.3	100.9	100.8	100.8	100.2	100.2	100.1	100.5	100.4	99.9	99.6	99.4
(1)食品	103.5	103.4	103.3	102.0	100.2	100.2	98.8	99.8	99.6	98.6	98.1	98.8
(2)衣着	102.1	101.6	101.3	101.1	100.6	100.0	99.5	99.9	99.6	99.2	99.4	99.5
(3)一般日用品	100.2	99.4	99.3	98.8	98.4	98.3	99.3	99.3	99.4	99.2	99.1	98.8
(4)耐用消费品	101.1	101.2	101.0	102.7	102.1	102.9	102.2	103.1	102.7	102.0	101.2	100.4

3-25 各月工业生产者出厂价格指数（环比）（2023）

（上月=100）

指　标	1月	2月	3月	4月	5月	6月	7月	8月	9月	10月	11月	12月
工业生产者出厂价格总指数	**99.4**	**99.8**	**99.9**	**99.9**	**99.4**	**99.4**	**99.6**	**100.1**	**100.5**	**100.0**	**99.5**	**99.7**
按轻重工业分												
1.轻工业	99.0	100.1	99.8	99.9	99.6	99.7	99.7	100.1	100.0	99.9	99.5	99.6
(1)以农产品为原料	99.7	99.6	99.7	99.5	99.7	99.9	99.8	100.1	100.0	100.2	99.8	99.9
(2)以非农产品为原料	98.4	100.4	99.9	100.2	99.6	99.5	99.6	100.1	100.1	99.7	99.3	99.3
2.重工业	99.5	99.7	99.9	99.9	99.3	99.2	99.5	100.1	100.7	100.1	99.5	99.7
(1)采掘	100.0	98.4	98.9	99.7	99.3	100.3	97.3	99.8	100.0	102.2	101.5	100.2
(2)原料	99.1	99.2	99.2	99.2	98.9	98.4	99.8	100.8	102.2	100.6	98.6	99.5
(3)加工	99.7	99.9	100.2	100.2	99.5	99.5	99.5	99.8	100.1	99.9	99.8	99.8
按生产生活资料分												
1.生产资料	99.3	99.8	99.9	99.8	99.3	99.1	99.4	100.1	100.6	100.0	99.3	99.7
(1)采掘	100.0	98.4	98.9	99.7	99.3	100.3	97.3	99.8	100.0	102.2	101.5	100.2
(2)原料	99.5	99.5	99.4	99.7	98.8	98.6	99.8	100.9	102.1	100.4	98.5	99.5
(3)加工	99.2	100.0	100.1	99.8	99.5	99.3	99.3	99.8	100.0	99.9	99.7	99.8
2.生活资料	99.7	99.7	99.9	100.2	99.9	100.2	100.1	100.0	100.0	100.0	100.0	99.6
(1)食品	99.1	99.8	100.1	99.2	99.5	100.2	100.1	100.7	100.4	99.9	100.1	99.8
(2)衣着	99.8	99.8	99.7	99.7	100.1	100.3	99.9	100.0	100.2	100.2	99.9	99.9
(3)一般日用品	99.6	99.3	100.2	99.7	100.1	100.1	100.2	99.7	99.9	100.1	100.2	99.8
(4)耐用消费品	100.1	100.1	99.6	101.8	99.8	100.4	100.1	99.9	100.0	99.7	99.9	99.0

3-26 各月按行业分工业生产者

指标	1月	2月	3月	4月	5月
按工业行业分					
非金属矿采选业	99.0	96.9	95.9	98.1	98.1
农副食品加工业	108.6	108.1	107.0	102.9	97.8
食品制造业	104.0	102.5	100.8	98.8	97.9
酒、饮料和精制茶制造业	101.5	102.2	103.0	102.5	102.8
烟草制品业	100.0	100.0	100.0	100.0	100.0
纺织业	99.8	98.9	98.7	98.7	98.3
纺织服装、服饰业	101.9	101.7	101.3	100.7	100.4
皮革、毛皮、羽毛及其制品和制鞋业	103.1	102.7	102.4	102.5	102.0
木材加工和木、竹、藤、棕、草制品业	99.6	99.3	98.9	98.4	98.0
家具制造业	103.1	103.0	102.3	102.1	101.0
造纸和纸制品业	97.2	96.4	96.1	93.0	92.5
印刷和记录媒介复制业	97.0	98.1	97.5	97.5	97.9
文教、工美、体育和娱乐用品制造业	101.9	101.0	102.2	102.2	102.1
石油、煤炭及其他燃料加工业	110.5	104.6	97.3	90.4	88.2
化学原料和化学制品制造业	90.2	89.5	88.1	86.3	85.6
医药制造业	98.3	97.1	96.6	95.4	94.2
化学纤维制造业	98.5	98.4	95.3	98.6	96.8
橡胶和塑料制品业	97.0	96.6	96.3	95.8	95.4
非金属矿物制品业	88.9	90.5	91.6	92.6	92.8
黑色金属冶炼和压延加工业	89.2	89.9	90.0	88.3	84.6
有色金属冶炼和压延加工业	94.7	94.4	91.7	90.5	89.9
金属制品业	99.1	98.5	98.1	97.6	97.7
通用设备制造业	99.4	99.2	98.8	98.5	98.3
专用设备制造业	100.9	100.6	101.3	100.7	100.1
汽车制造业	99.6	99.4	98.7	100.2	100.1
铁路、船舶、航空航天和其他运输设备制造业	102.8	101.7	101.5	101.1	100.8
电气机械和器材制造业	99.7	100.3	100.1	99.3	98.6
计算机、通信和其他电子设备制造业	99.4	98.8	99.4	99.8	99.2
仪器仪表制造业	100.3	100.2	99.9	99.8	99.9
其他制造业	101.0	101.0	100.9	100.8	101.0
金属制品、机械和设备修理业	114.4	102.5	108.5	105.7	101.0
电力、热力生产和供应业	107.7	106.7	102.6	100.7	98.5
燃气生产和供应业	98.7	98.8	98.3	96.8	94.1
水的生产和供应业	100.7	100.4	101.1	100.9	101.3

出厂价格指数（同比）（2023）

（上年同月=100）

6月	7月	8月	9月	10月	11月	12月
98.2	95.7	95.0	95.2	96.3	97.2	97.5
97.5	94.4	97.4	97.2	94.3	92.1	93.7
97.6	97.5	96.9	97.4	97.0	97.0	96.9
102.7	102.6	102.6	102.6	102.4	102.4	102.4
100.0	100.0	100.0	100.0	100.0	100.0	100.0
97.2	97.5	98.3	98.0	98.3	98.6	98.6
100.4	99.6	99.2	99.3	98.6	98.8	99.1
102.4	102.8	102.5	102.2	101.3	100.2	99.9
98.2	98.1	97.9	97.8	97.8	97.8	97.9
100.8	100.9	100.3	100.0	99.2	98.7	98.4
92.1	91.3	91.0	91.2	92.5	92.3	92.9
97.6	97.9	98.1	97.6	97.6	98.3	98.8
102.2	102.7	102.4	102.6	101.9	102.3	102.5
82.2	81.3	88.3	93.4	96.9	92.3	93.2
83.9	84.9	87.5	90.8	91.6	92.0	93.1
94.2	96.6	98.2	97.9	97.8	97.1	95.7
92.6	95.3	99.2	100.0	101.0	103.1	103.9
94.7	95.1	95.9	96.5	96.6	96.6	96.8
92.1	92.9	91.1	90.9	90.7	90.3	90.9
84.2	89.1	94.1	95.4	96.3	97.9	98.9
91.3	99.4	102.6	104.8	103.3	101.8	101.2
97.4	98.7	99.5	99.4	99.5	99.6	99.1
98.2	98.6	98.6	98.6	98.4	98.3	98.3
100.0	100.4	100.4	99.9	99.9	99.9	100.0
100.6	98.2	99.1	98.5	99.5	98.9	98.6
101.0	101.4	101.9	102.3	102.7	102.2	101.5
98.3	97.7	97.5	96.9	95.8	94.8	94.0
98.9	98.6	98.2	99.5	98.4	97.9	96.7
100.1	99.9	98.9	98.9	98.9	98.8	98.8
99.9	99.5	98.8	98.5	98.2	98.2	98.4
101.7	100.5	94.3	96.6	93.7	92.2	92.5
98.6	104.1	103.2	102.7	102.2	99.3	97.6
93.0	92.8	92.8	93.5	93.6	93.6	93.6
102.1	102.4	102.6	102.7	102.9	104.7	104.4

3-27 各月按行业分工业生产者

指　　标	1月	2月	3月	4月	5月
按工业行业分					
非金属矿采选业	100.0	98.4	98.9	99.7	99.3
农副食品加工业	97.2	99.3	99.5	97.2	98.0
食品制造业	100.2	99.0	99.3	98.8	99.8
酒、饮料和精制茶制造业	100.1	100.6	101.0	100.1	100.6
烟草制品业	100.0	100.0	100.0	100.0	100.0
纺织业	100.0	99.6	100.0	100.0	99.7
纺织服装、服饰业	99.9	99.8	99.4	99.4	100.1
皮革、毛皮、羽毛及其制品和制鞋业	99.7	99.8	100.0	100.0	100.0
木材加工和木、竹、藤、棕、草制品业	99.8	99.7	99.6	99.6	99.6
家具制造业	99.7	99.8	99.4	99.8	99.7
造纸和纸制品业	99.4	99.2	99.0	98.5	99.1
印刷和记录媒介复制业	99.3	100.2	99.7	100.0	99.9
文教、工美、体育和娱乐用品制造业	100.5	99.5	101.1	100.1	100.3
石油、煤炭及其他燃料加工业	94.9	99.5	100.4	96.8	99.1
化学原料和化学制品制造业	97.9	100.1	99.8	99.4	98.4
医药制造业	100.1	98.8	99.8	99.1	99.9
化学纤维制造业	101.8	101.7	100.1	102.9	98.6
橡胶和塑料制品业	98.9	99.6	99.8	99.6	99.8
非金属矿物制品业	98.5	99.5	100.6	100.7	98.7
黑色金属冶炼和压延加工业	101.6	101.0	101.9	99.5	96.1
有色金属冶炼和压延加工业	99.7	101.0	100.0	100.2	98.2
金属制品业	99.7	99.8	100.0	100.1	100.0
通用设备制造业	99.7	99.7	99.7	99.7	99.8
专用设备制造业	99.7	99.8	100.5	99.6	99.9
汽车制造业	100.3	100.3	99.4	101.5	99.9
铁路、船舶、航空航天和其他运输设备制造业	100.7	100.3	99.9	99.9	100.1
电气机械和器材制造业	96.8	101.0	100.3	100.0	99.9
计算机、通信和其他电子设备制造业	99.4	98.8	100.4	99.8	100.0
仪器仪表制造业	100.0	100.0	99.5	99.9	100.0
其他制造业	100.0	99.5	100.2	99.8	100.4
金属制品、机械和设备修理业	100.4	89.3	102.8	99.1	98.2
电力、热力生产和供应业	101.4	98.0	98.3	99.6	99.5
燃气生产和供应业	99.9	100.1	99.7	98.5	97.1
水的生产和供应业	100.0	99.5	100.7	99.9	101.2

出厂价格指数（环比）（2023）

（上月=100）

6月	7月	8月	9月	10月	11月	12月
100.3	97.3	99.8	100.0	102.2	101.5	100.2
100.2	100.4	102.2	101.3	99.4	99.4	99.5
100.0	100.1	99.7	100.2	100.1	100.1	99.7
99.9	100.0	100.1	100.1	99.9	100.0	100.0
100.0	100.0	100.0	100.0	100.0	100.0	100.0
99.7	100.0	100.3	99.7	100.0	99.9	99.8
100.3	99.6	99.8	100.3	100.3	100.0	100.0
100.4	100.4	99.8	100.4	100.0	99.8	99.8
100.1	99.7	99.6	100.0	100.1	99.9	100.1
100.4	100.4	99.7	100.1	100.0	99.8	99.6
99.4	98.7	98.9	99.7	101.2	99.6	100.2
99.7	99.9	100.0	99.4	100.0	100.4	100.2
100.3	100.2	99.8	100.5	99.6	100.4	100.1
97.4	100.0	104.6	105.5	103.8	97.0	94.8
97.4	98.7	99.8	101.8	101.0	99.3	99.3
100.2	100.2	99.7	99.3	99.9	99.7	99.1
99.7	99.8	101.4	101.3	99.8	97.8	99.1
99.4	99.9	99.9	100.0	100.1	100.0	99.8
96.7	98.0	97.8	99.4	100.5	99.9	100.3
97.4	99.9	100.6	100.0	100.4	99.8	100.9
99.6	100.7	100.9	101.4	99.1	100.1	100.2
99.5	100.2	99.9	100.0	99.8	100.2	99.9
100.1	99.9	99.9	100.0	100.0	99.8	99.8
100.1	100.3	100.0	99.8	100.3	100.1	99.9
99.9	98.3	100.0	99.8	100.0	99.9	99.4
100.0	100.0	100.3	100.4	100.5	99.9	99.6
99.6	99.1	99.9	99.8	99.0	99.2	99.3
100.2	99.4	99.9	100.7	99.4	99.5	99.2
100.0	100.0	99.4	100.0	100.0	100.0	100.0
98.9	99.9	99.5	99.8	99.8	100.4	100.0
102.8	101.7	98.8	100.7	100.0	100.0	99.1
99.4	100.4	100.5	101.5	99.6	98.1	101.3
98.5	99.7	99.9	100.0	100.1	99.9	100.0
100.7	100.1	100.1	100.2	100.1	102.0	100.0

3-28 各月工业生产者

指 标	1月	2月	3月	4月	5月
工业生产者购进价格总指数	**98.3**	**97.9**	**96.6**	**94.2**	**92.9**
1. 燃料、动力类	110.1	107.8	102.2	94.4	93.0
2. 黑色金属材料类	88.7	89.2	89.9	88.2	86.0
(1)钢材	87.9	89.0	89.6	88.3	86.8
(2)其他	93.4	89.8	90.8	87.3	81.6
3. 有色金属材料及电线类	96.7	96.6	95.5	94.6	92.9
4. 化工原料类	91.1	90.6	90.1	87.9	86.9
5. 木材及纸浆类	100.4	100.2	99.4	97.0	95.1
6. 建筑材料及非金属类	87.0	91.7	93.1	94.4	94.2
7. 其他工业原材料及半成品类	99.7	99.2	98.6	97.6	96.6
8. 农副产品类	101.1	100.7	101.2	100.7	98.3
9. 纺织原料类	98.1	98.3	97.2	96.4	96.5

3-29 各月工业生产者

指 标	1月	2月	3月	4月	5月
工业生产者购进价格总指数	**99.3**	**99.5**	**100.3**	**99.6**	**99.0**
1. 燃料、动力类	100.3	97.4	98.5	98.4	99.4
2. 黑色金属材料类	100.6	101.0	102.0	99.3	96.9
(1)钢材	100.1	100.6	101.5	99.9	98.1
(2)其他	102.9	103.4	104.4	96.6	90.9
3. 有色金属材料及电线类	100.0	101.0	100.7	100.5	99.2
4. 化工原料类	97.8	99.7	101.8	99.8	98.1
5. 木材及纸浆类	99.4	99.2	99.4	98.5	98.7
6. 建筑材料及非金属类	98.0	97.4	101.2	103.2	98.5
7. 其他工业原材料及半成品类	99.2	99.9	99.9	99.7	99.7
8. 农副产品类	97.2	99.5	100.7	99.8	99.4
9. 纺织原料类	100.0	100.0	99.3	99.8	100.3

购进价格指数（同比）（2023）

（上年同月=100）

6月	7月	8月	9月	10月	11月	12月
91.5	**91.6**	**93.5**	**95.1**	**95.3**	**95.3**	**95.4**
89.1	87.2	88.6	90.5	90.2	90.7	91.3
85.8	89.3	92.2	95.7	96.6	98.5	98.0
85.6	88.3	91.3	94.3	95.2	95.5	95.8
87.0	95.3	97.3	103.2	104.5	116.9	109.9
93.7	98.4	103.2	104.8	104.4	102.8	101.9
84.3	83.1	87.3	92.1	94.0	94.9	95.9
93.5	92.5	91.9	91.3	91.7	92.0	92.1
93.3	92.3	90.2	88.8	88.3	87.1	87.4
96.1	96.0	96.9	96.7	96.4	95.8	95.1
97.3	96.0	97.8	97.2	97.0	96.8	96.4
96.3	96.1	96.8	97.4	97.8	98.7	99.0

购进价格指数（环比）（2023）

（上月=100）

6月	7月	8月	9月	10月	11月	12月
98.7	**98.5**	**100.0**	**100.8**	**100.4**	**99.9**	**99.5**
98.0	96.5	99.9	101.6	101.0	101.1	98.8
98.3	99.6	99.4	100.8	100.1	100.0	100.2
97.7	99.0	99.6	100.2	99.9	99.5	99.8
101.6	102.7	98.6	103.8	100.7	102.7	102.1
99.7	100.6	100.3	100.7	99.4	99.6	100.2
97.8	97.2	100.6	102.5	102.0	99.6	99.1
98.4	99.2	99.0	99.1	100.6	100.4	99.9
95.3	96.1	97.6	99.0	100.5	100.5	99.7
99.3	99.1	99.9	99.9	99.7	99.2	99.5
99.8	100.2	101.3	100.0	100.0	99.4	99.0
99.9	99.9	99.9	100.1	100.0	100.0	99.9

3-30 农产品生产者价格指数（2019-2023）

（上年=100）

指　　标	2019	2020	2021	2022	2023
农产品生产者价格总指数	**109.9**	**107.3**	**99.3**	**101.5**	**101.2**
一、种植业产品	**102.8**	**98.2**	**105.5**	**102.3**	**100.8**
谷物	94.5	102.5	100.8	101.1	100.5
稻谷	93.8	102.7	100.8	100.4	100.6
早籼稻	100.0	105.2	96.8	102.0	101.5
晚籼稻	95.9	100.5	100.3	97.7	99.2
粳稻	90.3	104.4	109.9	102.0	100.7
薯类	106.6	102.0	111.6	109.0	103.6
油料	111.9	97.4	108.0	102.7	106.3
油菜籽	104.3	104.8	104.4	103.2	99.6
豆类	-	93.4	105.3	106.3	95.5
大豆	-	125.0	103.1	104.7	93.0
蔬菜	106.4	96.5	105.8	101.8	102.1
叶菜类蔬菜	106.4	98.6	108.6	95.4	104.3
根茎类蔬菜	106.3	94.9	113.7	102.9	101.0
瓜菜类蔬菜	101.6	97.6	102.4	110.8	102.5
豆类蔬菜	95.8	101.9	98.1	98.9	98.0
茄果类蔬菜	108.3	93.5	102.3	100.0	101.9
食用菌	106.2	102.9	98.8	102.1	99.2
花卉	94.2	98.3	97.7	100.4	97.7
水果及坚果	100.2	98.7	111.1	104.4	97.8
水果(园林水果)	104.6	101.2	109.3	106.4	96.9
食用坚果	105.3	83.3	129.1	90.6	103.8
茶叶	97.0	92.1	98.2	99.2	99.7
中草药材	103.0	96.6	104.2	114.3	106.5
二、林业产品	**96.4**	**100.4**	**101.9**	**99.5**	**97.1**
苗木	100.3	98.9	102.4	98.1	95.7
木材采伐产品	98.6	99.9	99.0	101.4	98.8
竹材采伐产品	100.1	93.0	102.4	104.9	101.5
林产品	100.0	109.6	101.6	100.8	98.6
三、畜牧业产品	**104.8**	**138.2**	**73.9**	**96.2**	**90.2**
猪	140.3	155.2	60.3	90.1	81.9
羊	112.7	107.8	107.3	92.7	96.0
活鸡	104.0	94.7	106.2	106.3	100.7
活鸭	106.3	94.9	107.1	108.9	105.8
禽蛋	100.0	90.1	110.5	104.0	99.8
鸡蛋	98.9	92.1	102.6	100.5	98.8
鸭蛋	101.1	88.2	118.5	111.0	101.9
天然蜂蜜及副产品	103.4	97.9	98.2	102.9	101.9
蚕茧	108.8	95.7	116.2	98.6	105.3
四、渔业产品	**102.2**	**101.5**	**102.9**	**103.1**	**107.0**
海水养殖产品	102.7	99.9	104.6	102.2	108.0
海水捕捞产品	103.3	102.3	100.8	104.0	110.0
淡水养殖产品	100.0	100.7	106.2	101.3	98.7

3-31 各季农产品生产者价格指数（2023）

（上年同期=100）

指　　标	1季度	2季度	3季度	4季度
农产品生产者价格总指数	**104.9**	**104.7**	**96.9**	**97.2**
一、种植业产品	**102.8**	**105.1**	**96.3**	**100.4**
谷物	100.2	95.2	100.0	100.9
稻谷	100.2		100.5	100.9
早籼稻	102.3		100.5	101.9
晚籼稻				99.2
粳稻	100.2			101.3
薯类	105.3	104.9	109.7	97.8
油料	128.3	99.5	99.0	109.4
油菜籽		99.6	101.3	
豆类		113.3		93.0
大豆				93.0
蔬菜	104.8	104.2	99.3	103.3
叶菜类蔬菜	126.4	100.1	99.2	102.0
根茎类蔬菜	92.8	97.1	110.3	99.1
瓜菜类蔬菜	113.2	101.4	94.4	90.5
豆类蔬菜		96.0	103.9	92.5
茄果类蔬菜	111.0	98.3	94.5	97.1
食用菌	105.3	98.7	88.8	94.2
花卉	94.0	98.8	96.8	98.5
水果及坚果	100.1	104.0	88.9	92.9
水果(园林水果)	100.5	104.0	88.5	84.1
食用坚果	99.3		105.1	108.2
茶叶	98.5	107.4	95.9	97.2
中草药材	101.6	106.6	109.1	107.8
二、林业产品	**99.5**	**96.7**	**96.6**	**97.4**
苗木	99.1	94.0	95.7	97.4
木材采伐产品	100.0	98.9	99.8	96.5
竹材采伐产品	103.5	101.2	103.5	98.0
林产品	98.4	98.6		
三、畜牧业产品	**104.4**	**100.4**	**84.9**	**79.3**
猪	106.2	96.9	72.3	65.9
羊	94.6	101.0	94.5	94.2
活鸡	102.7	101.5	100.7	98.4
活鸭	108.9	101.3	107.7	104.1
禽蛋	102.6	103.0	102.8	92.2
鸡蛋	98.0	101.6	103.0	93.5
鸭蛋	111.8	105.9	102.4	89.6
天然蜂蜜及副产品	102.0	108.5	110.0	98.1
蚕茧		110.5	99.7	107.1
四、渔业产品	**107.2**	**110.5**	**105.6**	**99.7**
海水养殖产品	106.8	108.6	99.8	105.2
海水捕捞产品	109.2	119.4	113.7	99.5
淡水养殖产品	100.5	96.5	100.2	94.2

四 农业调查

4-1 畜禽监测主要指标（2019-2023）

指　　标		2019	2020	2021	2022	2023
生猪存栏	（万头）	427.30	627.58	640.23	644.49	608.88
#能繁母猪	（万头）	40.20	58.07	69.31	71.11	65.13
生猪出栏	（万头）	756.05	665.42	773.91	850.53	953.23
猪肉产量	（万吨）	60.16	54.20	65.15	71.41	80.78
家禽存栏	（万只）	8616.65	8740.08	8036.48	8505.70	8519.01
#鸡	（万只）	7031.19	7198.36	6717.67	6852.36	6976.72
家禽出栏	（万只）	19501.16	20979.21	21962.36	21495.52	22406.75
禽肉产量	（万吨）	29.86	31.75	33.87	32.69	34.66
禽蛋数量	（万吨）	33.57	33.17	30.94	31.71	36.29
牛存栏	（万头）	13.24	14.95	16.69	15.54	15.06
#奶牛	（万头）	3.08	4.04	4.31	4.43	4.50
牛出栏	（万头）	8.61	8.84	10.15	9.31	9.54
牛肉产量	（万吨）	1.30	1.39	1.66	1.52	1.52
牛奶产量	（万吨）	15.48	18.33	18.55	19.60	20.88
羊存栏	（万只）	117.46	140.14	151.21	160.04	146.22
羊出栏	（万只）	134.46	129.94	140.05	139.71	134.98
羊肉产量	（万吨）	2.27	2.18	2.42	2.43	2.47
猪牛羊禽肉产量	（万吨）	93.59	89.52	103.10	108.05	119.43

4-2 粮食播种面积和产量（2014-2015）

单位：千公顷、公斤、万吨

指　　标	2014			2015		
	播种面积	公顷产	总产量	播种面积	公顷产	总产量
粮食作物合计	**1005.59**	**6003**	**603.61**	**989.70**	**5901**	**583.97**
一、按粮食作物分						
1.谷　物	815.99	6544	534.02	800.90	6428	514.83
(1)稻　谷	654.20	7160	468.38	634.24	7029	445.80
①早　稻	92.37	6144	56.75	89.91	5806	52.21
②晚　稻	561.83	7327	411.63	544.32	7231	393.59
#单季稻	466.48	7555	352.42	450.47	7462	336.14
(2)小　麦	89.53	3769	33.74	98.96	3909	38.68
(3)大　麦	14.71	4259	6.27	10.81	4575	4.94
(4)玉　米	51.07	4523	23.10	51.63	4474	23.10
(5)其他谷物	6.48	3901	2.53	5.26	4392	2.31
2.豆　类	114.78	2691	30.89	114.92	2619	30.10
(1)大　豆	85.10	2707	23.04	86.27	2566	22.14
(2)杂　豆	29.68	2645	7.85	28.65	2779	7.96
3.薯　类	74.81	5174	38.70	73.88	5285	39.04
(1)马铃薯	39.99	4163	16.65	39.38	4158	16.37
(2)蕃　薯	34.82	6334	22.06	34.50	6570	22.67
二、按季节分						
(一)夏收粮食合计	**156.09**	**3756**	**58.63**	**161.13**	**3883**	**62.57**
1.小　麦	89.53	3769	33.74	98.96	3909	38.68
2.大　麦	14.71	4259	6.27	10.81	4575	4.94
3.春季豆类	18.18	2519	4.58	16.96	2726	4.62
4.春季薯类	33.67	4171	14.04	34.40	4163	14.32
(1)马铃薯	33.32	4142	13.80	34.13	4122	14.07
(2)甘　薯	0.35	6933	0.24	0.26	9475	0.25
(二)早稻	**92.37**	**6144**	**56.75**	**89.91**	**5806**	**52.21**
(三)秋收粮食合计	**757.13**	**6448**	**488.23**	**738.65**	**6352**	**469.20**
1.晚　稻	561.83	7327	411.63	544.32	7231	393.59
(1)单　晚	466.48	7555	352.42	450.47	7462	336.14
(2)双　晚	95.35	6210	59.21	93.85	6122	57.45
2.夏秋玉米	51.07	4523	23.10	51.63	4474	23.10
3.夏秋豆类	96.60	2723	26.31	97.96	2601	25.48
(1)夏秋大豆	85.10	2707	23.04	86.27	2566	22.14
(2)杂　豆	11.50	2845	3.27	11.69	2857	3.34
4.夏秋薯类	41.14	5994	24.66	39.48	6262	24.72
(1)马铃薯	6.67	4266	2.85	5.24	4397	2.31
(2)甘　薯	34.47	6328	21.81	34.23	6548	22.42
5.秋杂粮	6.48	3901	2.53	5.26	4392	2.31

4-3 粮食播种面积和产量（2016-2017）

单位：千公顷、公斤、万吨

指　标	2016			2017		
	播种面积	公顷产	总产量	播种面积	公顷产	总产量
粮食作物合计	**951.36**	**5937**	**564.84**	**977.19**	**5937**	**580.14**
一、按粮食作物分						
1.谷　物	757.99	6582	498.92	784.86	6542	513.43
(1)稻　谷	613.09	7256	444.83	620.68	7168	444.91
①早　稻	86.53	6390	55.29	86.43	6105	52.77
②晚　稻	526.56	7398	389.54	534.25	7340	392.15
#单季稻	433.94	7620	330.66	439.58	7590	333.64
(2)小　麦	85.32	3315	28.28	103.67	4043	41.92
(3)大　麦	5.76	3818	2.20	5.12	3853	1.97
(4)玉　米	49.94	4382	21.88	51.88	4440	23.04
(5)其他谷物	3.88	4427	1.72	3.50	4536	1.59
2.豆　类	114.38	2373	27.14	108.25	2529	27.38
(1)大　豆	83.82	2428	20.36	80.41	2535	20.38
(2)杂　豆	30.55	2221	6.79	27.84	2513	7.00
3.薯　类	78.99	4910	38.79	84.08	4677	39.32
(1)马铃薯	41.87	3935	16.47	44.99	4148	18.66
(2)蕃　薯	37.12	6011	22.31	39.08	5285	20.66
二、按季节分						
(一)夏收粮食合计	**145.32**	**3347**	**48.64**	**162.28**	**3975**	**64.50**
1.小　麦	85.32	3315	28.28	103.67	4043	41.92
2.大　麦	5.76	3818	2.20	5.12	3853	1.97
3.春季豆类	16.72	2157	3.61	13.02	2828	3.68
4.春季薯类	37.52	3878	14.55	40.46	4184	16.93
(1)马铃薯	37.23	3875	14.43	40.01	4172	16.69
(2)甘　薯	0.28	4313	0.12	0.46	5231	0.24
(二)早稻	**86.53**	**6390**	**55.29**	**86.43**	**6105**	**52.77**
(三)秋收粮食合计	**719.50**	**6406**	**460.91**	**728.48**	**6354**	**462.87**
1.晚　稻	526.56	7398	389.54	534.25	7340	392.15
(1)单　晚	433.94	7620	330.66	439.58	7590	333.64
(2)双　晚	92.62	6358	58.89	94.67	6180	58.50
2.夏秋玉米	49.94	4382	21.88	51.88	4440	23.04
3.夏秋豆类	97.65	2410	23.54	95.24	2489	23.70
(1)夏秋大豆	83.82	2428	20.36	80.41	2535	20.38
(2)杂　豆	13.83	2298	3.18	14.83	2237	3.32
4.夏秋薯类	41.47	5845	24.24	43.62	5134	22.39
(1)马铃薯	4.63	4420	2.05	4.99	3959	1.98
(2)甘　薯	36.84	6024	22.19	38.63	5286	20.42
5.秋杂粮	3.88	4427	1.72	3.50	4536	1.59

4-4 粮食播种面积和产量（2018-2019）

单位：千公顷、公斤、万吨

指　　标	2018			2019		
	播种面积	公顷产	总产量	播种面积	公顷产	总产量
粮食作物合计	**975.73**	**6140**	**599.14**	**977.44**	**6058**	**592.15**
一、按粮食作物分						
1.谷　物	789.90	6782	535.74	791.27	6680	528.57
⑴稻　谷	651.07	7333	477.40	627.52	7363	462.06
①早　稻	97.10	6399	62.13	98.81	6104	60.32
②晚　稻	553.97	7496	415.27	528.71	7599	401.74
#单季稻	454.94	7756	352.85	425.73	7930	337.62
⑵小　麦	85.36	4193	35.79	82.66	3917	32.38
⑶大　麦	0.38	4474	0.17	0.41	3759	0.15
⑷玉　米	49.34	4183	20.64	76.42	4229	32.32
⑸其他谷物	3.75	4639	1.74	4.27	3886	1.66
2.豆　类	113.14	2495	28.22	118.73	2576	30.58
⑴大　豆	85.21	2518	21.46	90.16	2590	23.36
⑵杂　豆	27.93	2424	6.77	28.57	2528	7.22
3.薯　类	72.68	4838	35.17	67.44	4894	33.00
⑴马铃薯	34.29	3848	13.20	32.81	3847	12.62
⑵蕃　薯	38.39	5723	21.97	34.63	5886	20.38
二、按季节分						
(一)夏收粮食合计	**129.75**	**3937**	**51.08**	**127.38**	**3729**	**47.50**
1.小　麦	85.36	4193	35.79	82.66	3917	32.38
2.大　麦	0.38	4474	0.17	0.41	3759	0.15
3.春季豆类	13.76	2580	3.55	16.26	2614	4.25
4.春季薯类	30.25	3826	11.57	28.06	3821	10.72
(1)马铃薯	29.83	3809	11.36	27.70	3791	10.50
(2)甘　薯	0.42	5048	0.21	0.36	6103	0.22
(二)早稻	**97.10**	**6399**	**62.13**	**98.81**	**6104**	**60.32**
(三)秋收粮食合计	**748.88**	**6489**	**485.92**	**751.24**	**6447**	**484.33**
1.晚　稻	553.97	7496	415.27	528.71	7599	401.74
(1)单　晚	454.94	7756	352.85	425.73	7930	337.62
(2)双　晚	99.03	6304	62.43	102.98	6227	64.12
2.夏秋玉米	49.34	4183	20.64	76.42	4229	32.32
3.夏秋豆类	99.38	2483	24.67	102.48	2569	26.33
(1)夏秋大豆	85.21	2518	21.46	90.16	2590	23.36
(2)杂　豆	14.17	2272	3.22	12.31	2415	2.97
4.夏秋薯类	42.43	5560	23.59	39.38	5659	22.28
(1)马铃薯	4.46	4110	1.83	5.12	4153	2.12
(2)甘　薯	37.97	5731	21.76	34.26	5883	20.16
5.秋杂粮	3.75	4639	1.74	4.27	3886	1.66

4-5 粮食播种面积和产量（2020-2021）

单位：千公顷、公斤、万吨

指　标	2020			2021		
	播种面积	公顷产	总产量	播种面积	公顷产	总产量
粮食作物合计	**993.40**	**6097**	**605.70**	**1006.71**	**6168**	**620.90**
一、按粮食作物分						
1.谷　物	804.25	6665	536.05	817.30	6698	547.40
(1)稻　谷	636.02	7313	465.12	633.36	7407	469.12
①早　稻	101.22	6202	62.78	101.99	6161	62.83
②晚　稻	534.80	7523	402.35	531.38	7646	406.29
#单季稻	445.21	7700	342.82	440.97	7890	347.92
(2)小　麦	93.36	4370	40.79	114.81	4210	48.34
(3)大　麦	2.01	4416	0.89	1.74	3991	0.70
(4)玉　米	63.28	4094	25.91	57.97	4410	25.56
(5)其他谷物	9.57	3485	3.33	9.41	3909	3.68
2.豆　类	115.81	2663	30.84	108.04	2779	30.03
(1)大　豆	82.75	2628	21.75	75.95	2800	21.27
(2)杂　豆	33.05	2752	9.10	32.09	2729	8.76
3.薯　类	73.35	5291	38.81	81.37	5343	43.48
(1)马铃薯	23.54	3810	8.97	27.45	3875	10.64
(2)蕃　薯	49.81	5991	29.84	53.92	6090	32.84
二、按季节分						
(一)夏收粮食合计	**138.62**	**4015**	**55.66**	**166.16**	**3931**	**65.32**
1.小　麦	93.36	4370	40.79	114.81	4210	48.34
2.大　麦	2.01	4416	0.89	1.74	3991	0.70
3.春季豆类	27.73	2960	8.21	28.92	2817	8.15
4.春季薯类	15.13	3699	5.60	20.44	3934	8.04
(1)马铃薯	14.94	3670	5.48	19.75	3862	7.62
(2)甘　薯	0.19	6001	0.11	0.70	6001	0.42
5.春杂粮	-	-	-	0.24	4270	0.10
(二)早稻	**101.22**	**6202**	**62.78**	**101.99**	**6161**	**62.83**
(三)秋收粮食合计	**753.56**	**6466**	**487.27**	**738.57**	**6672**	**492.75**
1.晚　稻	534.80	7523	402.35	531.38	7646	406.29
(1)单　晚	445.21	7700	342.82	440.97	7890	347.92
(2)双　晚	89.60	6643	59.52	90.41	6456	58.37
2.夏秋玉米	63.28	4094	25.91	57.97	4410	25.56
3.夏秋豆类	88.08	2570	22.64	79.11	2766	21.88
(1)夏秋大豆	78.06	2582	20.15	72.05	2775	19.99
(2)杂　豆	10.02	2480	2.49	7.07	2670	1.89
4.夏秋薯类	58.22	5705	33.22	60.93	5815	35.43
(1)马铃薯	8.60	4054	3.49	7.71	3910	3.01
(2)甘　薯	49.62	5991	29.73	53.23	6091	32.42
5.秋杂粮	9.18	3448	3.16	9.18	3900	3.58

4-6 粮食播种面积和产量（2022-2023）

单位：千公顷、公斤、万吨

指　　标	2022			2023		
	播种面积	公顷产	总产量	播种面积	公顷产	总产量
粮食作物合计	**1020.45**	**6085**	**620.97**	**1024.68**	**6234**	**638.79**
一、按粮食作物分						
1.谷　物	827.46	6609	546.89	838.44	6768	567.46
⑴稻　谷	629.19	7357	462.89	648.98	7477	485.27
①早　稻	113.09	6207	70.19	122.15	6297	76.91
②晚　稻	516.10	7609	392.71	526.83	7751	408.36
#单季稻	416.11	7850	326.67	422.54	8023	339.01
⑵小　麦	130.64	4230	55.26	152.62	4353	66.43
⑶大　麦	1.20	4095	0.49	0.77	4384	0.34
⑷玉　米	55.40	4351	24.11	27.99	4344	12.16
⑸其他谷物	11.02	3755	4.14	8.08	4040	3.27
2.豆　类	110.48	2737	30.24	106.93	2690	28.76
⑴大　豆	77.78	2717	21.13	81	2668	21.61
⑵杂　豆	32.70	2786	9.11	25.92	2758	7.15
3.薯　类	82.51	5313	43.84	79.31	5368	42.57
⑴马铃薯	27.17	3914	10.63	26.69	4126	11.01
⑵蕃　薯	55.35	5999	33.20	52.63	5997	31.56
二、按季节分						
(一)夏收粮食合计	**183.58**	**3980**	**73.07**	**202.47**	**4129**	**83.60**
1.小　麦	130.64	4230	55.26	152.62	4353	66.43
2.大　麦	1.20	4095	0.49	0.77	4384	0.34
3.春季豆类	30.34	2901	8.80	26.21	2803	7.35
4.春季薯类	20.93	3986	8.34	22.59	4144	9.36
(1)马铃薯	20.34	3923	7.98	22.12	4118	9.11
(2)甘　薯	0.60	6164	0.37	0.47	5330	0.25
5.春杂粮	0.46	3551	0.17	0.29	4186	0.12
(二)早稻	**113.09**	**6207**	**70.19**	**122.15**	**6297**	**76.91**
(三)秋收粮食合计	**723.78**	**6600**	**477.71**	**700.06**	**6832**	**478.28**
1.晚　稻	516.10	7609	392.71	526.83	7751	408.36
(1)单　晚	416.11	7850	326.67	422.54	8023	339.01
(2)双　晚	99.99	6604	66.04	104.29	6649	69.35
2.夏秋玉米	55.40	4351	24.11	27.99	4344	12.16
3.夏秋豆类	80.14	2675	21.44	80.71	2653	21.41
(1)夏秋大豆	73.29	2684	19.67	76.08	2662	20.25
(2)杂　豆	6.85	2578	1.77	4.63	2505	1.16
4.夏秋薯类	61.58	5763	35.49	56.73	5855	33.21
(1)马铃薯	6.83	3889	2.66	4.57	4165	1.90
(2)甘　薯	54.75	5997	32.84	52.15	6003	31.31
5.秋杂粮	10.56	3763	3.97	7.80	4034	3.15

五 市县数据

5-1 各设区市全体居民人均可支配收入（2019-2023）

单位：元

地 区	2019	2020	2021	2022	2023
杭州市	59261	61879	67709	70281	73797
宁波市	56982	59952	65436	68348	71731
温州市	51490	54025	59588	63033	67380
嘉兴市	51615	54667	60048	62626	66353
湖州市	48673	51800	57497	60554	63972
绍兴市	53839	56600	62509	65760	69707
金华市	48155	50580	55880	58080	61710
衢州市	35412	37935	42658	45276	48237
舟山市	53568	55830	60848	63848	68110
台州市	47988	50643	55499	58040	61067
丽水市	35450	37744	42042	44450	47182

5-2 各设区市全体居民人均消费支出（2019-2023）

单位：元

地 区	2019	2020	2021	2022	2023
杭州市	40016	38235	44609	46440	50129
宁波市	33944	34455	40478	42997	45503
温州市	34107	34283	39900	42809	46879
嘉兴市	30547	31756	37158	39146	42648
湖州市	29657	30413	35874	38322	41580
绍兴市	31109	31613	37448	40371	43628
金华市	30911	30949	36471	38371	41807
衢州市	20635	21029	25048	26981	29298
舟山市	32347	32459	37561	39710	43612
台州市	31768	30969	36227	38330	40878
丽水市	25718	25940	30390	32586	35331

5-3 各设区市城镇常住居民人均可支配收入（2019-2023）

单位：元

地　区	2019	2020	2021	2022	2023
杭州市	66068	68666	74700	77043	80587
宁波市	64886	68008	73869	76690	80144
温州市	60957	63481	69678	73326	77973
嘉兴市	61940	64124	69839	72096	75909
湖州市	59028	61743	67983	71044	74400
绍兴市	63935	66694	73101	76199	80392
金华市	59348	61545	67374	69626	73639
衢州市	46933	49300	54577	57465	60592
舟山市	61479	63702	69103	71965	76435
台州市	60351	62598	68053	70737	73879
丽水市	46437	48532	53259	55784	58583

5-4 各设区市城镇常住居民人均消费支出（2019-2023）

单位：元

地　区	2019	2020	2021	2022	2023
杭州市	44076	41916	48629	50336	54103
宁波市	38274	38702	45362	47916	50347
温州市	39804	39860	46147	49176	53333
嘉兴市	35435	36384	42305	44112	47551
湖州市	34916	35488	41532	44040	46788
绍兴市	35925	36392	42766	45889	49300
金华市	37166	36828	43031	45061	48792
衢州市	26535	26801	31434	33630	35962
舟山市	36333	36478	42047	44232	48153
台州市	37616	36131	42096	44180	46744
丽水市	31876	31756	36678	38975	41541

5-5 各设区市农村常住居民人均可支配收入（2019-2023）

单位：元

地　区	2019	2020	2021	2022	2023
杭州市	36255	38700	42692	45183	48180
宁波市	36632	39132	42946	45487	48350
温州市	30211	32428	35844	38482	41622
嘉兴市	37413	39801	43598	46276	49643
湖州市	34803	37244	41303	44112	47455
绍兴市	36120	38696	42636	45709	48825
金华市	28511	30365	33709	35630	38136
衢州市	24426	26290	29266	31468	33993
舟山市	36784	39096	42945	45924	49379
台州市	30221	32188	35419	37700	40153
丽水市	21931	23637	26386	28470	30811

5-6 各设区市农村常住居民人均消费支出（2019-2023）

单位：元

地　区	2019	2020	2021	2022	2023
杭州市	26296	25664	30224	31980	35133
宁波市	22797	23481	27451	29514	32039
温州市	21301	21544	25198	27623	31187
嘉兴市	23824	24482	28510	30571	34072
湖州市	22613	22984	27134	29359	33330
绍兴市	22658	23135	27471	29772	32542
金华市	19933	20112	23816	25364	28003
衢州市	15009	15115	17872	19450	21615
舟山市	23891	23915	27831	29724	33396
台州市	23364	23001	26838	28958	31303
丽水市	18141	18335	21613	23577	26413

5-7 杭州居民家庭人均收支及增长情况（2023）

指　　标	全体居民		城镇常住居民		农村常住居民	
	水平(元)	增长(%)	水平(元)	增长(%)	水平(元)	增长(%)
可支配收入	**73797**	**5.0**	**80587**	**4.6**	**48180**	**6.6**
1. 工资性收入	43269	5.1	47092	4.7	28844	6.7
2. 经营净收入	7656	5.5	6631	5.6	11521	6.0
3. 财产净收入	9761	4.3	11802	3.9	2057	5.8
4. 转移净收入	13112	4.9	15062	4.4	5758	8.0
生活消费支出	**50129**	**7.9**	**54103**	**7.5**	**35133**	**9.9**
1. 食品烟酒	12210	5.0	13062	5.0	8996	4.4
2. 衣着	2344	4.6	2580	5.7	1453	-2.9
3. 居住	13948	8.4	14944	9.0	10190	4.7
4. 生活用品及服务	2326	-9.1	2482	-12.5	1735	13.3
5. 交通通信	8692	11.1	9419	10.6	5946	13.2
6. 教育文化娱乐	5175	27.8	5684	27.3	3253	29.5
7. 医疗保健	3892	-2.3	4148	-6.3	2926	24.5
8. 其他用品及服务	1543	19.2	1784	18.1	634	29.4

5-8 杭州居民家庭收支构成情况（2023）

单位：%

指　　标	全体居民	城镇常住居民	农村常住居民
可支配收入	**100.0**	**100.0**	**100.0**
1.工资性收入	58.6	58.4	59.9
2.经营净收入	10.4	8.2	23.9
3.财产净收入	13.2	14.7	4.3
4.转移净收入	17.8	18.7	11.9
生活消费支出	**100.0**	**100.0**	**100.0**
1.食品烟酒	24.4	24.1	25.6
2.衣着	4.7	4.8	4.1
3.居住	27.8	27.6	29.0
4.生活用品及服务	4.6	4.6	5.0
5.交通通信	17.3	17.4	16.9
6.教育文化娱乐	10.3	10.5	9.3
7.医疗保健	7.8	7.7	8.3
8.其他用品及服务	3.1	3.3	1.8

5-9 宁波居民家庭人均收支及增长情况（2023）

指标	全体居民		城镇常住居民		农村常住居民	
	水平(元)	增长(%)	水平(元)	增长(%)	水平(元)	增长(%)
可支配收入	**71731**	**4.9**	**80144**	**4.5**	**48350**	**6.3**
1. 工资性收入	39320	3.4	43658	3.0	27262	4.7
2. 经营净收入	12353	2.7	13320	2.3	9666	3.8
3. 财产净收入	7690	4.9	9803	4.5	1818	6.6
4. 转移净收入	12368	12.7	13363	12.3	9604	13.8
生活消费支出	**45503**	**5.8**	**50347**	**5.1**	**32039**	**8.6**
1. 食品烟酒	12165	-4.1	12875	-5.8	10192	2.0
2. 衣着	2205	-3.6	2469	-3.8	1470	-3.2
3. 居住	13213	15.6	14740	14.8	8966	18.8
4. 生活用品及服务	2336	-6.8	2507	-11.6	1860	15.8
5. 交通通信	6891	5.0	7802	3.3	4358	13.3
6. 教育文化娱乐	4204	8.3	4746	9.9	2700	0.8
7. 医疗保健	3128	29.5	3579	35.0	1876	6.0
8. 其他用品及服务	1361	10.7	1629	10.2	617	12.6

5-10 宁波居民家庭收支构成情况（2023）

单位：%

指标	全体居民	城镇常住居民	农村常住居民
可支配收入	**100.0**	**100.0**	**100.0**
1. 工资性收入	54.8	54.5	56.4
2. 经营净收入	17.2	16.6	20.0
3. 财产净收入	10.7	12.2	3.8
4. 转移净收入	17.2	16.7	19.9
生活消费支出	**100.0**	**100.0**	**100.0**
1. 食品烟酒	26.7	25.6	31.8
2. 衣着	4.8	4.9	4.6
3. 居住	29.0	29.3	28.0
4. 生活用品及服务	5.1	5.0	5.8
5. 交通通信	15.1	15.5	13.6
6. 教育文化娱乐	9.2	9.4	8.4
7. 医疗保健	6.9	7.1	5.9
8. 其他用品及服务	3.0	3.2	1.9

5-11 温州居民家庭人均收支及增长情况（2023）

指　标	全体居民		城镇常住居民		农村常住居民	
	水平(元)	增长(%)	水平(元)	增长(%)	水平(元)	增长(%)
可支配收入	**67380**	**6.9**	**77973**	**6.3**	**41622**	**8.2**
1. 工资性收入	35758	6.7	40414	6.1	24435	8.3
2. 经营净收入	12369	6.8	13372	6.3	9930	7.7
3. 财产净收入	10368	6.8	13763	6.3	2113	7.3
4. 转移净收入	8885	7.8	10423	7.3	5144	8.7
生活消费支出	**46879**	**9.5**	**53333**	**8.5**	**31187**	**12.9**
1. 食品烟酒	13137	6.8	14421	7.7	10017	3.1
2. 衣着	2491	-0.2	2873	2.2	1561	-10.7
3. 居住	10719	1.3	12461	-1.7	6483	16.2
4. 生活用品及服务	3565	4.1	4108	6.1	2246	-4.6
5. 交通通信	5889	6.6	6898	3.0	3438	26.2
6. 教育文化娱乐	6228	37.1	6905	35.2	4583	43.3
7. 医疗保健	2771	24.4	3095	21.3	1985	36.0
8. 其他用品及服务	2078	21.4	2573	24.0	875	3.5

5-12 温州居民家庭收支构成情况（2023）

单位：%

指　标	全体居民	城镇常住居民	农村常住居民
可支配收入	**100.0**	**100.0**	**100.0**
1. 工资性收入	53.1	51.8	58.7
2. 经营净收入	18.4	17.2	23.9
3. 财产净收入	15.4	17.7	5.1
4. 转移净收入	13.2	13.4	12.4
生活消费支出	**100.0**	**100.0**	**100.0**
1. 食品烟酒	28.0	27.0	32.1
2. 衣着	5.3	5.4	5.0
3. 居住	22.9	23.4	20.8
4. 生活用品及服务	7.6	7.7	7.2
5. 交通通信	12.6	12.9	11.0
6. 教育文化娱乐	13.3	12.9	14.7
7. 医疗保健	5.9	5.8	6.4
8. 其他用品及服务	4.4	4.8	2.8

5-13 嘉兴居民家庭人均收支及增长情况（2023）

指　　标	全体居民		城镇常住居民		农村常住居民	
	水平(元)	增长(%)	水平(元)	增长(%)	水平(元)	增长(%)
可支配收入	**66353**	**6.0**	**75909**	**5.3**	**49643**	**7.3**
1. 工资性收入	41748	5.8	47366	5.2	31923	7.1
2. 经营净收入	8774	6.5	7595	5.9	10837	7.5
3. 财产净收入	5274	3.5	7116	3.0	2054	4.8
4. 转移净收入	10557	7.3	13832	6.5	4830	9.3
生活消费支出	**42648**	**8.9**	**47551**	**7.8**	**34072**	**11.5**
1. 食品烟酒	11389	11.8	12625	9.9	9227	16.3
2. 衣着	2092	7.9	2447	6.8	1470	10.4
3. 居住	9144	6.3	9930	5.6	7769	7.8
4. 生活用品及服务	2806	2.0	3180	2.0	2152	1.4
5. 交通通信	8197	9.3	8812	7.2	7122	13.6
6. 教育文化娱乐	4659	11.7	5783	10.0	2695	17.7
7. 医疗保健	3056	7.4	3352	7.5	2538	6.8
8. 其他用品及服务	1305	13.2	1423	16.9	1099	5.5

5-14 嘉兴居民家庭收支构成情况（2023）

单位：%

指　　标	全体居民	城镇常住居民	农村常住居民
可支配收入	**100.0**	**100.0**	**100.0**
1. 工资性收入	62.9	62.4	64.3
2. 经营净收入	13.2	10.0	21.8
3. 财产净收入	7.9	9.4	4.1
4. 转移净收入	15.9	18.2	9.7
生活消费支出	**100.0**	**100.0**	**100.0**
1. 食品烟酒	26.7	26.6	27.1
2. 衣着	4.9	5.1	4.3
3. 居住	21.4	20.9	22.8
4. 生活用品及服务	6.6	6.7	6.3
5. 交通通信	19.2	18.5	20.9
6. 教育文化娱乐	10.9	12.2	7.9
7. 医疗保健	7.2	7.0	7.4
8. 其他用品及服务	3.1	3.0	3.2

5-15 湖州居民家庭人均收支及增长情况（2023）

指　　标	全体居民		城镇常住居民		农村常住居民	
	水平(元)	增长(%)	水平(元)	增长(%)	水平(元)	增长(%)
可支配收入	**63972**	**5.6**	**74400**	**4.7**	**47455**	**7.6**
1. 工资性收入	36472	4.5	40119	3.3	30696	6.8
2. 经营净收入	13645	7.0	14775	6.2	11855	8.4
3. 财产净收入	5150	5.5	7251	4.2	1822	12.2
4. 转移净收入	8704	8.6	12254	8.0	3082	9.8
生活消费支出	**41580**	**8.5**	**46788**	**6.2**	**33330**	**13.5**
1. 食品烟酒	11690	8.2	12797	5.8	9937	13.1
2. 衣着	2814	5.3	3344	3.2	1974	10.8
3. 居住	9256	5.0	10475	2.8	7325	9.8
4. 生活用品及服务	2389	7.5	2518	5.5	2185	11.2
5. 交通通信	7015	8.8	7639	7.2	6025	11.9
6. 教育文化娱乐	4547	13.5	5768	11.6	2613	19.4
7. 医疗保健	2643	14.0	2808	9.3	2382	22.7
8. 其他用品及服务	1226	19.2	1439	13.8	889	38.3

5-16 湖州居民家庭收支构成情况（2023）

单位：%

指　　标	全体居民	城镇常住居民	农村常住居民
可支配收入	**100.0**	**100.0**	**100.0**
1. 工资性收入	57.0	53.9	64.7
2. 经营净收入	21.3	19.9	25.0
3. 财产净收入	8.1	9.7	3.8
4. 转移净收入	13.6	16.5	6.5
生活消费支出	**100.0**	**100.0**	**100.0**
1. 食品烟酒	28.1	27.4	29.8
2. 衣着	6.8	7.1	5.9
3. 居住	22.3	22.4	22.0
4. 生活用品及服务	5.7	5.4	6.6
5. 交通通信	16.9	16.3	18.1
6. 教育文化娱乐	10.9	12.3	7.8
7. 医疗保健	6.4	6.0	7.1
8. 其他用品及服务	2.9	3.1	2.7

5-17 绍兴居民家庭人均收支及增长情况（2023）

指　标	全体居民		城镇常住居民		农村常住居民	
	水平(元)	增长(%)	水平(元)	增长(%)	水平(元)	增长(%)
可支配收入	**69707**	**6.0**	**80392**	**5.5**	**48825**	**6.8**
1. 工资性收入	39202	5.4	44604	4.9	28645	6.5
2. 经营净收入	14928	6.7	15549	6.4	13715	7.2
3. 财产净收入	6560	5.0	9209	4.4	1384	5.9
4. 转移净收入	9016	8.1	11030	7.8	5081	8.2
生活消费支出	**43628**	**8.1**	**49300**	**7.4**	**32542**	**9.3**
1. 食品烟酒	11865	7.3	12988	6.5	9671	8.9
2. 衣着	2965	7.3	3497	6.7	1926	8.4
3. 居住	11048	6.7	12848	6.1	7530	7.9
4. 生活用品及服务	1996	8.0	2200	7.5	1597	9.0
5. 交通通信	6915	9.2	7630	8.8	5517	9.6
6. 教育文化娱乐	4736	10.3	5575	9.6	3098	11.5
7. 医疗保健	3021	10.9	3271	9.9	2534	13.0
8. 其他用品及服务	1082	9.0	1293	8.5	669	9.6

5-18 绍兴居民家庭收支构成情况（2023）

单位：%

指　标	全体居民	城镇常住居民	农村常住居民
可支配收入	**100.0**	**100.0**	**100.0**
1. 工资性收入	56.2	55.5	58.7
2. 经营净收入	21.4	19.3	28.1
3. 财产净收入	9.4	11.5	2.8
4. 转移净收入	12.9	13.7	10.4
生活消费支出	**100.0**	**100.0**	**100.0**
1. 食品烟酒	27.2	26.3	29.7
2. 衣着	6.8	7.1	5.9
3. 居住	25.3	26.1	23.1
4. 生活用品及服务	4.6	4.5	4.9
5. 交通通信	15.8	15.5	17.0
6. 教育文化娱乐	10.9	11.3	9.5
7. 医疗保健	6.9	6.6	7.8
8. 其他用品及服务	2.5	2.6	2.1

5-19 金华居民家庭人均收支及增长情况（2023）

指　　标	全体居民		城镇常住居民		农村常住居民	
	水平(元)	增长(%)	水平(元)	增长(%)	水平(元)	增长(%)
可支配收入	**61710**	**6.3**	**73639**	**5.8**	**38136**	**7.0**
1.工资性收入	33823	6.0	39934	5.6	21747	6.4
2.经营净收入	11232	8.2	11716	7.9	10276	8.6
3.财产净收入	7760	3.7	10897	3.1	1560	5.0
4.转移净收入	8895	7.2	11092	6.8	4553	7.3
生活消费支出	**41807**	**9.0**	**48792**	**8.3**	**28003**	**10.4**
1.食品烟酒	10458	7.9	11559	7.2	8283	9.3
2.衣着	2575	5.5	3159	4.9	1418	6.5
3.居住	9824	7.1	11276	6.3	6954	8.7
4.生活用品及服务	2758	12.4	3183	12.0	1919	13.1
5.交通通信	6756	9.2	8322	8.5	3662	10.6
6.教育文化娱乐	4496	11.3	5496	10.4	2520	13.9
7.医疗保健	3864	13.2	4467	12.5	2672	14.6
8.其他用品及服务	1076	11.5	1330	10.6	575	14.4

5-20 金华居民家庭收支构成情况（2023）

单位：%

指　　标	全体居民	城镇常住居民	农村常住居民
可支配收入	**100.0**	**100.0**	**100.0**
1.工资性收入	54.8	54.2	57.0
2.经营净收入	18.2	15.9	26.9
3.财产净收入	12.6	14.8	4.1
4.转移净收入	14.4	15.1	11.9
生活消费支出	**100.0**	**100.0**	**100.0**
1.食品烟酒	25.0	23.7	29.6
2.衣着	6.2	6.5	5.1
3.居住	23.5	23.1	24.8
4.生活用品及服务	6.6	6.5	6.9
5.交通通信	16.2	17.1	13.1
6.教育文化娱乐	10.8	11.3	9.0
7.医疗保健	9.2	9.2	9.5
8.其他用品及服务	2.6	2.7	2.1

5-21 衢州居民家庭人均收支及增长情况（2023）

指　　标	全体居民		城镇常住居民		农村常住居民	
	水平(元)	增长(%)	水平(元)	增长(%)	水平(元)	增长(%)
可支配收入	**48237**	**6.5**	**60592**	**5.4**	**33993**	**8.0**
1.工资性收入	28861	6.1	36293	5.0	20293	7.5
2.经营净收入	8078	7.4	8336	5.7	7780	9.5
3.财产净收入	3474	7.7	5981	6.8	583	8.7
4.转移净收入	7824	6.9	9982	6.1	5337	7.7
生活消费支出	**29298**	**8.6**	**35962**	**6.9**	**21615**	**11.1**
1.食品烟酒	7583	6.9	8665	5.9	6335	8.1
2.衣着	1530	0.8	2013	0.3	973	0.8
3.居住	7530	5.0	9312	2.7	5475	9.0
4.生活用品及服务	1757	1.8	2252	0.0	1187	5.0
5.交通通信	3852	16.3	4689	14.2	2886	19.7
6.教育文化娱乐	4332	14.7	5556	12.5	2922	18.7
7.医疗保健	2041	12.7	2480	11.3	1534	14.8
8.其他用品及服务	673	18.0	994	18.1	302	15.2

5-22 衢州居民家庭收支构成情况（2023）

单位：%

指　　标	全体居民	城镇常住居民	农村常住居民
可支配收入	**100.0**	**100.0**	**100.0**
1.工资性收入	59.8	59.9	59.7
2.经营净收入	16.7	13.8	22.9
3.财产净收入	7.2	9.9	1.7
4.转移净收入	16.2	16.5	15.7
生活消费支出	**100.0**	**100.0**	**100.0**
1.食品烟酒	25.9	24.1	29.3
2.衣着	5.2	5.6	4.5
3.居住	25.7	25.9	25.3
4.生活用品及服务	6.0	6.3	5.5
5.交通通信	13.1	13.0	13.4
6.教育文化娱乐	14.8	15.4	13.5
7.医疗保健	7.0	6.9	7.1
8.其他用品及服务	2.3	2.8	1.4

5-23 舟山居民家庭人均收支及增长情况（2023）

指　　标	全体居民		城镇常住居民		农村常住居民	
	水平(元)	增长(%)	水平(元)	增长(%)	水平(元)	增长(%)
可支配收入	**68110**	**6.7**	**76435**	**6.2**	**49379**	**7.5**
1.工资性收入	45027	6.6	50992	6.2	31607	7.4
2.经营净收入	8034	6.8	8109	6.4	7865	7.7
3.财产净收入	5024	6.2	6408	5.7	1910	7.0
4.转移净收入	10025	7.0	10926	6.5	7997	7.8
生活消费支出	**43612**	**9.8**	**48153**	**8.9**	**33396**	**12.4**
1.食品烟酒	12722	9.4	13783	8.3	10324	12.2
2.衣着	3472	8.1	4132	7.2	1992	10.6
3.居住	10126	9.1	10488	7.9	9319	11.9
4.生活用品及服务	2249	9.4	2452	8.6	1793	11.7
5.交通通信	4885	10.2	5810	9.4	2802	12.4
6.教育文化娱乐	4938	12.0	5902	11.1	2771	14.5
7.医疗保健	3147	11.7	3272	10.7	2865	14.0
8.其他用品及服务	2073	10.7	2314	10.0	1530	12.6

5-24 舟山居民家庭收支构成情况（2023）

单位：%

指　　标	全体居民	城镇常住居民	农村常住居民
可支配收入	**100.0**	**100.0**	**100.0**
1.工资性收入	66.1	66.7	64.0
2.经营净收入	11.8	10.6	15.9
3.财产净收入	7.4	8.4	3.9
4.转移净收入	14.7	14.3	16.2
生活消费支出	**100.0**	**100.0**	**100.0**
1.食品烟酒	29.2	28.6	30.9
2.衣着	8.0	8.6	5.9
3.居住	23.2	21.8	27.9
4.生活用品及服务	5.2	5.1	5.4
5.交通通信	11.2	12.1	8.4
6.教育文化娱乐	11.3	12.2	8.3
7.医疗保健	7.2	6.8	8.6
8.其他用品及服务	4.7	4.8	4.6

5-25 台州居民家庭人均收支及增长情况（2023）

指　　标	全体居民		城镇常住居民		农村常住居民	
	水平(元)	增长(%)	水平(元)	增长(%)	水平(元)	增长(%)
可支配收入	**61067**	**5.2**	**73879**	**4.4**	**40153**	**6.5**
1. 工资性收入	36467	5.4	42846	4.7	26055	6.6
2. 经营净收入	11294	5.0	12869	4.3	8722	6.0
3. 财产净收入	6969	3.9	9925	3.2	2144	5.2
4. 转移净收入	6337	5.9	8239	4.9	3232	7.9
生活消费支出	**40878**	**6.6**	**46744**	**5.8**	**31303**	**8.1**
1. 食品烟酒	11527	5.9	13138	5.3	8899	7.0
2. 衣着	2907	4.5	3540	3.9	1875	5.5
3. 居住	9495	5.5	10950	4.8	7119	6.7
4. 生活用品及服务	2354	5.8	2868	5.2	1516	6.5
5. 交通通信	6970	7.2	7756	6.1	5687	9.2
6. 教育文化娱乐	4227	10.1	4797	9.2	3297	11.5
7. 医疗保健	2465	10.0	2527	8.9	2364	11.8
8. 其他用品及服务	932	8.4	1169	7.2	546	11.0

5-26 台州居民家庭收支构成情况（2023）

单位：%

指　　标	全体居民	城镇常住居民	农村常住居民
可支配收入	**100.0**	**100.0**	**100.0**
1. 工资性收入	59.7	58.0	64.9
2. 经营净收入	18.5	17.4	21.7
3. 财产净收入	11.4	13.4	5.3
4. 转移净收入	10.4	11.2	8.0
生活消费支出	**100.0**	**100.0**	**100.0**
1. 食品烟酒	28.2	28.1	28.4
2. 衣着	7.1	7.6	6.0
3. 居住	23.2	23.4	22.7
4. 生活用品及服务	5.8	6.1	4.8
5. 交通通信	17.1	16.6	18.2
6. 教育文化娱乐	10.3	10.3	10.5
7. 医疗保健	6.0	5.4	7.6
8. 其他用品及服务	2.3	2.5	1.7

5-27 丽水居民家庭人均收支及增长情况（2023）

指　标	全体居民		城镇常住居民		农村常住居民	
	水平(元)	增长(%)	水平(元)	增长(%)	水平(元)	增长(%)
可支配收入	**47182**	**6.1**	**58583**	**5.0**	**30811**	**8.2**
1. 工资性收入	24266	5.5	30230	4.7	15701	6.7
2. 经营净收入	9192	8.3	9148	7.4	9255	9.5
3. 财产净收入	5167	4.9	8056	3.6	1019	12.1
4. 转移净收入	8557	6.5	11149	5.0	4836	10.2
生活消费支出	**35331**	**8.4**	**41541**	**6.6**	**26413**	**12.0**
1. 食品烟酒	9743	7.0	11256	4.7	7571	11.4
2. 衣着	2599	4.6	3227	3.6	1698	6.3
3. 居住	9755	6.7	11881	4.6	6703	11.3
4. 生活用品及服务	1774	7.9	1930	6.9	1549	9.4
5. 交通通信	4159	10.7	4508	8.2	3657	14.9
6. 教育文化娱乐	2941	14.0	3380	14.5	2311	12.5
7. 医疗保健	3544	12.4	4347	10.4	2391	16.9
8. 其他用品及服务	815	14.3	1012	13.7	533	14.6

5-28 丽水居民家庭收支构成情况（2023）

单位：%

指　标	全体居民	城镇常住居民	农村常住居民
可支配收入	**100.0**	**100.0**	**100.0**
1. 工资性收入	51.4	51.6	51.0
2. 经营净收入	19.5	15.6	30.0
3. 财产净收入	11.0	13.8	3.3
4. 转移净收入	18.1	19.0	15.7
生活消费支出	**100.0**	**100.0**	**100.0**
1. 食品烟酒	27.6	27.1	28.7
2. 衣着	7.4	7.8	6.4
3. 居住	27.6	28.6	25.4
4. 生活用品及服务	5.0	4.6	5.9
5. 交通通信	11.8	10.9	13.8
6. 教育文化娱乐	8.3	8.1	8.7
7. 医疗保健	10.0	10.5	9.1
8. 其他用品及服务	2.3	2.4	2.0

5-29 各设区市市区及各调查县(市/区)居民消费价格总指数（2019-2023）

（上年=100）

地　　区	2019	2020	2021	2022	2023
杭州市区	103.1	102.1	101.3	102.4	100.2
宁波市区	103.0	101.9	102.1	102.3	100.4
温州市区	102.2	102.0	101.4	101.8	100.5
嘉兴市区	102.9	102.4	101.6	102.1	100.2
湖州市区	103.0	102.3	102.1	102.3	100.5
绍兴市区	102.7	102.4	101.4	101.7	100.5
金华市区	103.1	102.4	101.4	101.9	100.4
衢州市区	103.0	101.9	101.4	102.5	100.6
舟山市区	102.3	101.9	100.9	101.7	100.4
台州市区	102.3	102.1	101.7	101.6	99.7
丽水市区	103.3	102.0	101.8	101.9	100.3
萧山区	102.5	102.2	101.4	102.3	100.5
建德市	103.0	102.4	101.1	102.0	100.1
宁海县	103.3	102.9	101.0	102.3	100.3
瑞安市	103.3	102.7	101.2	102.1	100.1
海宁市	103.0	103.3	101.4	102.2	100.5
桐乡市	103.2	103.0	101.4	102.4	99.7
安吉县	103.7	103.0	101.4	102.1	100.1
新昌县	102.5	103.0	101.1	101.5	100.7
义乌市	102.9	103.3	102.1	102.6	100.9
江山市	103.1	102.5	101.3	102.3	100.6
临海市	104.2	103.2	102.0	102.1	100.4
龙泉市	103.4	102.6	101.1	101.3	100.2

5-30 全省及部分地区工业生产者出厂价格指数（2019-2023）

（上年=100）

地　区	2019	2020	2021	2022	2023
全　省	98.9	96.9	106.3	104.0	97.3
杭州市	99.0	97.5	104.9	103.5	98.8
宁波市	97.9	95.7	108.5	105.3	97.1
温州市	100.1	98.9	103.7	103.2	99.4
嘉兴市	98.7	95.8	108.2	102.5	94.9
湖州市	99.2	97.7	105.0	102.5	96.7
绍兴市	98.1	95.4	107.5	104.3	96.4
金华市	99.3	99.6	105.8	103.2	97.3
衢州市	96.7	97.9	114.7	99.6	91.3
台州市	100.1	98.8	102.7	102.7	97.9

5-31 全省及部分地区工业生产者购进价格指数（2019-2023）

（上年=100）

地　区	2019	2020	2021	2022	2023
全　省	97.1	95.9	114.5	106.1	94.8
杭州市	96.8	96.1	113.0	106.1	94.9
宁波市	96.2	92.3	121.2	110.8	93.5
温州市	98.0	97.9	111.7	102.0	94.5
嘉兴市	97.3	96.6	119.4	109.3	96.2
湖州市	94.5	95.2	115.4	104.8	95.1
绍兴市	96.5	95.1	115.1	105.1	95.3
金华市	97.9	98.2	116.2	104.2	93.9
衢州市	100.9	98.8	123.7	104.1	89.7
台州市	97.3	97.3	112.9	104.3	94.6

5-32 各设区市市区居民

指　　标	杭州市区	宁波市区	温州市区	嘉兴市区	湖州市区
居民消费价格总指数	**100.2**	**100.4**	**100.5**	**100.2**	**100.5**
#服务价格指数	100.9	101.0	100.6	101.5	101.2
工业品价格指数	99.3	99.1	99.4	98.0	99.4
消费品价格指数	99.7	99.9	100.4	99.3	100.1
非食品价格指数	100.2	100.3	100.2	100.2	100.7
一、食品烟酒	**100.0**	**100.9**	**101.4**	**100.8**	**100.8**
1.食品	100.2	100.5	101.4	100.0	99.5
(1)粮食	102.4	101.8	101.6	100.6	99.0
(2)薯类	101.4	110.4	107.1	98.0	99.8
(3)豆类	102.9	100.9	102.9	102.1	100.7
(4)食用油	102.3	101.4	99.9	103.8	99.6
(5)菜及食用菌	98.6	97.3	100.2	96.5	102.9
#鲜菜	98.2	96.8	100.4	96.1	102.0
(6)畜肉类	94.8	92.7	96.5	93.6	93.8
#猪肉	90.3	87.8	94.2	88.5	88.5
(7)禽肉类	106.0	105.4	104.7	103.6	104.6
(8)水产品	98.6	101.6	100.9	102.3	96.5
(9)蛋类	103.7	99.7	101.1	100.6	99.4
(10)奶类	103.8	99.9	100.7	99.5	99.2
(11)干鲜瓜果类	102.0	105.1	106.4	102.8	103.2
(12)糖果糕点类	99.5	102.5	102.9	102.6	98.8
(13)调味品	105.9	99.3	101.9	101.4	99.9
(14)其他食品类	99.0	102.1	102.4	102.1	104.0
2.茶及饮料	100.2	104.9	102.6	100.2	100.0
3.烟酒	98.8	100.3	99.8	102.5	101.3
(1)卷烟	99.0	100.7	100.2	102.3	101.3
(2)酒类	98.3	99.4	99.0	103.2	101.2
4.在外餐饮	100.2	102.1	101.9	102.4	104.1
二、衣着	**102.0**	**101.4**	**100.4**	**97.9**	**99.8**
1.服装	101.6	101.1	101.3	98.4	100.0
(1)男式服装	101.5	102.6	103.4	98.4	99.8
(2)女式服装	102.3	100.3	100.9	98.7	100.9
(3)儿童服装	99.4	99.4	96.1	96.7	95.8
(4)衣着材料及配件	101.4	101.7	103.4	100.2	100.7
(5)衣着服务费	97.5	100.4	100.8	100.5	103.9
2.鞋类	103.7	102.6	96.5	95.6	98.9
(1)鞋	103.1	102.6	96.5	95.5	98.8
(2)鞋类服务	134.1	100.0	100.8	100.0	100.0

消费价格分类指数（2023）

（上年=100）

绍兴市区	金华市区	衢州市区	舟山市区	台州市区	丽水市区
100.5	**100.4**	**100.6**	**100.4**	**99.7**	**100.3**
101.3	101.1	100.8	100.7	100.2	101.2
99.8	99.0	99.2	98.9	98.9	98.3
99.9	99.9	100.4	100.3	99.4	99.7
100.7	100.4	100.5	100.2	99.8	100.2
100.0	**101.0**	**101.9**	**101.8**	**99.9**	**101.3**
99.6	100.2	101.1	101.6	99.4	100.8
99.8	101.5	104.3	101.0	100.5	101.8
101.4	108.6	104.3	102.4	102.1	100.3
100.8	99.7	101.0	100.2	100.1	105.1
99.8	100.9	101.2	100.9	102.7	99.2
98.8	99.7	99.9	100.2	100.6	101.3
98.4	99.4	99.5	100.1	100.3	100.4
93.2	91.3	91.7	100.2	93.3	92.6
90.0	84.5	85.8	101.7	87.5	87.8
101.9	106.0	107.0	104.9	102.4	107.7
100.2	100.6	101.4	102.8	100.8	102.7
102.2	105.3	103.6	101.5	101.1	100.4
101.3	104.3	102.1	100.4	98.3	103.3
103.9	102.7	106.7	102.1	97.5	100.7
98.8	103.6	100.6	102.1	102.3	103.2
101.6	100.6	102.1	99.4	102.7	100.6
101.4	99.2	101.0	101.3	102.4	102.4
100.7	100.6	100.2	99.9	100.6	103.2
100.1	103.7	100.7	102.0	101.6	100.6
101.6	104.3	99.8	102.8	100.3	101.3
97.0	102.5	102.9	100.1	104.1	99.1
101.2	102.2	104.6	102.4	100.7	103.0
102.5	**101.9**	**100.9**	**100.1**	**98.6**	**99.4**
101.4	101.4	101.0	99.8	99.2	98.7
102.0	101.6	102.6	98.7	101.3	102.5
102.3	102.0	100.4	101.0	98.1	96.1
96.7	98.5	98.6	98.0	96.9	96.5
101.3	100.4	100.6	99.9	99.4	98.1
100.0	100.0	103.1	102.0	101.2	100.0
106.8	103.9	100.2	101.5	95.8	102.3
106.9	104.0	100.2	101.6	95.6	102.3
100.0	100.0	101.2	100.7	103.3	100.0

5-32 续表 1

指　　标	杭州市区	宁波市区	温州市区	嘉兴市区	湖州市区
三、居住	**99.5**	**99.8**	**99.6**	**100.2**	**100.2**
1. 租赁房房租	99.3	99.7	98.5	100.4	99.5
2. 住房保养维修及管理	100.1	100.1	100.7	101.0	102.6
(1)住房装潢材料	99.3	99.8	100.6	97.5	100.0
(2)住房维修管理费用	100.9	100.3	100.7	104.7	105.2
3. 水电燃料	100.1	100.2	100.2	100.0	100.6
(1)水	100.0	100.0	100.0	100.0	100.0
(2)电	100.0	100.0	100.0	100.0	100.0
(3)燃气	100.2	99.2	100.8	99.9	102.4
(4)其他水电燃料类	101.0	104.9	100.0	100.0	100.0
4. 自有住房	99.2	99.7	99.5	100.1	99.6
四、生活用品及服务	**100.4**	**100.0**	**100.7**	**100.8**	**100.7**
1. 家具及室内装饰品	100.3	99.6	100.1	97.6	100.1
(1)家具	100.1	99.6	100.7	97.3	99.9
(2)室内装饰品	101.0	99.6	94.7	99.8	102.0
2. 家用器具	99.8	99.7	99.9	99.5	100.0
(1)大型家用器具	99.4	99.4	100.2	99.7	100.4
(2)小家电	101.7	101.0	98.9	98.8	98.6
3. 家用纺织品	98.5	99.2	102.8	100.4	101.8
(1)床上用品	98.7	99.2	103.1	101.0	101.6
(2)窗帘门帘	100.5	100.0	100.0	99.1	100.0
(3)其他家用纺织品	94.1	98.0	102.7	96.1	105.5
4. 家庭日用杂品	101.5	100.5	99.8	101.3	100.6
(1)洗涤卫生用品	99.1	100.9	100.0	100.4	100.8
(2)厨具餐具茶具	107.2	100.5	98.9	101.0	101.2
(3)其他家庭日用杂品	101.5	100.0	100.2	102.5	100.1
5. 个人护理用品	101.4	100.3	100.9	103.7	102.3
(1)化妆品	102.1	99.9	100.6	104.7	102.1
(2)其他护理用品类	100.2	101.1	101.7	101.7	102.7
6. 家庭服务	99.6	100.1	103.6	103.0	100.5
五、交通通信	**97.7**	**97.6**	**97.9**	**96.9**	**98.2**
1. 交通	97.5	97.4	97.6	96.4	97.7
(1)交通工具	97.1	97.0	98.0	93.2	96.5
(2)交通工具用燃料	94.6	94.5	94.5	94.6	94.5
(3)交通工具使用和维修	99.2	101.7	100.6	101.7	100.3
(4)交通费	105.3	104.1	101.6	106.4	105.9

（上年=100）

绍兴市区	金华市区	衢州市区	舟山市区	台州市区	丽水市区
99.9	**99.7**	**98.8**	**98.9**	**97.9**	**100.2**
100.0	99.6	99.5	98.7	97.9	100.3
99.6	99.7	100.7	99.1	99.8	101.0
99.2	99.7	98.7	97.3	99.7	99.4
100.0	99.8	102.6	100.9	100.0	102.6
99.7	99.8	100.2	99.5	100.0	99.7
100.0	100.0	100.0	100.0	100.0	100.0
100.0	100.0	100.0	100.0	100.0	100.0
98.9	98.0	99.7	98.4	100.0	99.8
99.6	102.7	102.5	99.0	100.1	97.0
100.0	99.6	97.9	98.8	96.9	100.2
100.7	**100.4**	**100.2**	**100.5**	**101.0**	**100.1**
100.1	99.7	100.2	98.6	100.2	100.5
100.1	99.6	100.2	98.3	100.4	99.9
100.3	100.5	100.5	100.8	98.7	103.8
100.2	99.4	98.2	99.2	101.9	97.6
100.2	99.8	98.5	99.3	102.2	97.5
100.4	97.6	97.1	98.8	100.4	98.1
100.5	100.0	99.9	100.8	101.3	100.7
100.6	99.6	100.0	100.8	101.7	100.9
100.0	100.0	100.0	100.0	100.2	100.3
100.6	103.9	99.3	101.4	99.8	99.6
100.9	100.2	100.9	101.6	100.4	100.3
103.4	100.5	101.7	105.5	101.3	101.3
100.5	101.5	101.7	99.0	99.8	101.9
97.9	99.0	99.5	97.7	99.6	98.2
102.3	101.9	101.0	101.4	100.7	100.5
102.7	102.1	100.7	102.1	101.6	100.3
101.5	101.5	101.6	99.9	99.0	100.8
99.8	101.8	102.7	102.6	101.0	104.6
98.8	**97.0**	**98.3**	**98.3**	**97.8**	**97.0**
98.1	96.4	97.8	98.1	97.4	96.3
97.8	94.4	97.4	97.7	96.9	94.2
94.6	94.5	94.5	94.6	94.6	94.6
100.6	99.3	100.3	103.4	100.8	101.0
105.7	105.3	106.7	104.0	102.2	101.7

5-32 续表 2

指　　标	杭州市区	宁波市区	温州市区	嘉兴市区	湖州市区
2.通信	98.4	98.5	99.1	99.4	100.3
(1)通信工具	95.7	95.5	96.8	97.5	101.1
(2)通信服务	99.4	100.0	100.0	100.0	100.0
(3)邮递服务	100.5	99.5	99.7	100.9	99.5
六、教育文化娱乐	**103.1**	**102.6**	**103.0**	**103.2**	**102.0**
1.教育	102.2	101.6	101.9	102.6	99.5
(1)教育用品	99.4	96.9	100.8	103.2	105.0
(2)教育服务	102.3	101.7	101.9	102.6	99.3
2.文化娱乐	104.7	104.1	104.8	104.1	106.3
(1)文娱耐用消费品	99.6	100.3	102.1	99.3	100.8
(2)其他文娱用品	101.5	100.4	101.2	102.2	99.7
(3)文化娱乐服务	100.9	101.8	100.9	103.8	100.8
(4)旅游	109.8	108.5	109.8	107.4	114.9
七、医疗保健	**101.5**	**100.8**	**99.6**	**100.3**	**102.4**
1.药品及医疗器具	101.4	101.2	100.1	101.0	102.0
(1)中药	103.0	106.9	105.3	104.7	114.9
(2)西药	101.0	98.5	96.1	100.5	98.1
(3)滋补保健品	100.0	103.4	99.7	99.1	100.0
(4)医疗卫生器具	103.9	99.8	106.0	100.2	100.0
(5)保健器具	101.1	101.1	104.7	100.5	100.0
2.医疗服务	101.5	100.7	99.4	100.0	102.5
(1)综合医疗类	103.7	102.9	99.4	100.0	107.7
(2)诊断类	101.5	100.2	100.0	100.0	100.9
(3)治疗类	100.0	100.0	100.0	100.0	100.0
(4)康复类	109.5	100.0	89.2	100.0	108.7
(5)中医医疗服务类	94.6	100.0	100.0	100.0	100.0
(6)其他医疗保健服务	100.0	100.0	100.0	100.0	100.0
八、其他用品及服务	**103.0**	**103.9**	**103.8**	**103.7**	**104.4**
1.其他用品	105.0	104.7	106.6	106.0	106.6
(1)首饰手表	108.9	108.7	108.8	110.6	111.0
(2)母婴用品	101.0	102.3	102.0	99.1	101.9
(3)其他杂项用品	99.7	98.6	104.7	100.5	100.4
2.其他服务	101.0	103.2	101.1	101.6	102.4
(1)在外住宿	109.0	111.8	104.1	103.4	115.1
(2)美容美发洗浴	100.1	105.9	100.4	104.2	102.6
(3)养老服务	100.0	101.7	101.2	100.0	100.0
(4)金融及保险服务	100.0	100.0	100.0	100.0	100.0
(5)中介法律及其他服务	100.0	100.0	105.5	100.0	99.8

（上年=100）

绍兴市区	金华市区	衢州市区	舟山市区	台州市区	丽水市区
101.1	99.5	100.1	98.9	99.8	99.6
101.4	98.2	100.3	97.3	99.5	97.8
101.0	100.0	100.0	99.5	100.0	100.0
100.0	100.4	100.0	100.0	99.4	106.2
102.9	**103.1**	**103.3**	**102.8**	**104.1**	**102.4**
100.3	100.8	103.0	101.2	102.0	101.1
104.6	103.6	104.6	103.7	102.1	103.4
100.2	100.7	103.0	101.1	102.0	101.0
106.8	106.6	103.8	105.7	107.2	104.3
99.1	99.8	96.4	96.8	99.6	97.3
100.8	100.1	100.9	99.5	101.6	99.8
100.0	102.0	101.5	103.9	100.4	100.3
117.1	115.6	110.2	113.7	118.3	110.6
99.9	**101.3**	**101.4**	**99.8**	**100.6**	**100.6**
97.7	100.8	100.3	100.6	99.9	100.0
105.8	103.0	100.0	106.1	104.9	110.5
93.9	99.2	100.1	97.0	98.5	96.8
99.5	98.5	101.4	102.4	97.6	99.6
99.7	108.1	99.7	102.4	100.9	101.9
100.0	100.0	100.6	100.0	99.4	94.7
101.0	101.6	101.9	99.4	100.9	100.9
101.0	104.1	104.2	99.8	104.7	101.7
102.0	101.9	102.3	101.8	100.0	100.0
100.0	100.0	99.8	94.3	100.0	100.0
98.6	95.7	100.0	109.5	95.7	109.2
100.0	100.0	104.4	100.0	100.0	104.1
101.4	100.0	100.0	97.4	100.0	100.0
106.1	**102.9**	**103.5**	**103.9**	**102.4**	**102.3**
108.1	105.9	107.0	105.4	104.7	104.6
113.4	110.9	111.8	110.1	109.8	109.5
102.5	100.6	100.4	98.0	98.9	103.1
100.6	98.9	100.3	99.9	97.5	94.5
104.4	100.1	100.1	102.5	100.2	100.1
133.1	99.8	101.7	125.3	104.7	100.6
100.1	100.1	100.2	99.9	98.8	100.2
100.0	100.5	100.0	100.0	100.0	100.0
103.2	100.0	100.0	100.0	100.0	100.0
100.3	100.0	97.7	100.6	100.0	100.0

5-33 各调查县(市/区)

指 标	萧山区	建德市	宁海县	瑞安市	海宁市
居民消费价格指数	**100.5**	**100.1**	**100.3**	**100.1**	**100.5**
#服务价格指数	101.1	100.6	101.0	100.2	101.0
工业品价格指数	99.1	99.6	98.7	99.3	99.9
消费品价格指数	100.2	99.8	99.9	100.0	100.1
非食品价格指数	100.4	100.2	100.2	100.0	100.6
一、食品烟酒	**101.4**	**100.0**	**101.2**	**100.8**	**100.4**
1.食品	101.2	99.5	100.6	100.3	99.9
(1)粮食	99.4	101.8	98.9	101.4	100.4
(2)薯类	93.5	100.3	110.7	101.4	106.9
(3)豆类	102.1	101.1	99.1	100.3	99.8
(4)食用油	98.7	103.7	100.2	102.6	94.3
(5)菜及食用菌	99.6	101.6	100.6	96.0	100.8
#鲜菜	99.5	101.6	100.3	95.2	101.3
(6)畜肉类	95.2	91.6	92.8	91.8	91.5
#猪肉	92.9	87.4	90.8	88.0	85.8
(7)禽肉类	104.8	103.4	103.5	107.8	103.6
(8)水产品	102.4	97.3	103.0	102.6	100.8
(9)蛋类	105.6	102.5	102.9	102.6	100.7
(10)奶类	104.4	98.5	99.5	101.2	103.9
(11)干鲜瓜果类	107.4	103.3	104.7	104.4	105.3
(12)糖果糕点类	102.0	107.0	104.0	105.0	102.6
(13)调味品	100.7	101.7	102.7	102.8	102.0
(14)其他食品类	100.9	101.5	103.8	103.9	102.7
2.茶及饮料	103.9	101.4	101.7	99.7	100.8
3.烟酒	101.6	100.4	103.5	101.9	101.1
(1)卷烟	102.2	101.0	104.8	102.1	101.7
(2)酒类	100.3	98.9	99.8	101.4	99.5
4.在外餐饮	102.1	101.4	101.2	102.3	101.8
二、衣着	**101.0**	**99.3**	**97.5**	**98.9**	**101.4**
1.服装	101.7	99.5	97.5	98.1	102.0
(1)男式服装	102.8	101.6	95.0	98.0	102.1
(2)女式服装	100.2	97.5	98.6	97.0	102.2
(3)儿童服装	104.4	99.0	98.3	101.0	101.0
(4)衣着材料及配件	100.5	101.4	100.6	102.8	102.5
(5)衣着服务费	105.0	111.8	100.0	101.7	100.0
2.鞋类	98.4	98.3	97.3	102.2	99.5
(1)鞋	98.5	98.2	97.3	102.3	99.5
(2)鞋类服务	91.9	100.0	100.0	100.0	100.0

居民消费价格分类指数（2023）

（上年=100）

桐乡市	安吉县	新昌县	义乌市	江山市	临海市	龙泉市
99.7	**100.1**	**100.7**	**100.9**	**100.6**	**100.4**	**100.2**
100.2	100.9	102.1	101.3	101.5	101.1	100.6
99.0	99.5	99.6	98.7	99.3	99.3	98.8
99.5	99.7	99.8	100.6	100.0	99.9	99.9
99.8	100.4	101.0	100.5	100.7	100.5	100.2
100.1	**99.8**	**99.9**	**102.9**	**100.9**	**100.6**	**101.1**
99.2	99.3	99.3	102.3	100.1	99.7	100.0
99.4	100.6	100.1	100.4	101.5	100.2	101.0
102.7	111.0	117.3	101.1	122.8	101.8	102.2
100.5	100.1	99.4	102.0	105.3	102.8	109.5
99.7	101.4	100.4	101.4	97.7	98.1	99.6
97.8	100.0	98.4	105.0	100.2	101.0	100.9
96.6	99.6	97.7	105.0	100.2	100.2	101.0
90.5	91.7	92.0	95.5	93.2	89.5	91.8
86.3	87.3	87.3	92.3	90.3	85.2	85.3
105.6	103.2	101.1	104.0	105.5	102.8	108.7
103.4	98.4	98.4	107.4	98.7	102.6	99.3
102.0	96.1	99.4	102.4	101.8	100.2	99.7
98.8	100.3	98.8	97.7	101.8	100.6	98.0
100.2	105.6	111.4	105.1	103.4	104.4	105.5
102.8	103.4	101.1	104.5	104.2	102.4	103.4
100.1	102.0	97.4	97.7	102.0	102.1	101.1
107.1	101.1	100.5	102.4	103.1	106.5	99.8
101.0	100.6	99.8	101.6	108.9	100.9	100.0
103.4	101.1	100.9	103.5	102.2	101.1	102.0
104.5	101.1	101.5	103.8	103.1	101.3	103.0
100.7	101.0	99.3	102.7	99.7	100.5	99.1
100.3	101.0	101.5	105.1	102.4	104.6	106.0
101.2	**102.4**	**103.5**	**99.4**	**101.1**	**101.0**	**100.0**
101.9	102.4	103.8	99.6	101.0	100.3	99.8
102.8	104.2	102.5	100.2	106.7	94.6	98.8
102.1	100.0	104.7	99.0	98.2	103.3	100.6
99.7	107.8	103.9	98.1	96.1	103.4	98.3
98.8	101.0	102.1	99.8	100.0	101.9	101.5
100.0	101.5	104.1	110.2	100.0	100.0	102.8
98.6	102.5	102.2	98.4	101.7	103.6	100.8
98.6	102.5	102.3	98.3	101.7	103.6	100.8
100.0	100.0	100.0	100.0	100.0	100.0	100.0

5-33 续表 1

指　　标	萧山区	建德市	宁海县	瑞安市	海宁市
三、居住	**99.4**	**99.7**	**100.5**	**99.8**	**100.0**
1. 租赁房房租	99.2	99.3	100.0	99.7	99.4
2. 住房保养维修及管理	100.1	100.4	102.7	99.8	101.8
(1)住房装潢材料	100.2	100.6	98.7	99.3	100.5
(2)住房维修管理费用	100.0	100.0	107.8	100.5	103.5
3. 水电燃料	99.9	100.1	100.6	100.0	100.1
(1)水	100.0	100.0	100.0	100.0	100.0
(2)电	100.0	100.0	100.0	100.0	100.0
(3)燃气	99.7	100.2	101.9	98.1	100.3
(4)其他水电燃料类	100.0	100.0	100.6	106.7	100.0
4. 自有住房	99.0	99.5	100.0	99.8	99.5
四、生活用品及服务	**100.1**	**99.7**	**99.6**	**100.9**	**101.1**
1. 家具及室内装饰品	100.1	100.2	100.1	99.6	103.8
(1)家具	100.0	100.2	100.0	99.4	104.2
(2)室内装饰品	101.1	100.1	100.9	100.9	100.3
2. 家用器具	99.2	97.1	98.5	100.1	100.5
(1)大型家用器具	99.0	96.8	99.6	100.9	100.9
(2)小家电	100.2	98.5	92.8	96.8	98.5
3. 家用纺织品	100.2	96.8	103.4	102.0	100.4
(1)床上用品	100.1	96.7	103.5	102.4	101.3
(2)窗帘门帘	100.0	95.3	103.9	100.0	100.2
(3)其他家用纺织品	101.0	100.0	100.5	100.0	93.0
4. 家庭日用杂品	100.5	102.4	96.7	101.6	99.4
(1)洗涤卫生用品	100.9	106.4	97.0	104.0	99.3
(2)厨具餐具茶具	102.6	100.8	100.6	99.8	100.3
(3)其他家庭日用杂品	99.2	98.8	94.6	100.0	99.1
5. 个人护理用品	101.1	101.6	102.2	101.8	101.9
(1)化妆品	101.4	102.0	102.8	102.8	103.4
(2)其他护理用品类	100.6	101.0	101.3	100.3	99.8
6. 家庭服务	100.2	100.4	105.4	101.4	102.1
五、交通通信	**97.9**	**99.2**	**98.6**	**98.1**	**98.8**
1. 交通	97.3	98.9	98.5	97.8	98.5
(1)交通工具	95.8	99.8	99.9	98.3	99.7
(2)交通工具用燃料	94.5	94.5	94.5	94.6	94.5
(3)交通工具使用和维修	101.2	100.0	99.3	100.3	98.5
(4)交通费	106.0	104.6	103.4	100.9	104.0

（上年=100）

桐乡市	安吉县	新昌县	义乌市	江山市	临海市	龙泉市
99.1	**99.4**	**100.5**	**100.5**	**101.0**	**100.1**	**99.8**
98.5	99.5	100.4	100.9	101.3	100.0	100.0
100.5	99.9	100.9	102.9	102.6	99.4	100.6
98.7	99.8	99.4	101.6	98.8	98.9	100.1
102.9	100.0	103.1	104.6	107.2	100.0	101.1
99.8	100.0	99.4	98.5	99.6	100.9	98.6
100.0	100.0	100.0	100.0	100.0	110.6	100.0
100.0	100.0	100.0	100.0	100.0	100.0	100.0
99.3	100.0	97.8	94.9	98.0	99.2	95.1
100.0	100.0	100.0	100.9	101.8	100.6	99.7
98.6	99.1	100.7	100.5	101.0	100.0	100.0
99.8	**99.8**	**100.1**	**99.1**	**99.9**	**100.4**	**99.4**
100.2	100.1	100.8	100.1	100.1	100.7	99.5
100.0	100.0	100.9	100.0	100.0	100.7	99.5
102.1	100.9	100.5	101.4	100.9	100.1	99.6
99.1	98.9	100.4	95.6	98.9	99.8	97.0
99.3	99.3	100.7	95.7	99.2	100.3	97.0
98.6	97.2	99.1	95.1	97.2	97.6	96.8
100.1	100.7	99.8	98.8	100.0	101.6	100.0
100.8	100.9	98.5	98.3	100.0	102.0	100.0
100.0	100.0	107.2	100.0	100.0	100.9	100.0
92.5	99.6	100.0	101.5	100.0	96.7	100.0
98.4	99.7	99.4	100.4	100.7	99.9	101.6
100.8	99.2	99.2	104.4	101.8	99.9	101.1
98.8	100.8	98.2	98.6	101.1	101.2	105.2
95.8	99.7	100.2	97.5	99.6	99.3	100.2
102.5	101.0	99.6	100.8	100.6	101.7	100.4
102.9	101.1	99.7	99.0	100.7	101.9	100.9
102.0	100.9	99.5	103.6	100.5	101.3	99.7
103.3	99.9	100.4	104.4	99.9	100.4	100.3
98.1	**97.9**	**97.1**	**99.4**	**98.6**	**97.5**	**97.2**
97.8	97.3	96.1	99.6	98.2	96.9	96.7
96.7	97.1	93.9	98.8	98.5	96.8	96.1
94.5	94.5	94.5	94.5	94.5	94.5	94.5
103.1	99.4	100.3	108.1	101.9	99.5	100.6
104.2	103.6	103.3	106.1	104.0	100.3	99.9

5-33 续表 2

指 标	萧山区	建德市	宁海县	瑞安市	海宁市
2. 通信	100.0	99.8	98.7	98.8	100.1
(1) 通信工具	99.9	99.2	95.4	95.4	100.2
(2) 通信服务	100.0	100.0	100.0	100.0	100.0
(3) 邮递服务	100.0	100.0	100.0	100.9	100.0
六、教育文化娱乐	**104.3**	**101.4**	**101.0**	**100.7**	**102.7**
1. 教育	105.4	101.6	100.8	100.5	102.8
(1) 教育用品	100.6	102.9	103.6	105.1	101.8
(2) 教育服务	105.6	101.6	100.7	100.4	102.9
2. 文化娱乐	101.4	100.6	101.6	101.1	102.4
(1) 文娱耐用消费品	99.8	97.2	95.7	97.5	96.7
(2) 其他文娱用品	101.5	99.2	101.0	100.3	100.7
(3) 文化娱乐服务	100.4	103.1	101.6	100.4	103.0
(4) 旅游	104.5	103.0	108.9	106.6	109.3
七、医疗保健	**100.5**	**101.7**	**100.8**	**100.6**	**100.9**
1. 药品及医疗器具	100.2	104.1	99.7	101.9	101.6
(1) 中药	104.4	112.6	111.7	108.5	111.3
(2) 西药	95.9	102.7	95.7	99.7	99.7
(3) 滋补保健品	102.4	98.1	102.5	100.0	99.8
(4) 医疗卫生器具	108.0	103.7	100.0	104.1	99.8
(5) 保健器具	100.0	100.0	84.2	100.6	100.8
2. 医疗服务	100.7	100.9	101.2	100.1	100.7
(1) 综合医疗类	100.0	103.3	102.8	99.9	102.4
(2) 诊断类	101.8	100.0	100.5	100.1	101.1
(3) 治疗类	100.0	100.0	101.6	100.2	100.0
(4) 康复类	98.5	104.5	98.3	99.4	95.6
(5) 中医医疗服务类	100.0	100.0	100.0	100.0	98.8
(6) 其他医疗保健服务	100.0	100.0	100.3	100.4	101.3
八、其他用品及服务	**103.4**	**103.8**	**102.8**	**103.7**	**102.8**
1. 其他用品	105.3	106.6	105.7	107.2	105.3
(1) 首饰手表	109.7	110.2	110.8	112.6	109.9
(2) 母婴用品	99.5	102.1	100.9	103.1	100.2
(3) 其他杂项用品	100.7	103.2	100.1	100.4	98.7
2. 其他服务	101.7	100.9	100.0	100.4	100.4
(1) 在外住宿	116.1	109.7	100.7	99.6	103.9
(2) 美容美发洗浴	100.4	100.4	99.8	101.1	100.2
(3) 养老服务	100.0	100.0	100.0	100.0	100.0
(4) 金融及保险服务	100.0	100.0	100.0	100.0	100.0
(5) 中介法律及其他服务	100.0	100.0	100.0	100.0	100.0

（上年=100）

桐乡市	安吉县	新昌县	义乌市	江山市	临海市	龙泉市
99.3	99.7	99.9	98.6	99.7	99.4	99.0
97.5	99.0	99.7	95.3	99.0	98.0	96.0
100.0	100.0	100.0	99.8	100.0	100.0	100.0
100.0	99.9	100.0	100.1	99.7	99.8	101.5
100.2	**102.9**	**101.1**	**99.7**	**101.5**	**102.3**	**101.1**
99.7	102.4	100.2	99.0	102.2	101.7	100.1
101.0	103.9	106.4	102.2	102.5	103.2	100.3
99.7	102.4	100.0	98.8	102.2	101.7	100.0
101.4	104.2	103.9	101.5	99.5	104.3	104.1
98.4	99.6	99.8	94.3	93.3	97.5	105.9
98.4	99.9	100.7	100.6	100.5	101.1	100.0
101.5	100.8	101.5	102.2	100.1	101.5	98.5
107.6	118.0	112.5	110.8	105.5	116.7	110.6
101.2	**101.2**	**108.3**	**101.1**	**100.9**	**101.9**	**102.4**
101.3	100.4	109.4	101.2	102.5	100.9	102.0
98.9	103.3	123.6	104.6	110.7	108.6	105.4
102.0	98.8	110.5	98.8	100.9	99.1	102.5
98.5	101.6	89.2	101.8	101.6	99.7	100.0
106.9	102.4	103.5	106.0	99.7	96.8	95.4
100.0	100.0	100.0	97.3	100.0	101.4	100.0
101.2	101.5	107.9	101.1	100.4	102.3	102.5
104.2	106.2	112.6	101.9	98.9	105.8	102.7
101.2	100.0	108.3	100.6	101.4	100.0	101.7
100.0	100.0	98.7	101.4	99.9	103.6	100.0
96.5	100.0	92.1	100.1	100.0	96.5	134.6
100.0	100.0	146.4	101.8	102.4	100.0	101.2
100.0	100.0	113.0	100.1	100.0	107.8	100.0
104.7	**105.1**	**105.5**	**104.2**	**103.7**	**103.6**	**102.4**
106.7	105.9	107.5	106.9	104.9	105.7	104.3
111.5	109.0	110.3	111.9	109.1	111.0	107.8
101.2	100.9	107.3	103.7	101.7	101.3	100.9
101.6	102.2	102.7	100.1	99.6	99.4	100.1
102.7	104.4	103.5	101.6	102.6	101.6	100.4
115.3	118.1	114.4	117.4	100.6	114.5	100.9
103.1	106.3	105.2	100.5	106.9	101.2	101.0
100.0	100.0	100.0	100.0	100.0	100.0	100.0
100.0	100.0	100.0	100.0	100.0	100.0	100.0
100.0	100.0	100.0	100.0	100.0	100.0	100.0

5-34 部分设区市分月新建商品住宅销售价格指数（同比）（2023）

（上年同月=100）

地区	1月	2月	3月	4月	5月	6月	7月	8月	9月	10月	11月	12月
杭州	106.5	106.2	105.8	105.3	105.1	104.5	103.7	103.3	103.0	103.0	102.7	102.2
宁波	101.9	102.2	102.6	103.1	103.8	104.1	103.8	103.4	103.5	102.1	101.6	101.2
温州	92.1	93.1	93.8	94.8	95.0	95.9	96.2	96.2	96.6	97.1	97.5	97.0
金华	97.6	97.9	97.7	97.0	96.8	97.0	96.4	95.7	96.3	96.4	96.3	96.0

注：以上城市范围为市辖区，不含县。

5-35 部分设区市分月新建商品住宅销售价格指数（环比）（2023）

（上月=100）

地区	1月	2月	3月	4月	5月	6月	7月	8月	9月	10月	11月	12月
杭州	100.4	100.2	100.2	100.1	100.2	100.4	100.0	100.1	100.1	100.3	100.4	99.8
宁波	100.6	100.9	100.6	100.2	100.4	100.3	99.6	99.8	100.3	99.1	99.6	99.7
温州	99.0	100.3	100.1	100.2	99.8	100.3	99.6	99.6	99.5	99.8	99.5	99.3
金华	99.8	100.4	100.2	99.6	99.7	99.8	99.1	98.9	100.0	99.6	99.4	99.4

注：以上城市范围为市辖区，不含县。

5-36 部分设区市分月二手住宅销售价格指数（同比）（2023）

（上年同月=100）

地区	1月	2月	3月	4月	5月	6月	7月	8月	9月	10月	11月	12月
杭州	98.5	98.7	99.0	99.1	98.8	97.6	97.3	97.2	97.4	98.7	98.9	97.9
宁波	99.2	98.8	99.0	99.2	99.3	98.1	97.5	97.3	96.8	96.2	96.1	95.3
温州	94.9	95.7	96.5	96.6	96.6	97.1	96.7	96.6	95.9	96.0	95.3	94.4
金华	93.8	94.3	95.4	95.6	96.2	96.3	96.1	95.6	95.8	95.7	95.4	95.2

注：以上城市范围为市辖区，不含县。

5-37 部分设区市分月二手住宅销售价格指数（环比）（2023）

（上月=100）

地区	1月	2月	3月	4月	5月	6月	7月	8月	9月	10月	11月	12月
杭州	99.8	100.4	100.6	100.3	99.5	99.4	99.4	99.5	99.6	100.5	100.0	98.9
宁波	100.2	100.2	100.3	100.1	99.7	99.3	99.5	99.3	99.2	98.8	99.5	99.2
温州	99.8	100.6	100.4	99.6	99.4	99.8	99.2	99.4	99.1	99.6	98.6	98.9
金华	99.6	99.9	100.4	99.8	99.6	99.6	99.3	99.1	99.7	99.5	99.1	99.5

注：以上城市范围为市辖区，不含县。

5-38 各设区市及县(市/区)居民可支配收入及增长（2023）

地　区	全体居民		城镇常住居民		农村常住居民	
	人均可支配收入(元)	比上年增长(%)	人均可支配收入(元)	比上年增长(%)	人均可支配收入(元)	比上年增长(%)
杭州市	73797	5.0	80587	4.6	48180	6.6
上城区	82665	4.5	82665	4.5	-	-
拱墅区	83039	4.7	83039	4.7	-	-
西湖区	-	-	86521	4.6	-	-
滨江区	83205	5.6	83205	5.6	-	-
萧山区	74161	4.8	81655	4.3	52719	7.0
余杭区	75245	5.5	84528	5.0	55223	6.9
富阳区	65581	5.1	74899	4.4	47653	6.7
临安区	58499	5.2	70235	4.1	44682	6.8
临平区	77011	5.2	82311	4.8	52610	7.1
钱塘区	77946	5.3	82520	4.9	57525	6.3
桐庐县	58549	5.4	67232	4.6	42843	6.6
淳安县	39762	6.0	57548	4.2	27856	6.5
建德市	50907	4.9	64531	4.0	38129	6.3
宁波市	71731	4.9	80144	4.5	48350	6.3
海曙区	78527	5.4	85481	4.8	49550	6.5
江北区	75881	4.3	82850	4.2	51094	6.3
北仑区	74642	5.5	82322	4.9	50622	6.8
镇海区	76785	4.6	84527	4.3	50186	6.7
鄞州区	80944	4.4	88388	4.4	53273	5.8
奉化区	57319	5.2	70625	4.6	43651	6.4
象山县	62177	5.1	72676	4.6	44115	6.1
宁海县	63357	4.4	75559	4.1	44800	6.2
余姚市	69062	5.0	77044	4.5	48669	6.6
慈溪市	69858	5.3	76803	4.7	50180	6.4

5-38 续表 1

地 区	全体居民		城镇常住居民		农村常住居民	
	人均可支配收入(元)	比上年增长(%)	人均可支配收入(元)	比上年增长(%)	人均可支配收入(元)	比上年增长(%)
温州市	67380	6.9	77973	6.3	41622	8.2
鹿城区	84363	6.5	86782	6.3	49796	7.8
龙湾区	–	–	78250	7.3	–	–
瓯海区	75448	6.3	80687	6.0	50231	7.7
洞头区	53886	6.4	63785	5.8	41881	7.1
永嘉县	52593	7.7	64337	6.9	34228	9.2
平阳县	53203	7.8	65787	7.1	35097	8.9
苍南县	51217	7.4	61292	6.7	33064	9.0
文成县	37921	5.4	52216	3.8	26190	7.3
泰顺县	38317	8.2	52696	7.2	26603	9.1
瑞安市	71424	7.2	82476	6.8	45644	8.0
乐清市	70828	6.5	81501	5.8	48480	7.9
龙港市	58048	7.5	68801	7.0	38425	8.6
嘉兴市	66353	6.0	75909	5.3	49643	7.3
南湖区	66447	5.0	69150	4.7	48617	6.8
秀洲区	60083	6.4	68742	5.6	47793	8.0
嘉善县	65866	5.8	76921	5.7	50183	6.3
海盐县	67205	6.3	78591	5.8	50647	7.4
海宁市	67549	6.1	78874	5.5	51411	7.6
平湖市	67327	6.0	78218	5.3	50249	7.9
桐乡市	63766	5.7	73941	5.2	49586	6.6
湖州市	63972	5.6	74400	4.7	47455	7.6
吴兴区	68745	5.4	76224	4.3	48421	7.8
南浔区	60610	5.3	72126	4.5	47077	7.1
德清县	64310	5.7	75292	5.0	48795	7.4

5-38 续表 2

地 区	全体居民		城镇常住居民		农村常住居民	
	人均可支配收入(元)	比上年增长(%)	人均可支配收入(元)	比上年增长(%)	人均可支配收入(元)	比上年增长(%)
长兴县	64140	6.1	75387	5.2	48528	7.6
安吉县	60165	5.9	71704	4.8	45469	8.1
绍兴市	69707	6.0	80392	5.5	48825	6.8
越城区	68440	6.3	74596	5.8	48866	7.3
柯桥区	79500	6.3	87467	6.0	55299	7.2
上虞区	66700	5.1	81366	4.5	47567	5.8
新昌县	62071	6.5	75613	5.8	42068	7.5
诸暨市	71435	5.3	84382	4.9	52684	6.0
嵊州市	62804	6.2	76954	5.6	43408	7.2
金华市	61710	6.3	73639	5.8	38136	7.0
婺城区	59245	5.3	68012	4.8	32040	6.6
金东区	49613	6.1	60247	5.5	36125	6.8
武义县	44866	5.2	54003	4.5	26990	7.2
浦江县	49877	7.1	61527	6.6	31843	8.1
磐安县	38447	5.3	51266	4.2	25864	6.4
兰溪市	43601	6.5	57966	5.7	29938	7.3
义乌市	83954	7.3	93108	7.1	50828	8.0
东阳市	60969	6.8	71207	6.6	42944	6.9
永康市	60480	6.6	72049	6.0	41362	7.7
衢州市	48237	6.5	60592	5.4	33993	8.0
柯城区	58217	5.7	64626	4.5	36410	8.6
衢江区	38895	8.0	51292	7.0	30301	8.8
常山县	41206	6.9	52269	5.7	31266	7.8
开化县	36514	6.5	48251	5.2	26496	7.1
龙游县	48118	7.3	63490	6.2	34646	8.1

5-38 续表 3

地　区	全体居民		城镇常住居民		农村常住居民	
	人均可支配收入(元)	比上年增长(%)	人均可支配收入(元)	比上年增长(%)	人均可支配收入(元)	比上年增长(%)
江山市	50718	6.1	62980	5.1	36786	7.4
舟山市	68110	6.7	76435	6.2	49379	7.5
定海区	73610	6.8	83359	6.2	49269	7.5
普陀区	66315	6.2	74579	5.8	48833	7.2
岱山县	62397	7.0	68610	6.5	49728	7.8
嵊泗县	61432	6.7	68441	6.7	47267	6.8
台州市	61067	5.2	73879	4.4	40153	6.5
椒江区	69870	5.7	81569	4.8	41511	6.2
黄岩区	61827	4.8	73548	4.0	41229	6.3
路桥区	74827	5.0	89028	4.4	45542	6.1
三门县	47333	6.1	60205	5.5	34890	6.6
天台县	47572	6.4	60127	6.3	32450	6.4
仙居县	44674	6.8	55496	6.8	31046	7.0
温岭市	64810	4.6	76539	3.5	44593	6.5
临海市	55050	4.7	68229	3.7	39839	6.9
玉环市	75008	4.6	88361	3.9	47535	6.2
丽水市	47182	6.1	58583	5.0	30811	8.2
莲都区	55977	5.5	61853	5.0	39164	7.0
青田县	48186	6.8	60074	6.0	35353	8.4
缙云县	45134	6.7	57563	5.8	31162	8.5
遂昌县	44287	6.3	60498	4.6	29239	8.0
松阳县	39129	7.6	53155	6.5	27527	8.7
云和县	46232	5.8	55430	4.9	28086	7.7
庆元县	39158	7.4	52102	5.4	25874	8.9
景宁县	38992	5.7	49767	4.1	28100	7.5
龙泉市	49326	6.0	60083	4.8	32919	8.2

六 综合数据

6-1 全省生产总值（1978-2023）

年份	全省生产总值(亿元)	第一产业	第二产业	第三产业	人均生产总值(元)
1978	123.72	47.09	53.52	23.11	332
1982	234.01	84.88	98.44	50.69	600
1983	257.09	82.89	113.12	61.08	652
1984	323.25	104.40	141.48	77.37	813
1985	429.16	123.88	198.91	106.37	1070
1986	502.47	136.29	230.89	135.29	1241
1987	606.99	159.41	281.47	166.11	1482
1988	770.25	195.68	354.39	220.18	1858
1989	849.44	210.95	386.25	252.24	2028
1990	904.69	225.04	408.18	271.47	2143
1991	1089.33	245.22	494.11	350.00	2564
1992	1375.70	262.67	652.26	460.77	3209
1993	1925.91	315.97	982.19	627.75	4459
1994	2689.28	438.65	1395.61	855.02	6183
1995	3563.90	549.95	1856.32	1157.63	8144
1996	4195.76	594.93	2233.98	1366.85	9534
1997	4695.93	618.90	2557.87	1519.16	10615
1998	5065.50	609.30	2772.28	1683.92	11395
1999	5461.27	606.32	2983.27	1871.68	12229
2000	6164.79	630.97	3287.10	2246.72	13467
2001	6927.70	659.78	3590.07	2677.85	14726
2002	8040.66	685.20	4112.87	3242.59	16918
2003	9753.37	717.85	5126.27	3909.25	20249
2004	11482.11	803.83	6160.40	4517.87	23476
2005	13028.33	881.47	6953.67	5193.19	26277
2006	15302.68	913.16	8295.66	6093.87	30415
2007	18639.95	969.27	10122.74	7547.94	36453
2008	21284.58	1073.30	11512.68	8698.60	41061
2009	22833.74	1134.68	11882.36	9816.70	43543
2010	27399.85	1322.85	14140.90	11936.10	51110
2011	31854.80	1535.20	16271.04	14048.56	57828
2012	34382.39	1610.81	17040.53	15731.05	61097
2013	37334.64	1718.74	18162.78	17453.12	65105
2014	40023.48	1726.57	19580.72	18716.19	68569
2015	43507.72	1771.36	20606.55	21129.81	73276
2016	47254.04	1890.43	21571.25	23792.36	78384
2017	52403.13	1933.92	23246.72	27222.48	85612
2018	58002.84	1975.89	25308.13	30718.83	93230
2019	62462.00	2086.70	26299.51	34075.77	98770
2020	64689.06	2166.26	26361.50	36161.30	100738
2021	74040.77	2211.66	31173.99	40655.12	113839
2022	78060.63	2185.23	32973.81	42901.59	119022
2023	82553.00	2332.00	33953.00	46268.00	125043

注：1. 本表按当年价格计算。1992 年以后人均生产总值均按常住人口计算。
2. 2023 年数据为初步统计数，后表同。

6-2 全省生产总值构成（1978-2023）

单位：%

年份	全省生产总值	第一产业	第二产业	第三产业
1978	100	38.1	43.3	18.7
1982	100	36.3	42.1	21.7
1983	100	32.2	44.0	23.8
1984	100	32.3	43.8	23.9
1985	100	28.9	46.3	24.8
1986	100	27.1	46.0	26.9
1987	100	26.3	46.4	27.4
1988	100	25.4	46.0	28.6
1989	100	24.8	45.5	29.7
1990	100	24.9	45.1	30.0
1991	100	22.5	45.4	32.1
1992	100	19.1	47.4	33.5
1993	100	16.4	51.0	32.6
1994	100	16.3	51.9	31.8
1995	100	15.4	52.1	32.5
1996	100	14.2	53.2	32.6
1997	100	13.2	54.5	32.4
1998	100	12.0	54.7	33.2
1999	100	11.1	54.6	34.3
2000	100	10.2	53.3	36.4
2001	100	9.5	51.8	38.7
2002	100	8.5	51.2	40.3
2003	100	7.4	52.6	40.1
2004	100	7.0	53.7	39.3
2005	100	6.8	53.4	39.9
2006	100	6.0	54.2	39.8
2007	100	5.2	54.3	40.5
2008	100	5.0	54.1	40.9
2009	100	5.0	52.0	43.0
2010	100	4.8	51.6	43.6
2011	100	4.8	51.1	44.1
2012	100	4.7	49.6	45.8
2013	100	4.6	48.6	46.7
2014	100	4.3	48.9	46.8
2015	100	4.1	47.4	48.6
2016	100	4.0	45.6	50.3
2017	100	3.7	44.4	51.9
2018	100	3.4	43.6	53.0
2019	100	3.3	42.1	54.6
2020	100	3.3	40.8	55.9
2021	100	3.0	42.1	54.9
2022	100	2.8	42.2	55.0
2023	100	2.8	41.1	56.1

注：本表按当年价格计算。

6-3 全省生产总值指数（1978-2023）

年份	上年=100		1978 年=100	
	全省生产总值指数	人均生产总值指数	全省生产总值指数	人均生产总值指数
1978	121.9	120.5	100.0	100.0
1982	111.4	110.0	164.2	157.1
1983	108.0	106.8	177.4	167.8
1984	121.7	120.7	216.0	202.5
1985	121.7	120.7	262.9	244.4
1986	112.1	111.0	294.6	271.3
1987	111.8	110.6	329.4	300.0
1988	111.2	109.9	366.4	329.6
1989	99.4	98.4	364.3	324.2
1990	103.9	103.1	378.6	334.4
1991	117.9	117.2	446.3	391.8
1992	118.8	118.1	530.3	462.8
1993	122.0	121.1	647.1	560.4
1994	120.0	119.2	776.4	667.8
1995	117.0	116.3	908.3	776.4
1996	112.7	112.0	1023.5	869.9
1997	111.1	110.6	1137.5	961.9
1998	110.2	109.7	1253.8	1055.0
1999	110.1	109.6	1380.5	1156.4
2000	111.1	108.4	1533.9	1253.5
2001	110.7	107.7	1697.8	1350.1
2002	112.7	111.5	1913.1	1505.8
2003	114.7	113.2	2195.1	1704.8
2004	113.1	111.4	2482.8	1899.0
2005	112.9	111.4	2804.0	2115.6
2006	114.0	112.3	3195.3	2375.7
2007	114.5	112.7	3658.3	2676.3
2008	110.1	108.6	4026.9	2906.0
2009	109.0	107.8	4389.7	3131.4
2010	111.9	109.4	4910.1	3426.2
2011	109.0	106.1	5350.2	3633.7
2012	108.1	105.8	5781.9	3843.8
2013	108.3	106.3	6263.8	4086.4
2014	107.7	105.8	6744.6	4322.8
2015	108.0	106.2	7286.6	4591.2
2016	107.5	105.9	7834.8	4862.1
2017	107.8	106.1	8444.0	5160.9
2018	107.1	105.4	9047.2	5440.3
2019	106.8	105.0	9658.0	5713.5
2020	103.6	102.0	10000.9	5826.5
2021	108.7	107.4	10875.7	6255.9
2022	103.2	102.4	11228.6	6406.0
2023	106.0	105.3	11902.3	6745.6

注：本表按当年价格计算。

6-4 国民经济和社会

指　　标	1978	2013	2014	2015	2016
人口					
年末常住人口(万人)		5784	5890	5985	6072
年末就业人员数(万人)	**1795**	**3436**	**3459**	**3505**	**3552**
全省生产总值(亿元)	**123.72**	**37334.64**	**40023.48**	**43507.72**	**47254.04**
第一产业	47.09	1718.74	1726.57	1771.36	1890.43
第二产业	53.52	18162.78	19580.72	20606.55	21571.25
第三产业	23.11	17453.12	18716.19	21129.81	23792.36
人均生产总值(元)	**332**	**65105**	**68569**	**73276**	**78384**
财政(亿元)					
财政总收入	27.45	6908.41	7521.70	8549.47	9225.07
#地方财政收入	27.45	3796.92	4122.02	4809.94	5301.98
财政支出	17.43	4730.47	5159.57	6645.98	6974.25
固定资产投资总额(亿元)		**20194.07**	**23554.76**	**26664.72**	**29571.00**
贸易					
社会商品零售总额(亿元)	46.86	15335.15	17078.11	18910.74	20916.73
进出口总额(亿美元)	0.70	3357.89	3550.49	3467.84	3365.76
#出口总额(亿美元)	0.52	2487.46	2733.29	2763.32	2678.64
价格指数					
居民消费价格指数（上年=100)		102.3	102.1	101.4	101.9
居民收支(元)					
城镇居民人均可支配收入	332	37080	40393	43714	47237
农村居民人均可支配收入	165	17494	19373	21125	22866

发展主要指标（1978-2023）

2017	2018	2019	2020	2021	2022	2023
6170	6273	6375	6468	6540	6577	6627
3613	**3691**	**3771**	**3857**	**3897**	**3885**	**3921**
52403.13	**58002.84**	**62462.00**	**64689.06**	**74040.77**	**78060.63**	**82553.00**
1933.92	1975.89	2086.70	2166.26	2211.66	2185.23	2332.00
23246.72	25308.13	26299.51	26361.50	31173.99	32973.81	33953.00
27222.48	30718.83	34075.77	36161.30	40655.12	42901.59	46268.00
85612	**93230**	**98770**	**100738**	**113839**	**119022**	**125043**
10301.16	11705.95	12268.24	12421.49	14516.96	14421.25	15276.00
5804.38	6598.21	7048.58	7248.24	8262.57	8039.38	8600.00
7530.32	8629.53	10053.03	10082.01	11016.87	12017.70	12353.00
31125.99				—	—	-
23121.32	25162.01	27343.81	26629.81	29210.54	30467.20	32550.00
3779.07	4323.60	4472.25	4885.43	6409.30	7034.41	6967.80
2867.93	3210.39	3346.05	3631.10	4661.00	5157.95	5073.01
102.1	102.3	102.9	102.3	101.5	102.2	100.3
51261	55574	60182	62699	68487	71268	74997
24956	27302	29876	31930	35247	37565	40311

6-5 人民物质

指　　标		2005	2010	2015	2016
城乡居民收入与支出					
城镇居民人均可支配收入	(元)	16294	27359	43714	47237
农村居民人均可支配收入	(元)	6660	11303	21125	22866
城镇居民人均消费支出	(元)	12254	17858	28661	30068
农村居民人均消费支出	(元)	5215	8390	16108	17359
居民人均住房面积(建筑面积)					
城镇居民	(平方米)	34.56	35.29	40.53	40.87
农村居民	(平方米)	54.98	58.53	61.28	60.27
文化、教育及卫生					
城镇每百户拥有彩色电视机	(台)	178.62	185.70	173.77	173.79
农村每百户拥有彩色电视机	(台)	130.04	161.40	161.29	170.40
城镇每百户拥有家用电脑	(台)	59.47	89.84	95.68	93.01
农村每百户拥有家用电脑	(台)	10.77	35.64	45.47	49.31
学龄儿童入学率	(%)	99.99	99.99	99.99	99.99
每千人口拥有在校大学生数	(人)	13.30	17.13	17.62	17.51
每千人口拥有医疗床位数	(张)	3.07	3.38	4.55	4.78
每千人口拥有医生数	(人)	1.80	2.21	2.64	2.77
就业					
城镇居民家庭每一就业者负担人数	(人/户)	1.93	1.95	1.77	1.79
农村居民家庭每一劳动力负担人数	(人/户)	1.37	1.35	1.58	1.57
交通通信					
城镇每百户拥有家用汽车	(辆)	8.71	26.43	47.90	53.29
农村每百户拥有家用汽车	(辆)	2.91	7.79	25.41	30.17
城镇每百户拥有固定电话	(部)	96.84	89.13	55.98	50.67
农村每百户拥有固定电话	(部)	94.43	88.40	49.57	41.87
城镇每百户拥有移动电话	(部)	174.73	198.01	228.63	234.79
#接入互联网移动电话	(部)			135.45	155.78
农村每百户拥有移动电话	(部)	119.21	189.10	216.41	230.05
#接入互联网移动电话	(部)			80.82	106.52

文化生活（2005-2023）

2017	2018	2019	2020	2021	2022	2023
51261	55574	60182	62699	68487	71268	74997
24956	27302	29876	31930	35247	37565	40311
31924	34598	37508	36197	42193	44511	47762
18093	19707	21352	21555	25415	27483	30468
41.51	45.35	48.45	46.71	47.93	48.06	
60.43	65.44	67.31	66.87	71.49	71.21	
179.10	171.90	175.10	176.20	172.18	170.96	150.0
176.40	175.70	176.30	175.90	180.42	181.53	153.4
95.60	86.43	85.20	86.00	75.81	75.83	75.41
52.24	45.54	46.10	48.20	36.83	37.13	37.01
99.99	99.99	99.99	99.99	99.99	99.99	99.99
17.45	17.57	18.31	19.50	20.49	21.35	21.97
5.09	5.29	5.49	5.59	5.65	5.80	6.15
2.91	3.05	3.22	3.37	3.56	3.75	4.01
1.80	1.85	1.86	1.91	1.86	1.90	1.92
1.58	1.59	1.62	1.66	1.58	1.62	1.62
55.54	52.43	52.80	55.60	62.46	64.36	72.23
33.35	28.78	28.90	33.00	35.55	38.09	43.94
47.30	28.20	21.50	19.70	10.33	9.62	
38.20	27.20	19.60	18.70	9.88	9.71	
242.30	243.10	242.80	245.40	254.42	252.76	242.4
170.50	193.10	200.20	221.60	228.53		
235.20	244.50	249.60	253.10	251.91	249.92	243.4
121.20	151.20	164.10	190.90	209.28		

注：1. 从 2013 年起，国家统计局开展了城乡一体化住户收支与生活状况调查，与 2013 年前的分城镇和农村住户调查的调查范围、调查方法、指标口径有所不同(以后各表同)。农村居民人均可支配收入 2013 年前为农村居民人均纯收入。

2. 城镇居民人均住房面积在 2002 年前为使用面积；农村居民人均住房面积在 2013 年以前为居住面积。

3. 每千人口拥有医疗床位和拥有医生数均按常住人口计算。

6-6 全国及各地区居民人均可支配收入及增长（2023）

地 区	全体居民		城镇常住居民		农村常住居民	
	可支配收入(元)	增长(%)	可支配收入(元)	增长(%)	可支配收入(元)	增长(%)
全 国	**39218**	**6.3**	**51821**	**5.1**	**21691**	**7.7**
北 京	81752	5.6	88650	5.5	37358	7.5
天 津	51271	4.7	55355	4.4	30851	6.3
河 北	32903	6.6	43631	5.7	20688	6.8
山 西	30924	6.0	41327	4.5	17677	8.3
内蒙古	38130	6.1	48676	5.1	21221	8.0
辽 宁	37992	5.3	45896	4.3	21483	7.9
吉 林	29797	6.5	37503	5.7	19472	7.4
黑龙江	29694	4.8	36492	4.1	19756	6.3
上 海	84834	6.6	89477	6.5	42988	8.2
江 苏	52674	5.6	63211	5.0	30488	7.0
浙 江	**63830**	**5.9**	**74997**	**5.2**	**40311**	**7.3**
安 徽	34893	6.6	47446	5.1	21144	8.0
福 建	45426	5.4	56153	4.3	26722	6.9
江 西	34242	5.6	45554	4.2	21358	7.1
山 东	39890	6.2	51571	5.1	23776	7.5
河 南	29933	6.1	40234	4.5	20053	7.3
湖 北	35146	6.8	44990	5.5	21293	8.0
湖 南	35895	5.5	49243	4.1	20921	7.0
广 东	49327	4.8	59307	4.2	25142	6.5
广 西	29514	5.5	41287	4.0	18656	7.0
海 南	33192	7.2	42661	6.3	20708	8.3
重 庆	37595	5.4	47435	4.2	20820	7.8
四 川	32514	6.0	45227	4.6	19978	7.0
贵 州	27098	6.2	42772	4.1	14817	8.1
云 南	28421	5.5	43563	3.3	16361	8.0
西 藏	28983	8.7	51900	6.5	19924	9.4
陕 西	32128	6.7	44713	5.4	16992	8.2
甘 肃	25011	7.5	39833	6.0	13131	7.9
青 海	28587	5.9	40408	4.3	15614	8.0
宁 夏	31604	6.8	42395	5.5	17772	8.2
新 疆	28947	7.0	40578	5.6	17948	8.4

6-7 全国及各地区居民人均消费支出及增长（2023）

地 区	全体居民		城镇常住居民		农村常住居民	
	人均消费支出(元)	增长(%)	人均消费支出(元)	增长(%)	人均消费支出(元)	增长(%)
全 国	**26796**	**9.2**	**32994**	**8.6**	**18175**	**9.3**
北 京	47586	11.5	50897	11.6	26277	10.7
天 津	34914	11.5	37586	11.1	21553	13.8
河 北	22920	9.7	27906	11.3	17244	6.0
山 西	19756	12.7	24524	11.9	13684	13.2
内蒙古	27025	21.2	32249	20.9	18650	20.8
辽 宁	24865	10.0	29091	9.1	16040	12.0
吉 林	21411	19.6	26677	22.2	14354	12.8
黑龙江	22052	8.0	25882	7.8	16453	8.5
上 海	52508	14.0	54919	14.2	30782	12.2
江 苏	35491	8.0	40461	7.1	25029	10.8
浙 江	**42194**	**8.3**	**47762**	**7.3**	**30468**	**10.9**
安 徽	23607	4.7	27900	4.0	18905	5.1
福 建	31869	6.1	37674	5.6	21746	6.3
江 西	23379	7.7	27733	6.8	18421	8.5
山 东	24293	7.3	30251	5.9	16075	9.5
河 南	21011	10.5	25570	8.6	16638	12.2
湖 北	27106	9.2	31500	8.2	20922	10.2
湖 南	25462	5.7	31035	4.9	19210	6.3
广 东	34331	6.7	39333	6.5	22209	6.8
广 西	19749	7.7	24427	8.9	15435	5.3
海 南	23752	10.5	28930	9.5	16924	11.7
重 庆	26515	4.5	31531	3.1	17964	7.4
四 川	23550	5.6	29280	5.9	17901	4.1
贵 州	20161	12.4	27693	14.3	14260	8.3
云 南	20995	10.8	28338	8.0	15147	13.8
西 藏	17220	8.4	28858	2.1	12619	13.3
陕 西	22012	10.9	27303	10.2	15647	11.0
甘 肃	19013	8.7	27044	7.3	12575	9.4
青 海	20327	17.8	25373	16.9	14790	18.2
宁 夏	21629	13.0	27076	11.8	14649	14.2
新 疆	19715	10.0	26134	8.2	13645	12.1

6-8 全国及各地区各种价格总指数（2023）

（上年=100）

地区	居民消费价格指数	工业生产者出厂价格指数	工业生产者购进价格指数	农产品生产者价格指数
全国	**100.2**	**97.0**	96.4	**97.7**
北京	100.4	99.2	98.7	99.7
天津	100.4	96.4	96.0	98.1
河北	100.6	94.7	93.8	95.5
山西	99.9	91.3	94.7	101.6
内蒙古	100.6	92.1	93.0	97.8
辽宁	100.1	96.6	95.8	98.8
吉林	99.9	98.1	98.9	95.8
黑龙江	100.6	95.7	97.5	100.6
上海	100.3	99.7	98.9	98.4
江苏	100.4	96.7	96.4	98.3
浙江	**100.3**	**97.3**	**94.8**	**101.2**
安徽	100.2	96.6	95.1	96.7
福建	100.0	98.2	96.2	99.8
江西	100.3	96.6	95.8	95.3
山东	100.1	96.5	97.0	101.0
河南	99.8	97.4	95.3	91.4
湖北	100.1	97.4	95.9	97.1
湖南	100.2	98.5	97.5	97.6
广东	100.4	98.5	97.6	98.0
广西	99.8	97.0	95.7	97.1
海南	100.3	97.3	100.5	98.2
重庆	99.7	97.8	97.0	97.5
四川	100.0	97.6	97.1	95.6
贵州	99.7	98.1	95.7	95.1
云南	100.3	96.7	96.8	98.8
西藏	99.9	101.1	—	—
陕西	100.1	94.9	94.3	101.3
甘肃	100.5	95.9	92.5	103.3
青海	100.5	96.3	97.7	97.4
宁夏	100.4	92.7	94.1	96.6
新疆	100.0	93.5	93.6	102.4

6-9 全国及各地区农产品生产者价格指数（2023）

（上年=100）

地区	农产品生产者价格总指数	种植业产品	林业产品	畜牧业产品	渔业产品
全国	**97.7**	**99.2**	**97.3**	**91.7**	**99.4**
北京	99.7	102.1	—	94.6	103.9
天津	98.1	98.5	—	90.8	93.3
河北	95.5	96.6	99.6	92.6	106.6
山西	101.6	104.9	100.5	95.6	100.3
内蒙古	97.8	100.1	111.2	93.7	100.7
辽宁	98.8	99.5	86.1	98.0	103.5
吉林	95.8	98.1	93.9	88.9	96.5
黑龙江	100.6	103.1	84.9	87.9	112.4
上海	98.4	95.9	95.5	93.3	110.8
江苏	98.3	101.4	100.5	92.7	99.3
浙江	**101.2**	**100.8**	**97.1**	**90.2**	**107.0**
安徽	96.7	97.3	98.8	90.6	99.8
福建	99.8	102.1	102.8	95.1	99.1
江西	95.3	100.4	86.7	89.1	96.1
山东	101.0	106.2	94.0	91.2	103.8
河南	91.4	100.0	99.7	84.9	90.1
湖北	97.1	101.6	102.5	87.1	97.6
湖南	97.6	99.7	105.0	94.4	95.9
广东	98.0	97.4	98.7	93.6	100.1
广西	97.1	100.1	95.9	90.1	96.8
海南	98.2	102.0	90.9	89.0	103.5
重庆	97.5	100.4	99.1	92.5	100.7
四川	95.6	100.1	100.9	90.9	99.0
贵州	95.1	98.8	101.0	92.1	99.2
云南	98.8	104.7	93.2	89.8	99.5
西藏	—	—	—	—	—
陕西	101.3	105.6	104.2	89.5	95.4
甘肃	103.3	106.7	—	97.3	—
青海	97.4	102.2	—	93.8	—
宁夏	96.6	103.6	—	89.5	93.7
新疆	102.4	106.2	105.0	91.7	97.6

注：农产品生产者价格指数2000年前称农副产品收购价格指数。

6-10 全国及各地区居民

地区	居民消费价格总指数	一、食品烟酒						
			粮食	鲜菜	畜肉	水产品	蛋	鲜果
全　国	**100.2**	**100.3**	**101.0**	**97.4**	**92.7**	**100.0**	**100.3**	**104.9**
北　京	100.4	100.1	99.6	93.1	93.5	100.6	99.8	104.0
天　津	100.4	100.5	100.1	96.9	93.3	102.5	99.7	104.3
河　北	100.6	100.5	101.4	96.4	93.0	99.4	100.6	105.8
山　西	99.9	99.8	100.0	94.5	94.4	97.8	99.3	102.3
内蒙古	100.6	100.6	102.2	96.5	94.1	100.3	99.4	106.3
辽　宁	100.1	100.1	100.8	92.7	93.3	100.9	99.4	106.5
吉　林	99.9	99.3	100.4	92.3	90.2	100.2	98.0	105.4
黑龙江	100.6	100.6	102.0	96.1	92.7	103.2	100.4	108.5
上　海	100.3	98.8	98.5	94.0	91.6	96.2	93.7	97.5
江　苏	100.4	101.0	101.8	99.2	94.8	100.2	100.7	105.6
浙　江	**100.3**	**100.6**	**101.2**	**98.8**	**93.8**	**100.5**	**102.0**	**103.6**
安　徽	100.2	100.5	100.7	95.8	92.4	98.0	99.6	106.2
福　建	100.0	100.9	100.9	100.0	94.0	101.8	100.3	106.8
江　西	100.3	100.4	101.4	99.3	90.8	98.4	103.0	108.8
山　东	100.1	100.3	101.7	96.8	93.2	101.6	100.4	103.6
河　南	99.8	99.6	101.2	95.8	89.9	98.3	97.7	106.6
湖　北	100.1	99.9	101.2	97.4	90.9	97.1	102.9	104.1
湖　南	100.2	99.4	100.5	97.3	90.5	97.2	101.7	104.6
广　东	100.4	101.4	100.3	99.6	94.7	101.4	103.0	105.7
广　西	99.8	100.0	100.6	98.2	91.6	100.9	101.6	103.2
海　南	100.3	101.3	100.6	101.5	92.1	106.1	105.4	103.9
重　庆	99.7	98.6	101.1	94.0	90.0	95.8	96.7	101.4
四　川	100.0	99.8	100.7	98.9	91.3	97.8	102.2	103.2
贵　州	99.7	99.8	100.8	100.6	92.5	98.0	102.7	103.0
云　南	100.3	100.9	100.9	103.5	94.2	99.5	100.6	103.8
西　藏	99.9	99.9	101.1	95.7	98.0	100.2	110.7	101.3
陕　西	100.1	99.8	100.9	95.8	92.4	93.4	98.0	105.7
甘　肃	100.5	100.3	102.6	96.3	92.4	96.0	99.4	107.7
青　海	100.5	99.4	101.9	94.1	91.3	95.7	99.1	104.1
宁　夏	100.4	100.3	101.1	98.3	93.4	98.3	104.9	109.3
新　疆	100.0	99.6	104.0	96.0	92.1	95.7	99.1	107.5

消费价格分类指数（2023）

（上年=100）

二、衣着	三、居住	四、生活用品及服务	五、交通通信	六、教育文化娱乐	七、医疗保健	八、其他用品及服务
101.0	**100.0**	**100.1**	**97.7**	**102.0**	**101.1**	**103.2**
100.6	100.3	100.3	98.3	102.8	100.2	104.2
101.0	100.5	100.0	97.2	103.1	100.4	103.6
102.3	100.3	100.6	97.6	101.5	103.2	103.2
100.3	100.0	100.3	98.0	100.4	100.9	102.4
101.2	100.1	100.5	98.0	101.5	103.3	103.5
100.5	100.4	100.2	98.1	101.0	100.1	103.1
100.1	100.0	100.2	97.8	101.4	100.7	103.4
101.7	100.1	100.3	98.1	101.6	102.5	102.8
102.0	100.2	100.4	99.1	103.6	100.2	104.8
101.4	100.0	100.6	96.7	101.8	103.2	103.9
101.0	**99.6**	**100.4**	**97.9**	**102.8**	**101.0**	**103.6**
101.6	99.7	100.1	97.5	102.0	100.7	103.2
100.0	99.8	99.9	96.7	101.6	100.7	103.1
101.9	100.1	99.8	97.5	102.3	100.7	103.3
100.6	100.1	100.0	97.7	102.0	100.2	103.7
99.8	99.6	99.6	97.9	101.4	100.9	103.2
101.3	100.4	100.2	97.5	101.8	100.5	102.9
101.0	100.4	100.1	98.0	101.6	102.0	103.0
101.8	99.5	99.9	97.7	102.7	100.4	102.3
102.1	99.1	99.0	96.9	101.8	101.5	102.1
99.8	99.4	100.2	98.5	101.8	99.8	102.0
101.0	100.2	99.8	98.8	101.3	100.2	102.4
99.0	100.4	100.0	97.9	102.5	100.6	102.6
102.0	99.8	100.0	97.3	100.4	100.0	101.9
100.5	100.3	100.2	97.2	102.2	100.7	103.0
100.1	100.2	100.0	98.1	100.6	101.0	103.7
100.4	100.4	99.7	97.9	101.0	101.4	103.8
100.2	99.6	100.0	99.2	101.6	103.5	103.2
100.5	100.1	100.1	99.2	104.2	102.1	103.5
100.5	100.6	99.8	98.5	101.7	100.8	104.6
102.5	100.0	99.4	98.0	101.0	100.3	104.4

6-11 全国及各地区分月居民消费价格指数（同比）（2023）

（上年同月=100）

地区	1月	2月	3月	4月	5月	6月	7月	8月	9月	10月	11月	12月
全国	**102.1**	**101.0**	**100.7**	**100.1**	**100.2**	**100.0**	**99.7**	**100.1**	**100.0**	**99.8**	**99.5**	**99.7**
北京	102.0	101.2	100.7	100.3	100.2	100.1	100.1	100.3	100.4	100.0	99.7	99.5
天津	101.9	101.0	100.4	100.2	99.9	99.8	100.0	100.5	100.5	100.4	100.1	100.0
河北	101.5	101.1	100.9	100.4	100.6	100.7	100.3	100.8	100.4	100.3	100.0	100.2
山西	102.0	100.9	100.4	99.6	99.9	99.8	99.3	99.7	99.7	99.3	99.0	99.2
内蒙古	101.7	100.9	100.5	100.1	100.5	100.4	100.3	100.9	100.9	100.4	100.0	100.3
辽宁	102.1	101.2	100.4	99.9	100.2	99.7	99.5	100.1	99.8	99.7	99.5	99.6
吉林	101.8	100.9	100.0	99.0	99.5	99.5	99.1	100.0	99.9	99.6	99.5	99.6
黑龙江	102.3	101.4	100.9	100.1	100.3	100.1	100.0	100.9	100.7	100.3	100.2	100.4
上海	102.6	101.3	100.9	98.9	98.6	100.1	100.4	100.7	100.8	100.4	99.8	99.7
江苏	102.7	101.7	100.9	100.0	100.4	100.2	99.9	100.1	100.0	99.9	99.6	99.8
浙江	**102.4**	**101.0**	**100.9**	**100.0**	**100.2**	**99.9**	**99.5**	**99.9**	**99.9**	**100.0**	**99.9**	**99.7**
安徽	101.8	100.9	100.6	99.9	100.1	100.1	99.6	100.1	100.0	99.8	99.6	100.0
福建	102.4	100.9	100.7	100.3	100.2	99.6	99.4	99.9	99.8	99.6	99.0	99.0
江西	102.7	101.2	100.7	100.3	100.2	99.7	99.4	99.8	100.0	99.9	99.8	100.2
山东	101.5	100.9	100.4	100.1	100.1	100.1	99.7	100.1	100.0	99.6	99.3	99.5
河南	101.1	100.6	100.4	99.9	99.9	99.9	99.2	99.6	99.6	99.1	98.9	99.5
湖北	102.3	101.3	100.8	100.5	100.2	99.6	99.4	99.7	99.2	99.4	99.3	99.8
湖南	101.8	100.9	100.6	100.4	100.5	99.9	99.5	99.9	99.8	99.7	99.5	99.8
广东	102.7	100.8	100.8	100.6	100.3	99.6	99.8	100.4	100.4	100.2	99.9	99.7
广西	102.2	100.5	100.4	100.0	99.7	99.1	98.9	99.5	99.6	99.5	99.3	99.2
海南	103.7	100.8	100.8	100.3	100.4	99.7	99.7	99.2	99.5	100.2	100.0	99.7
重庆	102.2	100.5	100.3	100.0	99.9	99.8	99.3	99.4	99.1	99.3	98.5	98.7
四川	102.3	100.6	100.7	100.3	100.2	100.0	99.6	99.8	99.2	99.5	99.2	99.3
贵州	101.8	100.3	100.1	99.8	99.9	99.4	99.2	99.4	98.7	99.1	99.1	99.4
云南	102.1	101.1	100.9	100.4	100.3	99.9	100.0	100.3	99.9	99.7	99.3	99.5
西藏	101.9	101.6	100.8	100.0	99.8	99.6	99.4	99.5	99.4	99.2	98.6	98.8
陕西	101.0	100.7	100.3	100.1	100.3	100.4	99.8	100.0	99.8	99.7	99.6	99.7
甘肃	102.2	101.3	100.9	100.7	100.8	100.4	99.9	100.2	100.2	100.1	99.5	99.9
青海	102.0	101.0	100.9	100.0	100.3	100.0	100.1	100.3	100.9	100.6	99.6	100.1
宁夏	102.2	101.2	100.7	100.4	100.5	100.2	99.9	100.2	100.4	99.7	99.5	99.7
新疆	102.0	101.5	101.2	100.8	100.5	100.1	100.0	99.4	99.5	98.1	97.6	98.7

6-12 全国及各地区分月居民消费价格指数（环比）（2023）

（上月=100）

地 区	1月	2月	3月	4月	5月	6月	7月	8月	9月	10月	11月	12月
全 国	**100.8**	**99.5**	**99.7**	**99.9**	**99.8**	**99.8**	**100.2**	**100.3**	**100.2**	**99.9**	**99.5**	**100.1**
北 京	100.4	99.6	99.8	99.9	100.0	99.8	100.4	100.1	100.2	99.7	99.6	100.1
天 津	101.1	99.4	99.5	99.8	99.6	100.1	100.7	100.4	100.0	99.7	99.5	100.1
河 北	100.6	99.9	99.8	99.7	99.7	99.9	100.0	100.4	100.1	99.8	99.8	100.5
山 西	100.6	99.4	99.7	99.7	100.1	99.6	99.8	100.1	100.3	99.8	99.7	100.2
内蒙古	100.5	99.7	99.8	99.8	100.2	99.9	100.2	100.4	100.1	99.8	99.8	100.3
辽 宁	100.9	99.7	99.5	99.6	99.9	99.5	100.2	100.7	99.8	99.8	99.7	100.2
吉 林	100.9	99.4	99.7	99.3	99.8	99.6	100.0	100.6	99.9	99.9	100.1	100.3
黑龙江	100.9	99.6	99.6	99.5	99.9	99.7	100.2	100.7	99.9	99.8	100.1	100.6
上 海	101.1	99.3	99.9	100.1	99.9	99.6	100.5	100.0	100.3	99.7	99.4	100.2
江 苏	101.0	99.6	99.6	99.7	99.8	99.9	100.4	100.2	100.1	99.9	99.4	100.1
浙 江	**101.2**	**99.4**	**99.8**	**99.9**	**99.6**	**99.8**	**100.2**	**100.1**	**100.3**	**99.9**	**99.5**	**100.0**
安 徽	101.0	99.7	99.7	99.8	99.9	99.7	100.1	100.3	100.3	99.9	99.4	100.2
福 建	100.7	99.4	99.6	100.0	99.9	99.7	100.2	100.2	100.1	99.9	99.3	99.9
江 西	101.0	99.3	99.6	99.9	100.0	99.7	100.1	100.2	100.6	100.1	99.5	100.3
山 东	100.6	99.6	99.8	99.8	99.8	100.0	100.1	100.3	100.1	99.7	99.5	100.3
河 南	100.5	99.7	99.9	99.7	99.7	99.8	99.9	100.3	100.3	99.8	99.5	100.4
湖 北	100.6	99.6	99.6	99.8	99.8	99.7	100.2	100.3	100.4	100.1	99.6	100.0
湖 南	100.4	99.6	99.7	100.0	100.0	99.8	100.1	100.4	100.3	100.0	99.6	99.9
广 东	101.0	99.1	99.7	100.1	99.7	99.9	100.4	100.2	100.3	100.0	99.5	99.9
广 西	100.5	99.3	99.7	100.0	99.8	99.5	100.1	100.3	100.5	100.0	99.5	99.9
海 南	101.9	98.8	99.3	99.7	99.9	99.6	100.4	100.2	99.9	100.3	99.6	100.2
重 庆	100.0	99.3	99.4	100.0	100.0	99.7	100.3	100.3	100.2	100.1	99.5	100.0
四 川	100.8	99.2	99.8	100.0	99.9	99.8	100.4	100.2	100.1	100.1	99.3	99.7
贵 州	100.6	99.4	99.6	99.8	100.1	99.8	99.9	100.3	100.2	100.1	99.6	99.9
云 南	100.5	99.6	99.8	99.8	99.9	100.0	100.3	100.2	99.9	100.0	99.6	99.8
西 藏	100.0	99.7	99.7	99.5	99.8	99.8	100.1	100.4	100.0	100.0	99.9	99.9
陕 西	100.7	99.5	99.8	100.1	100.0	99.9	100.1	100.1	100.1	99.8	99.5	100.1
甘 肃	100.6	99.8	99.6	99.8	100.0	99.9	100.2	100.1	100.1	100.1	99.5	100.3
青 海	100.3	99.6	99.8	99.7	100.0	99.6	100.6	100.0	100.8	100.0	99.6	100.1
宁 夏	100.7	99.7	99.7	99.9	99.7	99.7	100.0	100.2	100.3	100.0	99.7	100.2
新 疆	100.1	99.6	99.6	99.7	99.6	99.9	100.3	99.7	100.1	99.7	99.6	100.7

6-13 全国及各地区分月工业生产者出厂价格指数（同比）（2023）

（上年同月=100）

地区	1月	2月	3月	4月	5月	6月	7月	8月	9月	10月	11月	12月
全国	**99.2**	**98.6**	**97.5**	**96.4**	**95.4**	**94.6**	**95.6**	**97.0**	**97.5**	**97.4**	**97.0**	**97.3**
北京	99.2	99.7	99.2	98.6	99.0	98.2	98.9	99.4	99.6	99.7	99.8	99.4
天津	99.4	97.9	95.2	95.5	93.4	91.8	94.0	96.5	98.3	98.5	98.1	98.3
河北	95.6	95.1	94.6	92.5	90.5	90.5	93.3	96.1	96.4	96.4	97.6	97.9
山西	100.2	99.8	97.4	90.8	86.5	84.7	87.1	90.9	90.5	89.8	88.6	89.2
内蒙古	98.5	96.3	93.5	90.6	89.0	86.6	89.0	92.4	93.2	93.2	91.7	92.2
辽宁	101.1	100.0	97.9	95.5	94.4	91.8	92.5	96.0	97.6	98.1	97.0	97.3
吉林	100.0	99.1	98.6	98.1	97.5	97.7	97.8	98.6	98.9	98.4	97.1	98.6
黑龙江	101.9	100.2	96.0	94.3	92.6	89.2	90.3	95.0	96.2	98.3	97.7	98.0
上海	101.4	100.8	100.5	99.9	99.3	98.3	98.7	99.7	99.7	99.6	99.1	99.3
江苏	98.2	97.7	97.2	96.5	95.5	95.0	95.6	96.7	97.2	97.0	96.8	96.7
浙江	**99.1**	**98.6**	**97.7**	**97.0**	**96.2**	**95.6**	**96.5**	**97.3**	**97.8**	**97.7**	**97.2**	**97.1**
安徽	98.2	98.1	97.1	96.5	95.4	94.7	95.3	96.6	97.1	97.1	96.6	96.9
福建	99.7	99.5	98.9	97.9	97.3	96.6	97.3	97.7	98.5	98.4	98.3	98.2
江西	98.4	98.1	96.7	95.7	94.5	94.1	96.2	97.4	97.7	97.2	97.0	96.6
山东	99.1	98.4	96.5	95.7	94.4	93.5	94.9	97.1	97.5	97.3	96.8	97.2
河南	100.6	100.2	98.7	97.2	95.7	94.9	95.6	97.2	97.9	97.2	97.3	97.0
湖北	99.3	98.9	98.3	97.6	96.8	95.9	96.1	96.9	97.3	97.2	97.2	97.7
湖南	99.4	99.6	98.9	98.2	97.5	97.3	98.0	98.9	99.1	98.4	98.4	98.4
广东	100.6	99.8	99.3	98.6	97.7	97.3	98.1	98.6	98.9	98.2	97.7	97.7
广西	98.4	98.5	97.2	95.9	95.4	94.2	95.8	97.8	98.4	98.1	97.5	97.6
海南	104.3	101.4	98.7	96.7	96.0	90.3	90.3	95.3	98.1	99.9	99.4	98.5
重庆	99.2	98.0	98.0	97.7	97.2	97.2	97.4	98.0	97.9	98.1	97.7	97.7
四川	99.1	98.9	98.4	97.1	96.8	96.1	96.3	97.2	98.1	98.1	97.7	97.7
贵州	100.0	99.0	99.0	97.7	95.9	96.5	96.8	98.2	98.6	98.5	98.5	98.2
云南	98.1	97.8	96.6	95.7	93.8	93.0	95.2	97.2	98.2	98.6	97.9	98.1
西藏	103.2	103.5	101.0	100.1	97.9	98.4	102.6	101.8	103.4	101.0	100.7	99.6
陕西	99.1	98.7	96.3	93.2	93.3	91.2	92.7	94.1	95.1	95.6	94.9	95.1
甘肃	99.7	98.4	93.7	91.8	91.3	90.4	95.0	98.0	98.3	99.3	98.3	97.2
青海	101.4	99.3	97.4	96.2	94.4	92.7	94.0	94.4	96.2	97.3	97.0	96.0
宁夏	99.1	98.3	94.7	91.9	90.1	88.5	89.4	91.9	93.3	92.5	91.7	91.2
新疆	97.2	95.7	92.2	91.2	89.8	87.6	90.2	93.7	94.6	97.8	96.6	97.0

6-14 全国及各地区分月工业生产者出厂价格指数（环比）（2023）

（上月=100）

地　区	1月	2月	3月	4月	5月	6月	7月	8月	9月	10月	11月	12月
全　国	**99.6**	**100.0**	**100.0**	**99.5**	**99.1**	**99.2**	**99.8**	**100.2**	**100.4**	**100.0**	**99.7**	**99.7**
北　京	99.8	100.5	100.1	99.4	100.1	99.1	100.7	100.4	100.0	99.6	100.2	99.6
天　津	99.9	99.9	99.8	100.1	98.5	99.3	100.4	100.7	101.1	100.2	100.0	98.5
河　北	100.2	100.4	100.6	99.1	97.5	98.9	100.0	100.9	100.1	99.7	100.3	100.3
山　西	101.0	98.8	99.5	96.1	95.2	97.2	99.0	100.9	99.8	101.6	99.2	100.7
内蒙古	99.3	99.3	99.9	97.8	97.8	97.3	99.7	99.7	101.3	100.7	98.8	100.5
辽　宁	99.1	100.5	100.0	99.3	99.4	98.8	99.7	100.9	101.3	100.3	99.3	98.6
吉　林	99.8	99.7	100.1	99.9	99.5	99.9	99.7	100.2	100.3	99.6	99.8	101.4
黑龙江	99.0	100.9	100.3	98.6	99.0	98.2	100.3	102.2	100.5	101.3	99.8	98.1
上　海	99.8	100.1	100.4	99.6	99.8	99.3	100.1	100.2	100.2	100.3	99.8	99.8
江　苏	99.5	99.7	100.1	99.8	99.3	99.6	99.4	100.0	100.2	99.8	99.7	99.5
浙　江	**99.4**	**99.8**	**99.9**	**99.9**	**99.4**	**99.4**	**99.6**	**100.1**	**100.5**	**100.0**	**99.5**	**99.7**
安　徽	99.9	100.0	99.9	100.0	98.9	98.7	99.5	100.3	100.1	100.2	99.6	99.8
福　建	99.4	100.0	100.0	99.8	99.6	99.5	100.0	99.8	100.4	100.1	99.9	99.7
江　西	99.8	100.1	99.7	99.3	98.7	99.5	99.8	99.9	99.9	99.9	99.9	99.8
山　东	99.3	100.3	99.9	99.6	98.9	99.1	99.9	100.9	100.7	99.8	99.3	99.5
河　南	99.6	100.2	99.8	99.3	98.7	98.6	99.7	100.3	100.6	100.5	99.8	99.9
湖　北	99.9	99.9	100.0	99.7	99.3	99.2	99.6	100.0	100.3	100.0	99.8	100.0
湖　南	99.9	100.3	99.9	99.6	99.1	99.5	99.9	100.4	100.1	99.8	99.8	100.0
广　东	99.3	99.6	100.2	99.7	99.6	99.8	100.1	99.9	100.2	99.8	99.7	99.7
广　西	99.9	101.1	99.5	99.3	99.0	98.4	99.8	100.5	100.5	100.2	99.6	99.7
海　南	97.6	99.6	100.8	99.6	99.7	97.8	99.7	102.5	102.4	100.8	99.4	98.7
重　庆	99.7	99.2	100.2	99.7	99.6	99.8	99.7	99.9	100.2	100.0	99.7	100.0
四　川	99.9	99.9	99.9	99.3	99.4	99.1	99.3	100.1	100.5	100.1	99.9	100.4
贵　州	100.0	99.9	100.1	99.3	98.9	99.2	99.3	100.0	100.2	100.4	100.5	100.2
云　南	99.8	100.6	100.1	99.5	98.3	97.9	99.2	99.2	100.2	100.5	100.9	102.2
西　藏	100.2	100.2	99.9	100.0	97.8	100.3	100.4	100.4	101.0	99.6	100.3	99.5
陕　西	98.7	100.0	99.7	98.4	98.7	98.3	100.3	100.2	101.0	100.4	99.5	99.6
甘　肃	99.4	102.0	99.0	99.3	98.2	98.7	101.0	101.2	100.3	100.0	100.1	98.1
青　海	98.6	100.3	99.9	99.5	98.7	98.6	99.2	100.1	101.8	101.1	99.1	99.0
宁　夏	98.5	100.0	99.9	97.8	97.5	97.7	99.0	100.9	101.0	100.5	99.1	99.0
新　疆	98.8	100.4	99.8	99.4	98.8	98.9	100.2	101.1	101.1	100.6	99.3	98.4

6-15 全国70个大中城市各月新建商品住宅销售价格指数（环比）（2023）

（上月=100）

地　区	1月	2月	3月	4月	5月	6月	7月	8月	9月	10月	11月	12月
北　京	100.4	100.2	100.3	100.6	100.2	100.1	100.4	99.8	100.4	99.6	99.9	100.0
天　津	100.3	100.9	100.8	100.6	100.2	100.3	99.8	99.6	99.8	100.0	100.4	99.6
石家庄	100.1	100.2	100.7	100.7	100.5	99.9	99.8	99.3	99.5	100.3	99.7	100.3
太　原	100.2	100.5	100.1	100.3	100.7	99.8	100.1	100.2	99.6	99.5	99.7	100.4
呼和浩特	99.7	100.6	100.5	100.3	100.1	100.2	99.9	99.9	99.7	99.8	99.6	99.7
沈　阳	99.6	99.9	100.5	100.2	100.3	99.7	99.4	100.1	100.2	99.9	99.2	99.8
大　连	99.9	99.7	99.6	99.6	99.7	100.2	99.3	100.3	99.4	99.7	99.1	99.4
长　春	99.5	99.7	100.3	100.4	99.8	100.5	99.3	99.2	99.6	100.2	99.5	100.1
哈尔滨	99.6	100.1	100.4	100.7	100.3	100.3	99.6	99.4	99.3	99.8	99.6	99.3
上　海	100.7	100.2	100.4	100.4	100.3	100.4	100.2	100.1	100.5	100.2	100.6	100.2
南　京	100.0	100.3	100.5	100.5	99.7	99.8	99.9	99.6	99.2	99.3	99.0	98.8
杭　州	100.4	100.2	100.2	100.1	100.2	100.4	100.0	100.1	100.1	100.3	100.4	99.8
宁　波	100.6	100.9	100.6	100.2	100.4	100.3	99.6	99.8	100.3	99.1	99.6	99.7
合　肥	100.7	100.3	100.3	100.1	100.2	99.9	99.7	99.8	99.9	100.2	99.8	99.8
福　州	100.2	100.3	100.4	100.2	100.1	99.8	99.6	99.7	99.5	99.4	99.6	99.4
厦　门	99.7	100.1	100.5	100.1	99.8	99.7	99.5	99.7	99.4	99.8	99.5	98.9
南　昌	100.3	100.3	100.6	100.5	100.4	100.1	99.7	99.5	99.4	99.6	99.2	99.3
济　南	99.8	100.9	100.7	100.6	100.7	100.2	100.1	99.9	99.7	99.9	99.8	99.6
青　岛	100.4	100.5	100.5	100.2	100.3	100.1	99.9	99.8	99.5	99.8	99.5	99.2
郑　州	100.2	100.6	100.9	100.5	99.8	99.7	99.3	99.5	99.4	99.1	99.6	99.5
武　汉	100.2	100.6	101.3	100.7	100.2	100.0	99.9	99.5	99.7	99.9	99.5	98.9
长　沙	100.3	100.0	100.6	100.5	100.4	100.2	100.1	100.3	100.1	100.4	99.8	99.9
广　州	99.8	100.3	100.2	100.2	100.1	99.9	99.8	99.7	99.4	99.3	99.1	99.0
深　圳	99.8	100.2	100.4	100.3	99.8	99.7	99.4	99.4	99.5	99.5	99.2	99.1
南　宁	99.9	100.5	100.9	100.3	100.4	99.7	99.3	99.5	99.5	99.5	99.0	100.3
海　口	99.9	100.4	100.5	100.7	100.4	100.4	100.2	100.4	100.3	100.0	99.7	99.4
重　庆	100.3	100.7	100.9	100.7	99.9	99.8	100.3	100.1	100.2	99.9	99.8	99.4
成　都	100.6	100.7	100.7	100.9	100.5	100.2	100.2	100.3	100.2	100.2	100.3	100.1
贵　阳	99.6	99.7	100.7	100.2	100.4	99.8	99.5	99.9	99.8	100.4	99.4	99.9
昆　明	100.3	100.9	101.2	100.1	99.6	99.5	99.9	99.4	99.3	99.2	100.5	99.5
西　安	100.2	100.0	100.4	100.6	100.4	100.3	100.5	100.4	100.4	100.6	100.2	100.5
兰　州	99.9	100.5	100.6	100.4	100.5	100.2	100.1	99.5	99.5	98.7	100.0	99.4
西　宁	100.5	100.3	100.2	100.3	100.2	100.1	99.6	98.9	99.6	99.6	99.4	99.0
银　川	100.1	100.5	100.6	101.0	100.2	100.4	99.6	100.3	99.5	99.3	99.9	99.1
乌鲁木齐	100.3	100.4	100.8	100.1	100.3	99.6	99.8	100.1	99.8	99.6	99.9	99.5

6-15 续表

地区	1月	2月	3月	4月	5月	6月	7月	8月	9月	10月	11月	12月
唐山	100.1	100.4	100.3	100.7	99.9	99.9	99.7	99.7	99.5	99.4	99.3	99.3
秦皇岛	99.7	99.8	100.2	99.6	100.1	99.6	99.4	99.9	99.5	99.9	99.4	99.8
包头	99.9	100.5	99.9	100.4	99.8	99.6	99.4	99.3	99.2	99.7	99.8	99.6
丹东	100.1	99.7	99.5	100.3	99.6	100.1	100.2	99.8	99.4	99.9	99.7	99.7
锦州	99.5	99.8	100.2	100.4	100.1	100.2	100.1	100.0	100.3	99.7	99.6	99.2
吉林	99.2	100.3	100.7	100.1	100.6	100.2	99.4	99.5	99.6	100.2	100.3	99.3
牡丹江	99.8	99.8	99.3	100.2	100.1	100.3	99.7	99.6	99.0	99.4	99.6	99.7
无锡	99.7	100.3	100.3	100.4	99.8	99.6	99.4	99.7	100.1	99.5	99.3	99.6
徐州	100.2	100.6	101.0	100.6	100.1	99.9	100.2	99.2	99.4	98.4	99.2	99.0
扬州	100.4	100.4	100.6	100.0	100.3	100.1	99.7	99.0	99.0	99.1	99.1	99.4
温州	99.0	100.3	100.1	100.2	99.8	100.3	99.6	99.6	99.5	99.8	99.5	99.3
金华	99.8	100.4	100.2	99.6	99.7	99.8	99.1	98.9	100.0	99.6	99.4	99.4
蚌埠	100.4	100.3	100.3	100.4	100.2	99.7	99.8	99.9	99.7	99.8	99.7	99.5
安庆	100.2	100.4	100.6	100.2	100.2	99.8	99.9	99.7	99.8	99.0	99.3	99.2
泉州	99.5	99.6	99.4	99.8	100.3	99.6	100.1	100.1	100.3	99.7	100.0	99.8
九江	100.2	100.1	100.4	100.4	100.1	99.8	99.9	99.6	99.5	98.9	99.6	99.6
赣州	99.9	99.9	100.0	100.3	99.8	99.6	99.5	99.4	99.7	99.3	99.5	99.9
烟台	99.9	100.5	100.5	99.9	100.1	100.1	99.6	100.2	99.9	99.6	99.2	99.4
济宁	99.8	99.9	100.4	100.3	99.5	100.1	100.2	99.8	99.8	99.2	99.4	99.2
洛阳	99.5	100.3	100.5	100.6	100.1	99.8	99.7	99.2	99.6	99.6	99.5	99.7
平顶山	99.4	99.9	100.4	100.1	100.2	99.7	99.6	99.3	99.7	99.8	99.8	99.6
宜昌	99.5	100.6	100.2	99.9	99.3	99.8	99.0	100.1	99.4	99.6	100.1	99.9
襄阳	99.7	100.2	100.4	100.3	100.2	100.4	99.5	99.8	99.7	99.4	99.7	99.4
岳阳	100.1	100.1	100.5	100.2	99.8	99.8	99.4	99.1	99.9	100.0	99.5	99.5
常德	99.5	100.2	100.5	100.2	99.8	99.6	100.1	99.8	99.6	99.8	99.2	99.4
韶关	100.2	100.2	100.6	100.4	100.7	99.7	99.7	99.5	99.3	98.9	99.2	99.4
湛江	100.6	101.4	100.8	100.6	100.8	100.2	99.7	99.4	99.3	99.0	99.3	99.0
惠州	99.6	100.3	100.2	100.7	99.6	98.9	99.3	99.6	99.7	98.5	99.3	99.6
桂林	100.1	100.7	100.1	100.5	99.6	99.5	99.4	99.5	99.4	99.6	99.8	99.6
北海	100.4	100.6	100.9	100.4	100.5	100.2	100.3	100.3	99.6	99.2	99.5	99.4
三亚	100.3	100.5	100.7	100.1	100.6	100.3	100.2	100.4	100.1	100.1	99.9	99.7
泸州	99.4	100.1	100.5	100.4	100.5	99.5	99.4	99.4	99.8	99.7	99.5	99.4
南充	100.5	99.8	100.6	100.3	99.4	99.9	99.8	99.6	99.6	99.9	99.9	99.8
遵义	100.2	100.8	100.9	100.5	99.5	99.9	100.2	99.6	99.8	99.4	99.6	99.6
大理	99.4	100.3	100.6	99.5	99.2	99.2	100.3	99.4	100.2	99.4	100.1	99.9

注：以上城市范围为市辖区，不含县。

6-16 全国70个大中城市各月新建商品住宅销售价格指数（同比）（2023）

（上年同月=100）

地区	1月	2月	3月	4月	5月	6月	7月	8月	9月	10月	11月	12月
北京	105.2	104.7	104.6	104.5	104.3	103.5	103.5	102.8	102.9	102.1	101.9	101.7
天津	97.0	97.8	98.4	99.1	99.7	100.2	100.5	100.6	100.6	100.9	102.0	102.3
石家庄	97.6	97.8	98.2	98.7	99.4	99.5	99.6	99.3	99.1	100.2	100.0	101.0
太原	95.6	96.5	96.8	97.7	98.6	98.4	98.8	99.5	99.7	99.6	100.1	101.2
呼和浩特	96.7	97.4	98.0	98.8	98.7	99.4	99.1	99.9	99.5	99.3	98.9	100.0
沈阳	95.0	95.4	96.2	96.6	97.0	96.6	96.4	97.3	97.8	98.3	98.3	98.7
大连	95.2	95.3	95.6	95.3	95.3	95.8	95.2	95.8	95.7	96.5	96.1	95.9
长春	95.0	95.0	95.2	95.6	95.5	96.7	96.3	95.3	95.6	96.4	96.6	97.9
哈尔滨	93.0	94.0	95.1	96.4	97.1	98.0	97.8	97.7	97.8	98.2	98.7	98.4
上海	104.2	103.9	104.1	104.6	104.9	104.8	104.5	104.1	104.4	104.4	104.7	104.5
南京	100.2	99.7	100.1	101.2	101.5	100.9	100.5	99.8	99.5	99.2	98.0	96.9
杭州	106.5	106.2	105.8	105.3	105.1	104.5	103.7	103.3	103.0	103.0	102.7	102.2
宁波	101.9	102.2	102.6	103.1	103.8	104.1	103.8	103.4	103.5	102.1	101.6	101.2
合肥	102.4	103.3	104.0	104.3	104.4	103.8	102.8	102.3	101.5	101.2	100.8	100.7
福州	97.5	97.6	98.6	99.4	99.6	99.1	98.4	98.6	98.8	98.7	98.6	98.2
厦门	96.1	96.7	97.4	98.1	98.3	97.6	97.5	97.7	97.4	97.9	97.6	96.7
南昌	101.7	101.7	101.9	101.9	102.2	102.9	101.8	101.2	100.3	100.1	99.3	98.9
济南	101.6	102.4	102.8	103.6	103.8	103.7	103.5	103.1	102.5	102.2	102.1	101.8
青岛	101.5	102.1	102.1	102.2	102.3	101.9	102.0	101.5	101.2	101.2	100.9	99.8
郑州	97.0	97.8	99.4	100.2	100.1	100.0	99.1	99.0	98.7	98.3	98.3	98.4
武汉	94.3	95.3	96.9	98.3	99.2	99.6	99.7	100.5	101.1	101.6	101.4	100.3
长沙	103.4	103.3	103.5	103.6	103.8	103.6	103.5	103.5	103.6	103.7	102.9	102.4
广州	99.7	99.4	99.8	99.9	99.6	99.2	98.7	98.6	98.3	98.0	97.6	97.0
深圳	99.1	98.9	98.5	98.9	98.2	97.6	97.2	97.0	97.0	97.2	96.9	96.4
南宁	96.0	96.9	98.0	98.1	98.2	97.8	98.0	98.1	98.3	98.7	98.3	98.7
海口	100.9	101.5	101.5	101.8	101.7	102.3	102.1	102.3	102.5	102.7	102.6	102.1
重庆	99.4	99.6	100.0	101.2	101.3	100.6	100.5	101.8	101.7	102.2	102.3	102.2
成都	108.6	108.6	108.5	108.7	108.3	107.2	106.4	106.4	105.8	105.6	105.4	104.9
贵阳	97.9	98.0	98.4	97.9	98.5	98.5	98.3	98.3	98.1	98.9	99.1	99.2
昆明	96.9	97.3	98.8	99.0	99.1	98.9	99.2	99.0	98.9	98.9	99.2	99.4
西安	102.2	101.2	101.2	101.6	101.7	101.7	101.6	101.9	102.7	103.6	104.1	104.5
兰州	94.4	95.2	96.2	97.2	98.0	98.8	99.4	99.9	100.3	99.4	99.4	99.3
西宁	97.3	98.4	98.9	99.2	100.5	100.2	99.7	99.0	98.9	99.1	98.6	97.8
银川	100.9	101.4	101.7	102.6	102.5	102.8	101.8	101.7	101.4	100.9	101.5	100.5
乌鲁木齐	101.8	101.5	101.3	100.9	100.5	100.3	100.3	100.6	100.6	100.5	100.4	100.2

6-16 续表

地　区	1月	2月	3月	4月	5月	6月	7月	8月	9月	10月	11月	12月
唐　山	97.4	97.8	98.1	98.6	98.3	99.0	98.5	98.8	98.8	98.3	98.4	98.3
秦皇岛	94.4	94.4	95.4	95.4	95.2	95.9	95.9	96.4	96.5	97.1	96.8	97.1
包　头	95.5	96.2	96.7	97.7	98.0	97.9	97.4	97.4	97.2	96.9	97.0	97.1
丹　东	96.0	96.0	96.3	97.5	97.1	97.1	98.0	98.2	98.1	98.1	97.9	97.8
锦　州	96.2	96.5	96.3	98.1	97.9	97.9	98.2	98.6	99.2	99.8	99.6	99.1
吉　林	95.4	95.5	96.2	96.3	97.5	97.6	98.0	98.2	98.4	98.8	99.6	99.4
牡丹江	97.0	97.4	97.0	97.2	97.0	97.0	96.5	96.1	95.2	95.7	96.3	96.5
无　锡	99.1	98.8	98.9	99.5	99.5	98.9	98.6	97.9	98.4	98.7	98.4	97.6
徐　州	98.4	99.1	100.3	101.4	101.3	100.7	100.8	100.3	99.9	98.8	98.5	97.9
扬　州	97.6	98.4	99.3	100.4	101.3	101.8	100.7	100.0	99.6	99.1	98.4	97.3
温　州	92.1	93.1	93.8	94.8	95.0	95.9	96.2	96.2	96.6	97.1	97.5	97.0
金　华	97.6	97.9	97.7	97.0	96.8	97.0	96.4	95.7	96.3	96.4	96.3	96.0
蚌　埠	97.7	97.8	97.9	99.4	100.1	99.6	99.8	99.9	99.7	99.6	100.0	99.6
安　庆	95.7	96.6	97.7	98.3	99.0	99.3	100.2	100.3	100.6	99.5	98.9	98.4
泉　州	96.3	95.5	95.4	95.4	96.3	96.5	97.2	98.2	99.2	99.5	99.1	98.2
九　江	98.3	98.8	99.3	99.9	100.3	100.5	100.1	99.9	99.5	98.8	98.8	98.2
赣　州	99.7	99.3	99.1	99.3	98.9	98.1	97.5	97.3	96.8	96.7	96.6	96.8
烟　台	98.2	98.6	99.3	99.6	100.3	100.2	100.2	100.3	100.5	100.4	99.3	99.0
济　宁	95.6	96.1	96.9	96.9	96.4	96.8	97.4	97.9	97.9	97.7	98.2	97.7
洛　阳	95.0	95.6	96.5	97.8	98.6	98.6	98.2	97.8	97.8	98.1	98.0	98.2
平顶山	97.0	97.6	98.3	98.6	99.0	98.8	98.3	98.1	97.9	98.1	98.1	97.6
宜　昌	94.8	95.8	96.2	96.3	95.5	96.7	96.2	96.5	96.6	97.1	97.4	97.5
襄　阳	96.0	96.6	96.8	98.2	98.9	99.5	99.1	99.3	99.2	98.8	99.0	98.6
岳　阳	91.9	92.7	93.9	95.3	95.6	97.0	96.9	96.5	97.1	97.8	97.7	97.8
常　德	94.4	95.3	95.6	96.8	97.1	97.0	97.8	98.2	98.2	98.5	98.0	97.8
韶　关	97.4	97.9	97.9	99.3	100.0	100.3	99.8	99.1	98.8	98.0	97.9	97.9
湛　江	93.0	93.9	95.5	97.2	99.2	100.1	100.4	101.0	101.3	100.8	100.6	100.2
惠　州	97.1	96.9	97.7	98.7	98.6	97.3	96.5	96.4	96.3	95.5	95.0	95.3
桂　林	95.5	96.4	97.0	98.0	97.8	97.4	97.3	97.4	97.2	97.2	97.7	97.9
北　海	90.2	92.7	94.0	95.9	97.2	98.3	99.8	101.5	101.7	101.7	101.6	101.4
三　亚	98.8	99.4	100.3	100.8	101.7	102.4	102.3	102.8	103.2	103.5	103.1	103.1
泸　州	95.6	96.2	97.0	98.1	99.4	99.3	99.0	98.9	98.8	98.8	97.9	97.8
南　充	98.2	98.9	99.4	100.5	101.1	101.1	100.7	100.9	101.0	99.9	99.3	99.0
遵　义	99.5	100.0	100.5	101.2	101.3	100.7	101.1	100.9	100.5	100.6	99.9	100.0
大　理	95.3	96.1	97.1	97.3	96.8	97.0	98.1	97.6	97.4	97.3	97.4	97.6

注：以上城市范围为市辖区，不含县。

附录

各专业调查简介及主要统计指标解释

附录　各专业调查简介及主要统计指标解释

一、住户收支与生活状况调查

（一）调查简介

调查目的　为全面、准确、及时了解全省和市县（市、区）城乡居民收入、消费及其他生活状况，客观监测居民收入分配格局和不同收入层次居民的生活质量，更好地满足全省及市县（市、区）政府研究制定城乡统筹政策和民生政策的需要，为国民经济核算和居民消费价格指数权重制定提供基础数据，依照《中华人民共和国统计法》规定，开展浙江省住户收支与生活状况调查（以下简称住户调查）。

调查范围　住户调查在全省各县（市、区）均设计有一定的样本量。

调查对象　浙江省住户调查对象为本省境内的住户，既包括城镇住户，也包括农村住户；既包括以家庭形式居住的户，也包括以集体形式居住的户。无论户口性质和户口登记地，中国公民均以住户为单位，在常住地参加本调查。

调查内容　住户调查内容主要包括居民现金和实物收支情况、住户成员及劳动力从业情况、居民家庭食品和能源消费情况、住房和耐用消费品拥有情况、家庭经营和生产投资情况、社区基本情况以及其他民生状况等。

样本抽选方法　分省住户调查的抽样方法由国家统计局制定。国家统计局使用统一的抽样框，以省为总体，在对县级调查网点代表性进行评估的基础上，采用分层、多阶段随机抽样方法抽选调查住宅，确定调查户。县级调查网点和抽中调查小区原则上五年内保持不变，样本住户应在五年周期内适时轮换。国家统计局组织各调查总队统一开展分市县住户调查样本的抽选工作，即按照国家规定的抽样框和抽样方法，在分省住户调查样本的基础上，补充抽选提高分市县代表性的扩充样本，共同组成分市县住户调查样本。分市县住户调查的样本规模由各调查总队确定。

数据采集方式　住户调查采用日记账和问卷调查相结合的方式采集基础数据。其中，居民现金收入与支出、实物收入与支出等内容主要使用记账方式采集。住户成员及劳动力从业情况、住房和耐用消费品拥有情况、家庭经营和生产投资情况、社区基本情况及其他民生状况等资料使用问卷调查方式采集。国家统计局使用住户调查应用系统，推广电子化数据采集方式。

数据处理　数据处理包括数据审核、加权、汇总和评估，省、市、县各级使用国家统计局指定的数据处理平台或程序进行数据加权汇总处理。

（二）指标解释

可支配收入　指调查户在调查期内获得的、可用于最终消费支出和储蓄的总和，即调查户可以用来自由支配的收入。可支配收入既包括现金，也包括实物收入。按照收入的来源，可支配收入包含四项，分别为：工资性收入、经营净收入、财产净收入和转移净收入。

工资性收入　指就业人员通过各种途径得到的全部劳动报酬和各种福利，包括受雇于单位或个人、从事各种自由职业、兼职和零星劳动得到的全部劳动报酬和福利。

经营净收入　指住户或住户成员从事生

产经营活动所获得的净收入，是全部经营收入中扣除经营费用、生产性固定资产折旧和生产税之后得到的净收入。

财产净收入 指住户或住户成员将其所拥有的金融资产、住房等非金融资产和自然资源交由其他机构单位、住户或个人支配而获得的回报并扣除相关的费用之后得到的净收入。财产净收入包括利息净收入、红利收入、储蓄性保险净收益、转让承包土地经营权租金净收入、出租房屋净收入、出租其他资产净收入和自有住房折算净租金等。

转移净收入 转移净收入=转移性收入 - 转移性支出

转移性收入 指国家、单位、社会团体对住户的各种经常性转移支付和住户之间的经常性收入转移。包括养老金或退休金、社会救济和补助、政策性生产补贴、政策性生活补贴、经常性捐赠和赔偿、报销医疗费、住户之间的赡养收入，以及本住户非常住成员寄回带回的收入等。转移性收入不包括住户之间的实物馈赠。

转移性支出 指调查户对国家、单位、住户或个人的经常性或义务性转移支付。包括缴纳的税款、各项社会保障支出、赡养支出、经常性捐赠和赔偿支出以及其他经常转移支出等。

消费支出 指住户用于满足家庭日常生活消费需要的全部支出，包括用于消费品的支出和用于服务性消费的支出。根据用途不同，消费支出可划分为食品烟酒、衣着、居住、生活用品及服务、交通通信、教育文化娱乐、医疗保健、其他用品及服务八大类。根据来源不同，消费支出可划分为现金消费支出、实物消费支出（含自产自用、来自单位、来自政府和其他社会组织）。

二、农民工监测调查

调查目的 通过定期收集农民工相关信息，准确反映农民工数量、流向、结构、就业、收支、生活、社会保障及创业等情况，从宏观上把握农民工发展变化情况，为制定科学的农民工政策、加强和改善农民工工作提供科学依据。

调查范围和对象 农民工监测调查在国家统计局各调查队的村委会范围内开展。调查对象为抽中调查小区和抽中住户的所有住户成员。

调查内容 主要包括住户成员基本情况；劳动力就业基本情况；外出从业人员及本地非农务工人员工作条件、收支情况、生活情况和社会保障情况；农村劳动力本地非农自营和创业情况；农民工子女教育情况；调查小区人口、劳动力及举家外出情况等。

样本抽选方式 国家统计局使用统一的抽样框，以省为总体，在对县级调查网点代表性进行评估的基础上，采用分层、多阶段、PPS抽样方法随机抽选调查小区，在抽中的调查小区内，按系统抽样方法随机抽选调查住宅和住户。抽中调查小区五年内保持不变。现场抽样工作由各调查总队统一组织。调查小区的变动需经国家统计局批准；调查户的变动需经调查总队批准，并报国家统计局备案。

数据采集 现场调查主要采用调查员上门面访并填报调查问卷的方式。

数据处理 包括数据审核、加权、汇总和评估，省、市、县各级使用国家统计局指定的数据处理平台或程序进行数据处理。

三、流通和消费价格调查

（一）居民消费价格调查简介

调查目的 掌握各地价格变动的基本情况，分析研究价格变动对社会经济和居民生活的影响，满足各级政府制定政策和计划、进行宏观调控的需要，以及为国民经济核算提供参考依据。

调查任务 系统地调查、搜集和整理城乡居民购买并用于日常生活消费的商品和服务项目的价格，并编制居民消费价格指数（英文名称：Consumer Price Index 缩写：CPI）。

调查范围 省内被抽中的 11 个设区市及 12 个县（区/市）。

调查对象 商场（店）、超市、农贸市场、服务网点和互联网电商等。

调查内容 城乡居民购买并用于日常生活消费的商品和服务项目的价格。按用途划分为食品烟酒、衣着、居住、生活用品及服务、交通通信、教育文化娱乐、医疗保健、其他用品及服务等 8 个大类的居民消费价格。

（二）数据采集及处理方式

数据采集方法 辅助调查员通过手持数据采集器，采用定人、定点、定时的方法直接调查。在保证价格准确的前提下，经国家统计局审定，可利用被调查单位的电子数据进行辅助采价，也可从互联网采集特定商品价格。

价格指数计算方法 根据计算代表规格品平均价格，通过链式拉氏公式加权计算环比指数、同比指数和定基指数。

数据处理方式 使用国家统一下发程序，市、县级将价格汇总后上报省级，省级汇总后上报国家。

（三）指标解释

居民消费价格指数 是反映一定时期内城乡居民所购买的生活消费品和服务项目价格变动趋势和程度的相对数，是对城市居民消费价格指数和农村居民消费价格指数进行综合汇总计算的结果。通过该指数可以观察和分析消费品的零售价格和服务项目价格变动对城乡居民实际生活费支出的影响程度。居民消费价格水平的变动率在一定程度上反映了通货膨胀（或紧缩）的程度。

四、工业生产者价格调查

（一）调查简介

调查目的 工业生产者价格调查的目的在于及时、准确、科学地反映各工业行业产品价格水平及其变化趋势和变动幅度，为国民经济核算、宏观经济分析和调控、理顺价格体系等提供科学、准确的依据。

调查范围 杭州、宁波、温州、嘉兴、湖州、绍兴、金华、衢州、舟山、台州、丽水市。

调查对象 所辖区内规模以上工业生产企业和规模以下工业生产企业，全省共计 3500 余家。

调查内容 工业生产者出厂价格调查 34 个工业行业大类，涵盖 491 个基本分类的产品价格；工业生产者购进价格统计调查涵盖 405 个基本分类的产品价格。

样本抽选方法 工业生产者价格调查采取重点调查与典型调查相结合的调查方法。年主营业务收入 2000 万元以上的企业采用重点调查方法；年主营业务收入 2000 万元以下的企业采用典型调查方法。

数据采集方式 选中调查企业通过国家统计局联网直报平台报送原始价格资料。报送内容包括调查产品每月 5 日和 20 日的时点价格，企业填报数据时严格遵循同质可比原则。市级调查队通过直报平台对企业报送的原始价格进行审核，在确保原始价格准确的基础上进行报表汇总、上报。浙江调查总队审核辖区内各市上报的价格数据并汇总本省价格指数。

权数确定 工业生产者出厂价格统计中，工业小类及小类以上的权数资料来源于工业统计中分行业销售产值数据资料；基本分类的权数资料来源于独立的工业生产者出厂价格权数专项调查。工业生产者购进价格统计中，大类权数资料主要参考分行业的投入产出数据，其他分类的权数资料来源于独立的工业生产者购进价格权数专项调查。一般情况下，工业生产者价格权数专项调查每五年进行一次。基本分类以下不设置权数。

数据汇总方式 根据企业上报的规格品价格通过链式拉氏公式加权计算环比指数、同比指数和定基指数。

（二）指标解释

工业生产者价格指数包括工业生产者出厂价格指数（简称 PPI）和工业生产者购进价格指数（简称 IPI）。

工业生产者出厂价格指数 反映工业企业产品第一次出售时的出厂价格的变化趋势和变动幅度。

工业生产者购进价格指数 反映工业企业作为中间投入产品的购进价格的变化趋势和变动幅度。

五、住宅销售价格调查

（一）调查简介

调查目的 全面了解和掌握相关城市房地产市场变动情况，落实房地产市场调控城市主体责任，满足国家宏观调控需求，为做好国民经济核算和满足社会公众需要提供基础统计信息。

调查范围 杭州、宁波、温州、嘉兴、湖州、绍兴、金华、衢州、舟山、台州、丽水十一个设区市的市辖区（不包括县）。

调查对象 各市房管部门、房地产开发企业、房地产经纪机构或房屋居住服务平台等相关企业。

调查内容 新建商品住宅销售价格、二手住宅销售价格。主要包括：90 平方米及以下、90—144 平方米、144 平方米以上等。

样本抽选方法 新建商品住宅销售价格调查采用全面调查，二手住宅销售价格调查部分城市采用全面调查、部分城市采用重点调查与典型调查相结合的方法。

数据采集方式 全面调查的基础数据直接采用当地房地产主管部门提供的网签备案数据。重点调查与典型调查相结合的方法，指按照房地产经纪机构或房屋居住服务平台等相关企业上报、房地产主管部门提供与调查员实地采价相结合的方式收集基础数据。

数据汇总方式

1. 根据上报的规格品价格通过链式拉氏公式加权计算定基指数。

2. 在定基指数的基础上计算月环比价格指数和同比价格指数。

（二）指标解释

住宅销售价格指数 是综合反映住宅商品价格总体变化趋势和变化幅度的相对数，是通过百分数的形式来反映房价在不同时期的涨跌幅度。住宅销售价格指数分为新建商品住宅销售价格指数和二手住宅销售价格指数。

新建商品住宅 指新建的专供居住用的商品住宅。其价格指进入房地产市场进行交易、第一次进行产权登记时的实际交易价格（合同价格）。

二手住宅 指进入房地产市场进行交易，

第二次及以上进行产权登记的住宅，包括二手商品房、允许上市交易的已售公房等。其价格指用于居住的进入房地产市场进行交易的房屋，再次进行产权登记时的实际交易价格。

六、农产品生产者价格调查

（一）调查简介

调查目的 客观反映主要农产品生产者价格水平和结构变动情况，满足农业经济、国民经济核算和分析、反映农业生产效益的需要，为各级政府制定政策、实施宏观管理与宏观调控提供决策依据。

调查内容 抽中的生产者生产并出售的主要农产品的相关信息，包括农产品的名称、出售数量、价格、金额等。

抽样总体 目标总体是浙江全部农业生产经营者（农业生产单位和农户，下同）。生产者价格调查的品种多，单位复杂，不可能进行完全的概率抽样，需筛选一些产量比较大、占主要地位的产品，在生产这些产品的生产者中进行概率抽样，因此，抽样总体为国家和省确定的省级农产品类别或代表品的生产者。

样本抽选方法 以省为总体，以本省确定的农产品类别或代表品的生产量或出售量为目标变量，首先收集相应的县级数据，将目标类别或代表品产量累计达 80%的县作为编制抽样框的范围。在确定范围内，将生产者按照经营规模分成“大、中、小”三层，“大”层本省规模前几位的农业生产者，“中”层为农业生产单位和规模户（规模标准同第三次全国农业普查），“小”层为普通农户。对于“大”层的生产者全部或主要部分作为样本；对于“中”层的生产者采用以全年产量或销售量为规模标识的概率与规模成比例的方法（PPS）直接抽选生产者作为样本；对于“小”层的生产者，采用以全年产量或销售量为规模标识的概率与规模成比例的方法（PPS）抽选行政村样本，然后在抽中的行政村中采用简单随机抽样的方法抽选生产者作为样本。

调查范围 按调查样本抽选原则，浙江省农产品价格调查范围为 45 个县（市、区）。

数据采集方式 价格调查采取被抽中单位记账和现场访问相结合的方法。

数据处理 使用国家统计局的联网直报平台上报。

农产品生产者价格指数的汇总方法

农产品平均价格计算

1. 加权算术平均法计算调查样本某种农产品的平均价格。

2. 简单平均法计算某种农产品层级均价。

3. 几何平均法计算某种农产品省级均价。

农产品代表品权数的确定

用于计算农产品生产者价格指数的权数资料主要来源于农产品销售额。权数一般五年更换一次。

农产品生产者价格指数计算

1. 计算代表品本季价格指数和累计价格指数。

2. 加权计算小类、中类、大类及总指数。

（二）指标解释

农产品生产者价格 指农产品生产者第一手（直接）出售其产品时实际获得的单位产品价格。

农产品生产者价格指数 是反映一定时期内，农产品生产者出售的农产品价格水平变动趋势及幅度的相对数。

七、粮食抽样调查

（一）粮食播种面积抽样调查简介

调查范围 全省共调查 83 个抽中县（市、

区），1660个抽中村，4980个样方。

调查对象　调查区域范围内的粮食作物，包括谷物、豆类、薯类等粮食作物播种面积。

调查内容　每年实地调查4次，每次调查登记各样方内所有地块上在种作物的播种面积。

样本抽选方法　分两个阶段实施。第一阶段，以全省耕地面积为基础，利用PPS抽样方法确定抽中村。第二阶段，在抽中村内简单随机抽取3个200米*200米的样方。

数据采集方式　粮食作物播种面积调查，采用PDA实地调查方法，对抽中村样方地块上的所有农作物播种面积进行调查登记。

数据汇总方式　以PDA调查所登记的粮食作物播种面积为基础，经过加权推算出全省粮食作物播种面积。

（二）粮食产量抽样调查简介

调查范围　粮食产量调查在播种面积样本村中进行。其中，早稻、单季晚稻、双季晚稻单产实测调查，对实测作物种植村抽选1/2进行调查。每个实测样本村抽选的自然地块数量不少于5个，不足5个的全部抽选。每个自然地块均匀放置3个小样本。其它粮食作物单产入户访问调查，每个样本村每种作物抽选5户，不足5户的，则全部调查。

调查对象　谷物、豆类、薯类等粮食作物的产量。

调查内容

1.实割实测　包括放样、取样、脱粒扬晒、过秤、水分化验、测定割拉打损失等。

2.入户访问　通过访问农户，询问测产作物的种植面积和产量，估计单位面积的产量。

样本抽选方法　实割实测，是在测产作物收获季节，对抽中村3个样方内的全部地块进行踏田估产，按估产结果从高到低排序，随机起点，等距抽样，抽选5个自然地块，不足5个的全部抽选。如果调查作物连片种植的，直接在抽中自然地块内按直线法、梅花法、垄测法等随机、均匀放置3个小样本（10平方尺）；如果调查作物交叉、分块种植的，则先确定种植该作物的地块，然后均匀放置3个小样本。入户访问，是在有测产种植作物的测产点内，重点选取测产作物的5个种植户。

数据采集方式　水稻采用实割实测调查，其品种为早稻、单季晚稻、双季晚稻。其它粮食作物采用入户访问调查。

数据汇总方式　从地块或者种植户调查开始，首先推算出亩产；由全省简单平均，推算出全省测产作物的平均亩产；再根据全省播种面积，推算出全省全社会总产量。

（三）指标解释

粮食作物　指一般用作人类主食，种植在耕地或非耕地上的农作物。根据我国产品目录分类标准，粮食包括谷物、豆类、薯类。

粮食作物播种面积　指本年度内收获的粮食作物在全部土地（耕地或非耕地）上的播种或移植面积。凡是本年内收获的作物，无论是本年还是上年播种，都算为当年播种面积，但不包括本年播种，下年收获的作物面积。移植的作物面积按移植后的面积计算，不计算移植前的秧田面积。如果因灾害等原因，应该收获却未能收获，也要按原播种面积计算，新补或改种，并在本年收获的，也要按复种作物计算面积。间种、混种的作物面积按比例折算各个作物的面积，如果完全混合、同步生长、收获的作物，按混合面积平均分配。复种、套种的作物，按次数计算面积，每种一次计算一次。

粮食作物产量　指本年度内生产的全部

粮食作物数量。其中，谷物产量按脱粒后的原粮计算，豆类按去豆荚后的干豆计算，薯类按鲜薯重量统计上报，统一按 5：1 折算粮食产量。

谷物 指禾本科和蓼科作物，具体统计品种包括稻谷、小麦、玉米、和其他谷物；其他谷物包括谷子、高粱、大麦、燕麦、荞麦等，其中西藏、青海、甘肃等地种植的青稞是大麦中的裸麦，按大麦统计。除按品种统计外，根据收获时间，主要按夏收谷物、秋收谷物分别做统计。夏收谷物指上年秋冬播和本年春季播种、夏季收获的全部谷物；秋收谷物指本年春、夏季播种，秋季收获的谷物；在夏收谷物收割后的耕地上播种、秋季收获的谷物也应计算在内。

稻谷 根据其播种期、生长期和成熟期的不同，按早稻、中稻和一季晚稻、双季晚稻三类分别做统计。其中，早稻指栽培时间较早且成熟早的南方籼稻，收获时间在三季度中旬之前，主产区包括湖南、江西、广东、广西等地；中稻及一季晚稻，指一年只种一季的一熟单季稻，包括籼稻、粳稻、糯稻等。主要分布在中国秦岭—淮河以北，长江流域北部，四川盆地和云贵高原，主产区包括黑龙江、江苏、安徽、湖北、四川等地；双季晚稻指，在同一块稻田里，早稻收割后，通过连作、间作和混作等方式种植和收获的其他季稻谷，分布与早稻相近。

小麦 根据其品种、播种时间、收获时间不同，分为春小麦和冬小麦。春小麦指春节过后播种，7、8 月份收获的小麦，主要分布在长城以北，该区气温普遍较低，生产季节短，故以一年一熟为主；冬小麦，一般在 9 月中下旬至 10 月上旬播种，幼苗过冬，春季返青，翌年 5 月底至 6 月中下旬成熟，主要分布在长城以南。

玉米 包括秋玉米、春玉米，但不包括青贮饲料玉米、鲜食玉米。

豆类 是以食用种籽及其制成品为主的一类豆科植物，包括大豆、绿豆、红小豆和其他杂豆，不含豇豆、四季豆等菜用豆类。夏收豆类指 7、8 月份前收获的豆类。

薯类 包括甘薯、马铃薯等。甘薯又名番薯、红薯、地瓜等，主产区在川蜀等地；马铃薯，又名土豆、洋芋等，主产区在四川、贵州、甘肃等地。薯类产量目前只统计甘薯和马铃薯，夏收薯类指 7、8 月份前收获的薯类。

八、畜牧业调查

（一）主要畜禽监测调查简介

调查目的 为掌握主要畜禽生产情况、加强和改善宏观调控、制定畜牧业发展政策提供科学依据，从 2008 年开始，国家统计局组织各调查总队开展主要畜禽监测调查。

调查范围 一是全省猪牛羊禽所有大型养殖场户（大型养殖场户标准：猪年饲养量 3000 头及以上；牛年饲养量 200 头及以上；羊年饲养量 500 只及以上；家禽年饲养量 5 万只及以上）；二是抽中村中的猪牛羊禽所有中型养殖场户（中型养殖场户标准：猪年饲养量 100-2999 头；牛年饲养量 10-199 头；羊年饲养量 50-499 只；家禽年饲养量 200-49999 只）；三是抽中村中的猪牛羊禽所抽中的小型养殖场户（小型养殖场户标准：猪年饲养量 99 头及以下；牛年饲养量 9 头及以下；羊年饲养量 49 只及以下；家禽年饲养量 199 只及以下）；四是生猪调出大县（杭州市萧山区、衢州市衢江区和江山市）辖区内所有的生猪大型养殖场

（户）和所抽中的中小型生猪养殖场（户）。

调查对象 调查范围内的生猪、牛、羊和家禽。

调查内容

1. 主要畜禽品种（猪、牛、羊、家禽）存栏、出栏、产品产量及出售价格等情况。

2. 生猪调出大县的生猪存栏、出栏及价格变化等情况。

样本抽选方法 2019 年以前，大型养殖场户进行全数调查；中小型养殖场户以市为总体抽样，原则上在生猪调出大县、国家调查县和传统养殖县中开展抽样调查；散养户以省为总体抽样。2019 年起，主要畜禽品种（生猪、家禽、牛、羊）均以 2016 年第三次全国农业普查的资料为抽样框，以省为总体，在全省范围内按国家方案，以家禽为主品种抽选调查样本。大型养殖场（户）进行全数调查；中小型养殖场（户）以省为总体抽样。

生猪调出大县监测调查样本抽选方法参照全省生猪监测调查方案。

数据采集方式 主要畜禽监测调查均采用记账式调查，其中大型养殖场户数据由辅助调查员向调查户采集上报，中小型养殖场户数据由村辅助调查员填写上报。

数据处理方式 生猪、牛、羊和家禽所有报表采用国家联网直报程序上报。2023 年，饲养量超过 100 头的生猪大中型养殖场户还须进行浙江统计联网直报程序上报。

（二）市县全面统计调查简介

根据国家统计局《关于印发粮食畜牧业统计调查数据归口管理方案的通知》（国统字〔2019〕103 号）及 2019 年总队和省局联合印发了《关于做好粮食畜牧业统计调查数据归口管理工作的通知》（浙调字〔2019〕122 号）要求，自 2020 年起，畜牧业统计调查分市县数据统一由浙江调查总队负责管理。

调查范围 辖区范围内全部畜禽生产经营单位及养殖户。

数据采集方式 除生猪调出大县外，其他分市县畜牧业统计数据本着“条块结合”和“村级起报”的原则，由县统计局（或地方调查队）统一布置到乡镇统计机构，乡镇统计机构组织村级调查，建立村级台账，收集有关数据后汇总上报。县级统计局（或地方调查队）初审后通过浙江统计联网直报平台经各市调查队再审后报浙江调查总队。

（三）指标解释

生猪期末存栏 指本调查期末饲养生猪的总量，包括 25 公斤以下仔猪、待育肥猪（架子猪）和种猪等数量之和。

能繁殖母猪 指猪龄约在 7 个月（包括 7 个月）以上的、具备繁殖能力的母猪。

生猪出栏头数 自宰肥猪头数＋出售肥猪头数

出售肥猪头数 指本调查期内以各种形式出售给任何单位或个人的已育肥肥猪的数量。但不包括出售仔猪、待育肥猪（架子猪）、种猪的数量。

牛期末存栏 指本调查期末饲养各类型的牛总量，包括牛犊、待育肥牛（架子牛）、奶牛和种牛等数量之和。

能繁殖母牛 指牛龄在 16 个月左右，具备繁殖能力的母牛。

育肥肉牛出栏头数 自宰育肥肉牛头数＋出售育肥肉牛头数

出售肉牛头数 指本调查期内由调查户（单位）以各种形式出售给任何单位或个人的已育肥肉牛的总量，出售的淘汰后出栏的奶牛和役用牛数量也包括在内。但不包括出售牛犊、架子牛、奶牛等头数。

羊期末存栏　指本调查期末饲养各种羊只总量。包括羊羔、待育肥羊（架子羊）、奶羊和种羊等数量之和。

能繁殖母羊　指羊龄在6个月左右，具备繁殖能力的母羊（山羊或绵羊）。

肥羊出栏头数　自宰肥羊头数＋出售肥羊头数。

出售肥羊头数　指本调查期内出售已育肥的羊只数量。但不包括出售羊羔、待育肥羊、种羊、奶羊等数量。

家禽期末存栏　指本调查期末饲养家禽（鸡、鸭、鹅）的总量，包括幼禽、肉用家禽、蛋用家禽和种家禽等。

家禽出栏只数　自宰家禽只数＋出售家禽只数。

出售家禽只数　指本调查期内以各种形式出售给任何单位或个人的肉用家禽总数。但不包括出售幼禽、蛋禽、种禽的数量。

禽蛋产量　指本调查期内饲养的蛋用家禽生产的禽蛋总重量。包括出售的和农民自产自用的部分，品种主要为鸡鸭鹅。